生猪屠宰
行政执法操作指南

中国动物疫病预防控制中心
（农业农村部屠宰技术中心） 组编

SHENGZHU TUZAI
XINGZHENG ZHIFA CAOZUO ZHINAN

中国农业出版社
北　京

图书在版编目（CIP）数据

生猪屠宰行政执法操作指南 / 中国动物疫病预防控
制中心（农业农村部屠宰技术中心）组编 . —北京：中
国农业出版社，2018.9
　　ISBN　978-7-109-24558-7

　　Ⅰ.①生…　Ⅱ.①中…　Ⅲ.①猪－屠宰加工－食品卫
生法－行政执法－中国－指南　Ⅳ.①D922.165

　　中国版本图书馆 CIP 数据核字（2018）第 203006 号

中国农业出版社出版
（北京市朝阳区麦子店街 18 号楼）
（邮政编码 100125）
责任编辑　张艳晶　神翠翠

北京通州皇家印刷厂印刷　　新华书店北京发行所发行
2018 年 9 月第 1 版　　2018 年 9 月北京第 1 次印刷

开本：700mm×1000mm 1/16　印张：32.75
字数：615 千字
定价：135.00 元
（凡本版图书出现印刷、装订错误，请向出版社发行部调换）

编 审 委 员 会

编写委员会

主　　编　吴　晗

副 主 编　关婕葳　李　鹏　张宁宁
　　　　　李　琦　夏永高　王金华

编写人员　（按姓氏笔画排序）
　　　　　于自强　马文涛　王　赫　王江涛　王志刚
　　　　　邓　勇　白　洁　冯学俊　任　禾　刘俞君
　　　　　齐　鲁　李　婷　李文合　杨启军　吴佳俊
　　　　　张　杰（上海市动物卫生监督所）　张　倩
　　　　　张志远　张劭俣　张朝明　陈玉荣　陈慧娟
　　　　　尚绪增　周　科　周晨阳　单佳蕾　孟　伟
　　　　　袁忠勋　高胜普　郭洪军　韩　焘　穆佳毅

序

　　近年来，各级农业部门坚持日常监管与专项整治相结合，对生猪屠宰违法行为始终保持高压严打态势，严厉打击私屠滥宰、注水等各类生猪屠宰违法行为，查处了一大批生猪屠宰违法案件，为维护生猪屠宰行业秩序、保障生猪产品质量安全，发挥了重要作用。

　　为进一步规范生猪屠宰执法行为，提升依法行政水平，农业部于2017年组织开展了生猪屠宰行政处罚案卷评查活动。从评查结果看，各级农业部门严格依照《行政处罚法》《生猪屠宰管理条例》等法律法规规定，调查处理生猪屠宰违法案件，但在违法事实认定、行政处罚程序、执法文书制作等方面还存在一些需要进一步改进的地方。为进一步提高生猪屠宰执法办案质量，我们组织编写了这本《生猪屠宰行政执法操作指南》，对生猪屠宰行政处罚的一般程序进行了详细说明，并专门梳理了《生猪屠宰管理条例》规定的各类违法行为，提供了12个不同违法行为的案卷示范，以便于执法人员培训及对照学习。

　　由于编者水平有限，加之时间仓促，本书难免有疏漏和不足之处，敬请大家批评指正。

编　者

2018 年 7 月

目录

上篇
生猪屠宰行政执法基础理论

第一章
概　述

为规范生猪屠宰行政执法行为，提高生猪屠宰行政执法的质量和效率，根据《生猪屠宰管理条例》（以下简称《条例》）、《农业行政处罚程序规定》等有关法律法规规章，制定本指南。

第一节　生猪屠宰行政处罚基本原则

行政处罚的基本原则，是指对行政处罚设定和实施具有普遍指导意义的准则。

一、处罚法定原则

对公民、法人或者其他组织违反生猪屠宰管理秩序的行为，应当给予行政处罚的，依照生猪屠宰相关法规或者规章规定，由畜牧兽医主管部门依照法定程序实施。没有法定依据或者不遵守法定程序的，行政处罚无效。

二、公正公开原则

实施生猪屠宰行政处罚必须以事实为依据，与违法行为的事实、性质、情节以及社会危害程度相当。

对生猪屠宰违法行为给予行政处罚的规定必须公布；未经公布的，不得作为行政处罚的依据。

三、处罚与教育相结合原则

实施生猪屠宰行政处罚，纠正违法行为，应当坚持处罚与教育相结合，教育公民、法人或者其他组织自觉守法。

四、保障当事人合法权益原则

公民、法人或者其他组织对畜牧兽医主管部门所给予的行政处罚，享有陈述权、申辩权；对行政处罚不服的，有权依法申请行政复议或者提起行政诉讼。

公民、法人或者其他组织因畜牧兽医主管部门违法给予行政处罚受到损害的，有权依法提出赔偿要求。

第二节　管　辖

管辖，即各级各地处罚机关对行政处罚案件的权限划分。某一生猪屠宰违法案件发生后，具体由哪一级别、哪一地域的畜牧兽医主管部门负责执法，是管辖制度所要解决的问题。

一、级别管辖

生猪屠宰行政处罚中的级别管辖是指划分上下级畜牧兽医主管部门之间实施行政处罚的分工和权限，其重点解决哪些行政处罚应由哪一级畜牧兽医主管部门实施的问题。

县级畜牧兽医主管部门管辖本行政区域内的生猪屠宰行政违法案件。设区的市、自治州的畜牧兽医主管部门和省级畜牧兽医主管部门管辖本行政区域内重大、复杂的行政违法案件。

上级畜牧兽医主管部门在必要时可以管辖下级畜牧兽医主管部门管辖的行政处罚案件。下级畜牧兽医主管部门认为行政处罚案件重大复杂或者本地不宜管辖，可以报请上一级畜牧兽医主管部门管辖。

二、地域管辖

生猪屠宰行政处罚中的地域管辖也称区域管辖或属地管辖，是指同级畜牧兽医主管部门之间横向划分行政处罚管辖区的权限分工，即确定畜牧兽医主管部门依职权实施的行政处罚的地域范围。一般情况下，生猪屠宰行政处罚由违法行为发生地的畜牧兽医主管部门管辖。

对当事人的同一违法行为，两个以上畜牧兽医主管部门都有管辖权的，应当由先立案的畜牧兽医主管部门管辖。

三、指定管辖

生猪屠宰行政处罚中的指定管辖是指上级畜牧兽医主管部门以决定的方式

指定下级畜牧兽医主管部门对某一行政处罚案件行使管辖权，其对解决目前处罚管辖存在的重复管辖或者管辖空白等问题很有意义。

畜牧兽医主管部门对管辖发生争议的，应当协商解决。协商不成的，报请共同上一级畜牧兽医主管部门指定管辖。

四、移送管辖

生猪屠宰行政处罚中的移送管辖是指畜牧兽医主管部门立案后，发现本机关对该案无管辖权，依照法律规定将案件移送给有管辖的行政机关办理的情况。

畜牧兽医主管部门发现受理的行政处罚案件不属于自己管辖的，应当移送有管辖权的行政处罚机关处理。

畜牧兽医主管部门在办理案件时，对需要其他部门作出吊销有关许可证、批准文号、营业执照等行政处罚决定的，应当将查处结果告知作出许可决定的部门并提出处理建议。

违法行为涉嫌构成犯罪的，畜牧兽医主管部门应当将案件移送司法机关，依法追究刑事责任，不得以行政处罚代替刑罚。

第三节　回避和代理

一、回避

回避是指行政机关工作人员在行使职权过程中，因其与所处理的事务有利害关系，为保证实体处理结果和程序进展的公正性，根据当事人的申请或行政机关工作人员的请求，有权机关依法终止其职务的行使并由他人代理的一种法律制度。

（一）回避的情形

承办生猪屠宰案件的执法人员有下列情形之一的，应当回避：

1. 案件的当事人或者与当事人有直系血亲、三代以内旁系血亲及近姻亲关系的；

2. 本人或者其近亲属与案件有利害关系的；

3. 担任过案件的证人、鉴定人、代理人的；

4. 与案件当事人有其他关系，可能影响公正处理或查处案件的。

（二）回避的申请

1. 当事人提起。 即行政执法的对象或行政处罚案件中的当事人，认为办案人员与同案其他的当事人或自己有直接利害关系，可能影响到公正办案，并导致对自己不利的后果时，有权申请该办案人员回避。

2. 办案人员提起。当办案人员认为自己与本案的当事人存在某种直接利害关系时，应当申请回避，以避嫌疑。这样做既能保持自己公正执法的地位和形象，又能防止当事人对不利于自己的执法结果作出不适当的解释。

（三）回避的决定

对当事人行使程序法上的权利申请办案人员回避，或办案人员履行程序法上的义务自行申请回避，均由畜牧兽医主管部门的负责人作出决定。

行政处罚程序中的回避，并不是一经提出即导致行政处罚程序中止、待畜牧兽医主管部门负责人作出决定后再进行，而是应当继续原有的行政处罚程序，并同时等待畜牧兽医主管部门负责人作出决定。

畜牧兽医主管部门负责人接到回避申请后，应当及时作出予以回避或不予回避的决定。

二、代理

代理，是指以被代理人的名义，在被代理人授权范围内进行的，对被代理人直接发生法律效力的法律行为。代理分为法定代理和委托代理。无民事行为能力人和限制行为能力人由其监护人作为法定代理人代为参加生猪屠宰管理案件的处理。当事人、法定代理人可以委托 1 至 2 人作为代理人。

（一）代理的特征

代理有以下四个法律特征：一是代理是民事法律行为，以意思表示为核心；二是代理须以被代理人名义为民事法律行为；三是代理人在代理权限内独立向第三人意思表示；四是代理人所为民事法律行为的法律效果归属于被代理人。

（二）委托代理注意事项

当事人委托他人代为参加生猪屠宰案件处理的，必须向管理生猪屠宰的畜牧兽医主管部门提交由委托人签名或者盖章的授权委托书。

授权委托书必须记载委托事项和权限。代理人代为承认、放弃、变更请求、进行和解，必须有委托人的特别授权。授权委托书记载的委托权限为特别授权的，应当要求请求人明确特别授权的具体事务。未明确委托权限的，应当对其能够代理的和不能代理的行为予以明确。

第四节　送　　达

行政处罚中的送达是指行政处罚机关依照相关规定，将行政处罚文书或其他对相对人产生法律效力或具有法律意义的法律文书送交行政相对人的一种程序性法律行为。

一、送达和送达回证

受送达人指依照法律、法规、规章的规定，需要将有关法律文书送达的案件当事人或者与案件有关的人员或组织。

送达文书必须有送达回证，由受送达人在送达回证上记明收到日期，并签名或者盖章。受送达人在送达回证上的签收日期为送达日期。

二、送达方式

1. 直接送达

直接送达又称交付送达，是将需要送达的法律文书直接交付送达人或其指定代收人的一种送达方式。法律文书能够直接送达的，就应当直接送达，只有在直接送达确有困难时，方可酌情使用其他适宜的送达方式。

直接送达应当将送达文书交给受送达人本人签收。受送达人是公民的，本人不在时交他的同住成年家属签收；受送达人是法人或者其他组织的，应当由法人的法定代表人、其他组织的主要负责人或者该法人、组织负责收件的人签收；受送达人有代理人的，可以送交其代理人签收；受送达人已向执法机关指定代收人的，送交代收人签收。

2. 留置送达

留置送达是指受送达人本人或者代收人无正当理由而拒绝接收执法机关对其送达的行政处罚文书或者拒绝签名、盖章时，送达人员依法将处罚文书放置在受送达人的住所或其收发部门并产生送达法律效力的送达方式。

受送达人或者他的同住成年家属拒绝接收文书的，送达人可以邀请有关基层组织或者所在单位的代表到场见证，说明情况，在送达回证上记明拒收事由和日期，由送达人、见证人签名或者盖章，把文书留在受送达人的住所或工作场所；也可以把文书留在受送达人的住所或工作场所，并采用拍照、摄像等方式记录送达过程，即视为送达。

3. 委托送达

委托送达是指有管辖权的行政处罚机关直接送达行政处罚文书有困难时，如当事人不在本行政区域并且距离较远等，行政处罚机关可以委托其他机关代为送达处罚文书。

委托送达的程序一般为委托机关应当将委托函、送达的行政处罚文书及送达回证送收件人所在地的行政机关，受委托机关收到委托送达的文件时，应当登记，并由专人及时送交收件人，然后将当事人签收后的送达回证及时退回委托送达的行政处罚机关，当事人签收日期为送达日期。

4. 邮寄送达

邮寄送达是指执法机关将需要送达的处罚文书，通过中国邮政企业以挂号、特快专递等形式邮寄给受送达人的送达方式。

邮寄送达应当采用给据邮件方式，以从中国邮政企业查询的受送达人实际收到日期为送达日期。

邮寄送达的受送达人没有寄回送达回证的，应当另行制作送达回证，将给据邮件寄件人存单粘贴在送达回证上，并在备注栏由案件承办人员写明情况，签名并注明日期。

5. 转交送达

转交送达是指执法机关将需要送达的处罚文书，交受送达人所在单位代收，然后，代收单位必须立即转交受送达人签收，受送达人签收的日期为送达日期。根据法律规定，只有在下列三种情况下，才能适用转交送达：

（1）受送达人是军人的，通过其所在部队团以上单位的政治机关转交；

（2）受送达人是被监禁的，通过其所在监所或者劳动改造单位转交；

（3）受送达人是被采取强制性教育措施的，通过其所在强制性教育单位转交。

转交送达是在上述特殊情况下采用的送达方式，是对直接送达方式的必要补充。

6. 公告送达

公告送达是指在受送达人下落不明或者用上述方式无法送达的情况下，行政机关以张贴公告、登报等办法将处罚文书公之于众，经过一段时间，法律上即视为送达的一种特殊方式。农业行政处罚中的公告送达，自发出公告之日起，经过 60 日，即视为送达。

公告可以在畜牧兽医主管部门公告栏、受送达人原住所地张贴，也可以在报纸上刊登。

公告送达时，应当制作送达回证，将公告文书和相关载体粘贴在送达回证上，并在备注栏由案件承办人员写明情况，签名并注明日期。

第五节　查封、扣押

查封是指由法律、法规规定的行政机关用封条将当事人的财物就地封存，不准任何人转移和处理。扣押是指由法律、法规规定的行政机关把当事人的可作为必要证据的物品、文件及依法应当予以没收的财物转移至另外场所，加以扣留，防止当事人占有、使用和处分。

畜牧兽医行政主管部门可以根据案件需要，对有关涉案证据采取查封、扣押等行政强制措施。

一、查封、扣押的实施

对与违法生猪屠宰活动有关的场所、设施采取查封措施。一般情况下，对与违法生猪屠宰活动有关的生猪、生猪产品以及屠宰工具和设备（以下统称"财物"）采取扣押措施。执法人员应当根据案情，提出是否采取查封、扣押措施的意见，经办案处（科）室负责人审定，报畜牧兽医行政主管部门负责人批准。

（一）查封、扣押的程序

畜牧兽医行政主管部门实施查封、扣押行政强制措施时，应当制作并当场交付给当事人《查封（扣押）决定书》和《查封（扣押）财物清单》。《查封（扣押）财物清单》一式二份，由当事人和畜牧兽医行政主管部门分别保存。畜牧兽医行政主管部门实施查封、扣押措施必须遵守以下规定：

（1）实施前须向兽医主管部门报告并经批准；

（2）由 2 名以上行政执法人员实施；

（3）出示执法身份证件；

（4）通知当事人到场；

（5）当场告知当事人采取行政强制措施的理由、依据以及当事人依法享有的权利、救济途径；

（6）听取当事人的陈述和申辩；

（7）制作《查封（扣押）现场笔录》，笔录应当记录查封（扣押）决定书及财物清单送达、当事人到场、实施查封（扣押）过程、当事人陈述申辩以及其他有关情况；

（8）《查封（扣押）现场笔录》由当事人和行政执法人员签名或者盖章，当事人拒绝的，在笔录中予以注明；

（9）当事人不到场的，邀请见证人到场，由见证人和行政执法人员在《查封（扣押）现场笔录》上签名或者盖章；

（10）查封（扣押）时，应当在相关场所、设施或者财物加贴封条，封条应当标明日期，并加盖畜牧兽医行政主管部门印章。

在情况紧急下，需要当场实施查封、扣押措施的，执法人员应当在 24 小时内向畜牧兽医行政主管部门负责人报告，并补办批准手续。畜牧兽医行政主管部门认为不应当采取查封、扣押措施的，应当立即解除查封、扣押措施。

违法行为涉嫌犯罪应当移送司法机关的，畜牧兽医行政主管部门应当将查封、扣押的财物一并移送，并书面告知当事人。

（二）查封、扣押的期限

畜牧兽医行政主管部门实施查封、扣押的期限不得超过 30 日。情况复杂的，经畜牧兽医行政主管部门负责人批准，可以延长，但是延长期限不得超过 30 日。经负责人批准延长查封、扣押期限的，畜牧兽医行政主管部门应该将延长查封、扣押的决定及时书面告知当事人，并说明理由。对财物需要进行检测、检验、检疫或者技术鉴定的，查封、扣押的期间不包括检测、检验、检疫或者技术鉴定的期间。检测、检验、检疫或者技术鉴定的期间应当明确，并书面告知当事人。

检测、检验、检疫或者技术鉴定的费用由畜牧兽医行政主管部门承担。

（三）查封、扣押财物的保管

畜牧兽医行政主管部门应当妥善保管查封、扣押的财物，不得使用或者损毁；造成损失的，应当承担赔偿责任。对查封的财物，畜牧兽医行政主管部门可以委托第三人保管，第三人不得损毁或者擅自转移、处置。因第三人的原因造成的损失，畜牧兽医行政主管部门先行赔付后，有权向第三人追偿。因查封、扣押发生的保管费用由畜牧兽医行政主管部门承担。

二、解除查封、扣押

（一）查封、扣押后的处理

畜牧兽医行政主管部门采取查封、扣押措施后，应当及时查清事实，在查封、扣押的期限内作出处理决定。对违法事实清楚，依法应当没收的财物予以没收；对没收的财物需要销毁的，应当依法销毁，并制作《罚没物品处理记录》。

（二）解除查封、扣押

有下列情形之一的，畜牧兽医行政主管部门应当及时作出解除查封、扣押决定：

（1）当事人没有违法行为；

（2）查封、扣押的场所、设施或者财物与违法行为无关；

（3）畜牧兽医行政主管部门对违法行为已经作出处理决定，不再需要查封、扣押；

（4）查封、扣押期限已经届满；

（5）其他不再需要采取查封、扣押措施的情形。

解除查封、扣押措施的，经办案处（科）室负责人同意并报畜牧兽医行政主管部门负责人批准后，由执法人员负责解除并制作《解除查封（扣押）决定书》，执法人员解除查封、扣押时不得少于 2 名。执法人员解除查封、扣押时，应当制作《解除查封（扣押）财物清单》，并交由当事人签名或者盖章，当事人拒绝签名或者盖章的，执法人员应当注明。

解除查封、扣押的财物应当与查封、扣押时的财物核对无误。对查封、扣押财物部分解除时，清单应当写清解除查封、扣押财物的具体情况。解除查封、扣押应当立即退还财物；已将生猪及生猪产品或者其他不易保管的财物拍卖或者变卖的，退还拍卖或者变卖所得款项。变卖价格明显低于市场价格，给当事人造成损失的，应当给予补偿。

第二章
生猪屠宰行政执法办案程序

　　生猪屠宰行政执法办案程序，即畜牧兽医行政主管部门办案过程中所遵循的方式、步骤、顺序以及时限等。涉嫌违反《生猪屠宰管理条例》的违法行为，通常情况下适用一般程序进行处理，根据《行政处罚法》第三十六条的规定，适用一般程序的行政处罚案件，行政机关必须全面、客观、公正地调查，收集有关证据；必要时，可以依法进行检查。适用一般程序处理的案件需要经过立案、调查取证、告知（听证）、作出处罚决定、送达、执行、结案等几个步骤。

第一节　立　　案

　　生猪屠宰相关案件的立案是指畜牧兽医行政主管部门对管辖范围内并在追究时效内的行政违法行为或重大违法嫌疑情况，认为有进一步深入调查的必要，而决定专项查处的活动。

一、案件来源

　　畜牧兽医行政主管部门查处从事生猪屠宰活动违法行为的案件来源有：
　　（1）检查发现；
　　（2）群众举报或投诉；
　　（3）上级交办；
　　（4）有关部门移送；
　　（5）媒体曝光；
　　（6）违法行为人交代。

二、立案条件

　　畜牧兽医行政主管部门决定立案查处生猪屠宰违法行为应当符合下列

条件：

（1）有明确的行政违法行为人；

（2）在获取的证据中有违反《生猪屠宰管理条例》的事实存在；

（3）属于该行政执法部门的地域管辖范围；

（4）涉嫌违反《生猪屠宰管理条例》的违法行为自发生之日起2年内被发现；违反《生猪屠宰管理条例》的违法行为有连续或者继续状态的，从行为终止之日起计算。

三、立案审批

负责办理案件处（科）室的执法人员应当整理和审查举报投诉或者媒体曝光材料、交办或者移送文书和材料或者检查发现的案件材料，对违法行为交代的要制作《询问笔录》，并填写《行政处罚立案审批表》，由办理案件处（科）室的负责人提出是否立案的意见和建议后，送交负责法制工作处（科）室审定，报畜牧兽医行政主管部门负责人审批，畜牧兽医行政主管部门的负责人应当作出是否立案的批准决定，并明确案件具体承办人员。

在边远和交通不便的地区查处从事生猪屠宰活动违法行为的案件时，执法人员可以采用通讯方式报请所属部门负责人批准立案，报批记录必须归档保存。但是，对于案情复杂或者有重大违法行为需要给予较重行政处罚，应当由畜牧兽医行政主管部门负责人集体进行讨论决定的案件，不得采用通讯方式报请批准立案。

第二节　调查取证

调查取证，是指为了证明特定案件事实，畜牧兽医行政主管部门按照法律规定的程序、方法和手段，提取并掌握与案件事实有关的各种证据材料的活动。

逻辑性、关联性、真实性、合法性是证据的基本要求。即，一是证据必须是真实的，经得起推敲和检验，不得弄虚作假；二是证据的取得必须合法，在法律上能够作为证据来认定，这主要针对证据的种类和取得的方法而言；三是证据应当和违法行为有关联性，即所取得的证据应从不同的角度证明当事人进行了违法行为；四是证据的逻辑性即证据之间应该形成互相证明和补充的逻辑关系，不能互相矛盾产生逻辑推理上的错误。证据有书证、物证、证人证言、视听资料、当事人陈述、鉴定结论、勘验笔录和现场笔录七类，这七类证据都必须经相关人员确认和有关方式查证属实才能作为认定事实的依据。

按照《生猪屠宰管理条例》第二十一条的规定，执法人员对生猪屠宰违法行为进行查处时，可以进入有关场所实施现场检查；向有关单位和个人了解情况；查阅、复制有关记录、票据以及其他资料；查封与违法从事生猪屠宰活动有关的场所、设施，扣押与违法从事生猪屠宰活动有关的生猪、生猪产品以及屠宰工具和设备。对畜牧兽医行政主管部门依法进行的监督检查，有关单位和个人应当予以配合，不得拒绝、阻挠。

一、调查取证的准备

在调查取证前，执法人员应当完成下列工作：

（1）认真分析研究案情和现有的材料，大概了解案件的发生、发现和发展过程，掌握需要调查的主要事实，明确被调查人的具体地址等状况，做到有目的有计划的调查取证。例如，核查辖区内生猪定点屠宰场所的发证情况，初步确定涉案屠宰场所是否为批准的定点屠宰厂（场）。

（2）召开调查前准备会，研究确定调查取证的分工；确定现场检查（勘验）和询问的时间及内容、应当查清的问题，以及可能出现的各种情况及处置方案。明确现场检查（勘验）和询问组成人员的分工，可以根据实际情况考虑是否需要分组调查，如需分组调查的，应当明确各组的任务及负责人。

（3）准备《现场检查（勘验）笔录》《询问笔录》《证据登记保存清单》《查封（扣押）决定书》《查封（扣押）现场笔录》《送达回证》等必需的文书、文具和相机、摄像机、录音笔等执法装备。文书格式详见《农业部关于印发〈农业行政执法文书制作规范〉和农业行政执法基本文书格式的通知》（农政发〔2012〕3号）。

二、调查取证

执法人员调查取证时，应当严肃着装、举止端庄，由2名以上执法人员在场，主动向当事人或者有关人员出示行政执法证，表明执法身份，说明来意后开展调查取证工作。可以通过询问当事人，记录书证、物证等证据提取过程的方式，将重要的事项进行记录，也可以同时使用录音、摄像设备进行记录。

1. 询问当事人和证人

执法人员在询问当事人和证人时，应当首先表明自己的身份，接着核实当事人、证人身份，并告知当事人具有的权利和义务。询问内容应当包括被询问人提供的与案件有关的全部情况，包括案件发生的时间、地点、情形、事实经过、因果关系及后果等，应当有明确的目的，询问内容应与本案具有关联性。询问时应当做到一个被询问人一份笔录，一问一答。执法人员（询问人）提出的问题，如被询问人不回答或者拒绝回答的，应当写明被询问人的态度，如

"不回答"或者"沉默"等，并用括号标记。

2. 现场检查或勘验

现场检查或勘验是对违法行为有关的场所，如违法行为发生的场所、发现的场所等进行检查或勘验的行为，勘验的内容与案件事实要素相关，主要包括违法事实要素和规范执法所需要的程序事实要素，无关的事实不予记录。当场准确确定有关要素并将其真实记录下来。对违法事实要素的记录要准确具体，尤其是对涉案物品的记录，要具体到品牌、外观、批号、规格、数量等。

对规范执法所需要的程序事实记录要规范：依法依规检查、依法亮证，规范检查等是行政执法人员听到、闻到、看到、摸到的或者用基本测量工具测量检测到的有关违法事实情况的记载，不能也无法对事实要素的核心和内在品质进行确认和评判。

执法人员对与案件有关的物品或者场所进行现场检查或者勘验检查时，应当通知当事人到场，并制作《现场检查（勘验）笔录》，也可以同时使用摄像设备进行记录，当事人拒不到场的，应当在笔录中注明。

3. 物证检验

物证检验是对收集到的物证进行鉴别的行为。对收集到的物证，应当尽快细致地进行检验，以防止灭失或者发生变化，失去证据或者减弱其证明力，物证检验也应当制作笔录，由行政执法人员、在场人员签名盖章。

4. 鉴定

鉴定是畜牧兽医行政主管部门指派或者聘请具有专业知识的人或者委托第三方机构，对案件中的某些专业问题进行分析、鉴别和判断的一种调查取证措施。

5. 抽样取证

抽样取证是指畜牧兽医行政主管部门在要清查批量产品的性质、质量等问题时，按照法律、法规及规章的规定，提取一定数量的物品，供检验或者鉴定使用。抽样送检的样品应当在现场封样，由当事人和执法人员共同签字或盖章。抽取的样品数量应当能满足检验、鉴定的要求。采取抽样取证的方式调查收集证据时，执法人员应当通知当事人到场，并制作《抽样取证凭证》，由当事人签名或盖章。当事人拒绝到场或者拒绝签名盖章的，可以邀请其他人员到场见证并签字或盖章。行政执法机构抽样送检的，应当将检测结果及时告知当事人。

6. 证据登记保存

证据登记保存是畜牧兽医行政主管部门在证据可能灭失或者以后难以取得的情况下，采取登记收存的方法，以保持起证明作用的措施。采取证据登记保存措施应具备以下条件：证据存在灭失或者以后难以取得的可能；被保存的证据对案件事实有证明作用。执法人员采取证据登记保存方式收集证据的，应当经行政执法机构负责人批准。畜牧兽医行政主管部门应当根据需要选择就地或异地保存。选择就地由当事人保存的，执法人员可以在证据登记保存的相关物品和场所加贴封条，封条应当标明日期，加盖畜牧兽医行政主管部门印章，并告知当事人或者有关人员不得使用、销售、转移、损毁或者隐匿。就地保存可能妨害公共秩序、公共安全，或者存在其他不适宜就地保存情况的，可以异地保存。对异地保存的物品，畜牧兽医行政主管部门应当妥善保管。采取证据登记保存时，执法人员应当通知当事人到场，并制作《证据登记保存清单》，记录被保存物品的名称、规格、数量、生产日期、生产单位等信息，并由当事人签名或盖章。当事人拒绝到场或者拒绝签名盖章的，可以邀请其他人员到场见证并签字或盖章。需要说明的是，对已经采取查封、扣押措施的物品，不宜再采取证据登记保存。

畜牧兽医行政主管部门对先行登记保存的证据，应当在 7 日内作出以下列处理决定，制作并向当事人送达《登记保存物品处理通知书》：

（1）需要进行技术检验或者鉴定的，送交有关部门检验或者鉴定；

（2）对依法应予没收的物品，依照法定程序处理。需要说明的是，对应予没收的物品，需要在保存后 7 日内决定立案调查，并不要求必须在 7 日内作出处罚决定；

（3）对依法应当由有关部门处理的，移交有关部门；

（4）为防止损害公共利益，需要销毁或者无害化处理的，依法进行处理；

（5）不需要继续登记保存的，解除登记保存。

三、证据的收集方法

1. 提取书证

书证是指以其记载内容来证明违法行为是否存在的文字、符号或图案等材料。例如，生猪定点屠宰许可证书、台账、动物检疫证明等。书证应当收集原件，无法收集原件的，可以是经核对无误的副本或者复制件。调查收集的书证是副本或者复制件的，执法人员应当要求书证的提供者在该副本或者复制件上签名或者盖章，并在调查笔录中载明来源和取证情况。经核对无误的书证副本或者复制件，除提供者签名或盖章，并注明日期外，执法人员也应当在副本或者复制件上签名，并注明"经核对与原件无异"的字样，注明日期。

2. 提取物证

物证是指能够证明违法行为是否存在的物品或者痕迹。例如，屠宰设施、屠宰设备和工具、待宰生猪、生猪产品以及屠宰痕迹等。物证应当收集原物，被调查人提供原物确有困难的，应当要求其提供复制品。提供复制品的，执法人员应当在询问笔录中说明取证情况。

3. 视听资料

视听资料是指执法人员通过录音、摄像等手段，充分记录当事人未经定点从事生猪屠宰活动的屠宰痕迹、涉案场所、屠宰设施设备和工具、涉案生猪及产品等有关情况以及执法人员现场执法情况的证据资料，包括录音资料和影像资料。采取录音、摄像的方式收集证据的，应当在《现场检查（勘验）笔录》中予以注明，以证明视听资料收集来源的合法性。同时，执法人员也可以调查收集能够证明违法事实的录音、录像等视听资料。收集录音、录像等视听资料的，执法人员应当要求提供人提供视听资料的原件载体，提供原件载体确有困难的，可以提供复制件，但应当在《现场检查（勘验）笔录》或《询问笔录》中注明其来源和制作经过。提供的复制件上，可以签名或者盖章的，应当由提供人在复制件上签名或者盖章，并注明日期。需要说明的是，存储在电子介质中能够证明当事人从事违法生猪屠宰活动的录音资料和影像资料，属于电子数据证据。

4. 电子数据

电子数据是指通过电子邮件、电子数据交换、网上聊天记录、博客、微博、手机短信、电子签名、域名等形成或者存储在电子介质中，能够证明当事人未经定点从事生猪屠宰活动的信息。例如，聊天记录中反映的销售涉案生猪或生猪产品的交易信息等。收集电子数据的，执法人员应当要求提供人提供存储电子数据的电子介质，提供电子介质确有困难的，可以提供复制件，但应当在《现场检查（勘验）笔录》或《询问笔录》中注明其来源和制作经过。提供的复制件上，可以签名或者盖章的，应当由提供人在复制件上签名或者盖章，并注明日期。

第三节　案件处理意见

一、案件调查结论及处理意见

案件调查结束后，认为案件事实清楚、证据充分的，调查终结，由案件承办人员制作《案件处理意见书》报请畜牧兽医行政主管部门负责人审批。《案件处理意见书》是指案件调查结束后，执法人员就案件调查经过、证据材料、调查结论及处理意见报请执法机构负责人审批的文书，在适用一般程序实施行政处罚过程中，有着承上启下的作用。《案件处理意见书》的内容包括案由、当事人、案件调查经过、所附证据材料、调查结论及处理意见、执法机构意见、法制机构意见和执法机关意见等内容。

1. 调查结论

调查结论包括两部分内容：一是分析证据。要围绕收集的证据材料，通过列举证据来分析论证谁是违法行为人（当事人），以及违法事实是否存在。分析哪些证据证明了当事人主体的适格性，哪些证据证明了违法行为的时间、地点、目的、手段、情节、危害后果和违法所得等事实。分析哪些证据证明了当事人具有从重、从轻或者减轻情节，或者当事人违法事实不存在。二是明确调查结论。根据查明的案件事实和对证据进行综合分析的结论，判定当事人违反《生猪屠宰管理条例》相关规定的违法行为是否存在。违法行为存在的，应当写明当事人行为违反的具体法律条款，也称案件定性依据的法律条款。例如，"当事人未经定点从事生猪屠宰活动的行为，违反了《生猪屠宰管理条例》第二条第二款之规定。"

2. 处理意见

案件承办人员要按照形成的调查结论，提出如下处理意见：

（1）违法事实存在的，根据情节轻重及具体情况，提出拟给予行政处罚的具体意见。首先，写明行政处罚依据的法律条款，即适用的法律责任（罚则）条款（例如，《生猪屠宰管理条例》第二十四条第一款）。其次，写明拟给予处罚种类等具体内容，例如，拟没收生猪、生猪产品的数量以及屠宰工具和设备的名称、数量；有违法所得的，写明没收违法所得的具体数额；写明罚款的幅度和具体数额以及计算方式，对于罚款幅度当地有自由裁量标准的，依据该标准，没有自由裁量标准的，要写明自由裁量的理由。

（2）具有《行政处罚法》第二十七条规定从轻、减轻情节的，予以从轻、减轻处罚。需要说明的是，在违反《生猪屠宰管理条例》相关规定的违法活动案件中，从轻、减轻或者从重情节通常体现在罚款处罚种类中，从轻、从重处罚指在罚款幅度之内，减轻处罚是在罚款幅度之下。

（3）对违反《生猪屠宰管理条例》相关规定的违法行为轻微并已及时纠正，依法可以不予处罚的，提出免予处罚的意见，同时制作《责令改正通知书》责令当事人改正违法行为，案件终结。

（4）不存在违反《生猪屠宰管理条例》相关规定的违法行为的，应当提出建议终结调查并结案的意见。

（5）对违反《生猪屠宰管理条例》相关规定的违法行为已构成犯罪的，提出移送公安机关的意见。

如果案件承办人为2人以上，且对案件的处理意见有分歧的，也应当写明，供审批时参考。

二、案件处理意见审批

1. 案件处理意见审批程序

案件处理意见审批需要三个步骤。

第一个步骤：案件承办人员完成《案件处理意见书》后，送交办理案件处（科）室的负责人，由负责人在《案件处理意见书》"执法机构意见"栏写明是否同意案件承办人意见的具体审核意见，并由负责人签名后送交法制工作处（科）室审定。需要说明的是，畜牧兽医行政主管部门将生猪屠宰行政处罚委托给其他执法机构实施的，《案件处理意见书》中的"执法机构意见"栏，由受委托行使该行政处罚权的其他执法机构负责人写明审核意见。

第二个步骤：法制工作处（科）室收到《案件处理意见书》后，负责人应当在《案件处理意见书》"法制机构意见"栏写明具体审核意见，并由负责人签名后报畜牧兽医行政主管部门负责人审批。

第三个步骤：负责案件审批的畜牧兽医行政主管部门的负责人在收到《案件处理意见书》后，应当在《案件处理意见书》"执法机关意见"栏写明是否同意案件承办人意见的批准意见，并由负责人签名。

对于有重大违法行为需要给予较重行政处罚、或者案情复杂或者争议较大的案件，应当由行政执法机构负责人集体讨论决定，并在《案件处理意见书》"执法机关意见"栏注明经执法机关负责人集体讨论决定。"较重行政处罚"，是指给予当事人较大数额罚款以及没收生猪、生猪产品、屠宰工具货值较大以及违法所得数额较大的情形。货值较大、违法所得数额较大等同于较大数额，较大数额的额度依据各地关于行政处罚听证的规定，但当地对"较重行政处罚"有明确规定的，从其规定。

2. 案件处理意见审批的内容

执法机构、法制机构负责人和畜牧兽医行政主管部门对案件承办人员的案件处理意见，主要针对以下内容进行审查：

（1）违法行为的事实是否清楚。事实清楚是指执法人员收集到了足以确认当事人有违反《生猪屠宰管理条例》的违法行为，以及该违法行为后果轻重的基本事实。对于事实的审查重点在于执法人员是否有足够的证据证明案件中认定的违法事实是否存在。

（2）违法行为的证据是否合法、充分和确凿。包括证据的来源是否合法，证据的形式要件是否合法（例如，询问笔录是否2名以上执法人员调查、调查时是否表明身份、调查结束后是否有被询问人和执法人员的签名），证据与案件事实是否有关联。证据充分是指在调查取证过程中所掌握的证据具体、全面，证据性质明显，已能为认定违法事实是否存在及其轻重提供足够的依据。如果审查后认为证据不够充分的，应当要求执法人员进行补充调查。

（3）执法人员的案件处理程序是否合法，有无违反处罚程序规定的行为。即审查执法人员是否依照法定程序进行调查处理案件，如是否保障当事人陈述申辩和听证权利等。审查过程中发现违反法定程序的行为，必须予以纠正。

（4）处罚依据是否合法以及处罚内容是否明确。即审查执法人员给予当事人的违法行为的行政处罚是否符合《生猪屠宰管理条例》规定，处罚的内容是否明确具体，自由裁量权的行使是否适当。审查过程中发现的适用法律依据错误，或处罚内容不明确的，必须予以纠正。

第四节　保障当事人的权利

一、当事人的陈述和申辩

当事人陈述和申辩是指当事人就案件有关事实向办案机关所作口头或书面的叙述。

当事人的陈述和申辩有真有假，不能轻信，只有通过其他证据的辅助证明，才能认定。当事人的陈述和申辩，对于客观全面地分析研究案情，正确认定案件事实，公正处理案件，具有重要的作用。畜牧兽医行政主管部门不得因当事人申辩加重处罚。

根据《行政处罚法》第四十二条和《农业行政处罚程序规定》第三十八条的规定，告知当事人可以在收到告知书之日起 3 日内，进行陈述、申辩。当事人无正当理由逾期不提出陈述、申辩的，视为放弃上述权利。

二、听证

（一）听证的含义

听证是指畜牧兽医行政主管部门或委托的行政执法机构作出有关行政决定之前，听取行政相对人陈述、申辩、质证的程序。听证已成为当今世界法治国家行政程序法的一项共同的、同时也是极其重要的制度。听证制度的发展顺应了现代社会立法、执法的民主化趋势，也体现了政府管理方式的不断进步。

（二）适用听证程序的案件

《行政处罚法》规定，行政机关在作出行政处罚决定前有告知的义务，否则作出的行政处罚不成立。畜牧兽医行政主管部门作出责令停产、停业，吊销许可证或者执照，较大数额罚款等行政处罚之前，应当告知当事人，并告知当事人有要求举行听证的权利，这是畜牧兽医行政主管部门必须履行的告知程序，未履行这一程序而作出的责令停产停业、吊销许可证或者执照、较大数额罚款等行政处罚不能成立。

对较大数额罚款的界定，因全国各地经济发展不同，《行政处罚法》授权省级人民代表大会制定地方法规或省级人民政府制定政府规章予以规定，地方畜牧兽医行政主管部门按照省级人民代表大会常务委员会或者人民政府规定的标准执行，农业部及其所属的经法律、法规授权的农业管理机构，对公民罚款超过 3 000 元，对法人或其他组织罚款超过 3 万元，属较大数额的罚款。

（三）听证的告知和提出

畜牧兽医行政主管部门根据《行政处罚法》第四十二条和《农业行政处罚程序规定》第三十八条的规定，告知当事人可以在收到告知书之日起 3 日内，提出听证。当事人无正当理由逾期不提出听证的，视为放弃听证权利。

根据《行政处罚法》第四十二条的规定，畜牧兽医行政主管部门组织听证的，必须具备两个条件：一是畜牧兽医行政主管部门作出的行政处罚较重，具体来说，包括责令停产停业、吊销许可证或者执照，较大数额罚款等行政处罚；二是当事人要求听证的。

（四）听证程序

1. 通知听证事项

为保证当事人有足够的时间充分行使权利，畜牧兽医行政主管部门应当在听证的 7 日前，通知当事人举行听证的时间、地点等有关事项。

2. 听证的方式

听证的方式可以分为公开听证和不公开听证两种。公开听证是指畜牧兽医行政主管部门听证活动公开举行，是对社会公开，允许群众旁听，允许新闻记者采访报道，并将采访的内容向社会公开披露。不公开听证是指畜牧兽医行政主管部门听证活动除了当事人和案件承办人员外，不允许群众旁听和新闻记者采访报道，全部听证活动秘密举行。根据《行政处罚法》的规定，听证原则上实行公开听证的方式，但涉及国家秘密、商业秘密或者个人隐私的除外。

3. 指定听证主持人

为了防止主观随意性，听证由畜牧兽医行政主管部门指定的非本案调查人员主持，凡是参加调查的执法人员，均不能主持听证，否则行政处罚决定不能成立。当事人认为主持人与本案有直接利害关系的，有权申请回避，这里的直接利害关系，包括主持人与案件处理结果有直接关系，或者与当事人有直接利害关系。当事人申请回避的，畜牧兽医主管部门应当进行审查，经审查，认为当事人的申请成立的，应当更换主持人；认为当事人的申请不成立的，应驳回当事人的申请，仍由原定主持人主持听证活动。

4. 委托代理人

当事人可以亲自参加听证，也可委托 1 至 2 人代理，委托的代理人可以是律师也可以是其他公民。

5. 听证顺序

举行听证时可以按以下顺序进行：

（1）主持人在核对当事人和参加听证的利害关系人的身份后，宣布听证开始；

（2）由调查人员提出当事人违法的事实、证据、处罚建议和理由；

（3）当事人对调查人员举出的证据进行质证，有利害关系人的还应有利害关系人质证；

（4）当事人进行陈述和申辩，有利害关系人的，主持人还要询问利害关系人的意见和理由。

6. 制作笔录

由记录员如实将整个听证活动记录下来，听证活动结束后交由当事人审核。当事人认为有遗漏或者有错误的，允许当事人补充或者更改。当事人审核后认为无误的，应当签名或者盖章。

（五）听证报告

听证会结束后，听证人应当制作《听证会报告书》，经听证主持人签署后，报畜牧兽医行政主管部门负责人审批，听证报告应包括：

（1）听证会基本情况，包括调查人员陈述内容和当事人陈述、申辩内容。一般与听证笔录相同。

（2）听证结论和处理意见，应根据《行政处罚法》第三十八条的规定作出决定，即确有应受行政处罚的违法行为的，根据情节轻重及具体情况，作出行政处罚决定；违法行为轻微，依法可以不予行政处罚的，不予行政处罚；违法事实不能成立的，不得给予行政处罚；违法行为已构成犯罪的，移送司法机关。

第五节　责令改正、取缔和处罚

一、责令改正

根据《行政处罚法》第二十三条的规定，畜牧兽医行政主管部门在实施行政处罚时，应当责令当事人改正违法行为。执法人员需要在《行政处罚决定审批表》之后，送达《行政处罚决定书》之前，或者在送达《行政处罚决定书》的同时，责令当事人改正违法行为。责令改正可以根据需要单独制作《责令改正通知书》，或在《行政处罚决定书》中表述。表述格式如，"依照《生猪屠宰管理条例》第二十四条第一款（法条原文）之规定，本机关责令你立即改正未经定点从事生猪屠宰活动的违法行为，并作出如下处罚决定：……""责令改正"不是行政处罚的种类，不能作为行政处罚的内容。

二、取缔

根据《生猪屠宰管理条例》第二十四条第一款"未经定点从事生猪屠宰活动的，由畜牧兽医行政主管部门予以取缔"的规定，畜牧兽医行政主管部门在作出《行政处罚决定书》的同时，应当制作《取缔决定书》并予以公告，取缔未经定点从事生猪屠宰活动的场所。当事人主动停止生猪屠宰行为，且拆除相关屠宰设施的，无需制作《取缔决定书》。

三、处罚

1. 处罚种类

《生猪屠宰管理条例》对违法行为设定了四种行政处罚种类：

（1）罚款。罚款指行政机关依法强制违反行政管理法规的行为人（包括公民、法人或其他组织）在一定期限内缴纳一定数量货币的惩罚，是一种适用范围比较广泛的财产罚。罚款针对的是行政相对人的合法收入，对违法收入适用没收的行政处罚。罚款的收缴分为专门机构收缴罚款和行政处罚主体执法人员当场收缴罚款两种。有下列情形之一的，执法人员可以当场收缴罚款：一是二十元以下罚款的；二是不当场收缴事后难以执行的；三是在边远、水上、交通不便地区，当事人向指定的银行缴纳罚款有困难且当事人提出的。当场收缴罚款的，必须向当事人出具省、自治区、直辖市财政部门统一制发的罚款收据；不出具财政部门统一制发的罚款收据的，当事人有权拒绝缴纳罚款。

罚款金额的货值按违法行为发生时，检疫检验合格生猪、生猪产品的价格计算，无法准确确定违法行为发生时间的，按立案查处时的价格计算。

（2）没收违法所得、没收非法财物。没收是指畜牧兽医行政主管部门根据《生猪屠宰管理条例》的规定，将违法行为人违法所获得的财物或非法财物强制无偿收归国有的一种行政处罚措施。没收是一种较为严厉的财产罚，其执行领域具有一定程度的限定性，只有对那些为谋取非法收入而违反法律法规的公民、法人或其他组织才可以实行这种财产罚。

《生猪屠宰管理条例》法律责任中规定应当没收屠宰工具和设备的，应当在《行政处罚决定书》中写明没收的屠宰工具、设施设备的具体名称和数量。当事人有违法所得的，应当没收违法所得，违法所得可以按照下列方式确定：一是自宰行为的，以已经销售的生猪产品价款作为其违法所得；二是代宰行为的，以收取的费用作为其违法所得。当事人没有违法所得的，不予没收违法所得。

（3）责令停产停业。责令停产停业是指畜牧兽医主管部门对违反《生猪屠宰管理条例》规定的公民、法人或其他组织，依法在一定期限内剥夺其从事屠宰活动权利的行政处罚，属于行为罚的一种。责令停产停业表现在屠宰管理活动中为责令停业整顿。

（4）吊销许可证、执照。生猪定点屠宰许可证是指设区的市人民政府依据行政相对人的申请依法颁发的准许申请人从事屠宰活动的书面法律文件，是公民、法人或者其他组织享有生猪屠宰权利的法律凭证。吊销许可证、执照是指国家行政机关，对违反行政管理法规的公民、法人或者其他组织依法实行剥夺其从事某项生产或经营活动权利的行政处罚。这是一种比责令停产停业更为严厉的一种行为罚。吊销许可证表现在屠宰管理活动中为取消生猪定点屠宰厂（场）资格。

2. 处罚决定

《行政处罚决定审批表》经畜牧兽医行政主管部门负责人审批，决定对当事人实施行政处罚的，执法人员应当制作并向当事人送达《行政处罚决定书》。《行政处罚决定书》是指畜牧兽医行政主管部门依法适用一般程序，对当事人作出行政处罚决定的文书。

《行政处罚决定书》对违法事实的描述应当全面、客观，阐明违法行为的基本事实，即何时、何地、何人、采取何种方式或手段、产生何种行为后果等；列举证据应当注意证据的证明力，对证据的作用和证据之间的关系进行说明；对当事人陈述申辩意见的采纳情况及理由应当予以说明；对经过听证程序的，文书中应当载明；写明处罚决定所依据的《生猪屠宰管理条例》的法条原文；有从重、从轻或者减轻情节，依法予以从重、从轻或者减轻处罚的，应当写明理由。《行政处罚决定书》应当加盖畜牧兽医行政主管部门的公章，并注明成文日期。

对违法行为作出行政处罚决定，应当做到认定违法事实清楚，定案证据确凿充分，适用《生猪屠宰管理条例》认定的违法行为，并适用相应的法律责任进行处罚，案件处理程序合法，处罚幅度合理适当。《行政处罚决定书》一经送达即发生法律效力，畜牧兽医行政主管部门不得随意变更，但是发现行政处罚确有错误的，可以主动改正。改正可以视情况，采取撤销行政处罚决定后重新作出行政决定的方式，也可以采取更正的方式。

在案件查处过程中，发现第三人有违反《生猪屠宰管理条例》的违法行为，属于本机关职权范围的，应当另案追究，不属于本机关职权范围的，应当将违法线索移交有管辖权的机构处理。

3. 案件办理时限

畜牧兽医行政主管部门查处违反《生猪屠宰管理条例》的违法案件，应当自立案之日起3个月内作出处理、处罚决定，特殊情况下3个月内不能作出处理的，报经上一级畜牧兽医行政主管部门批准可以延长至1年。对专门性问题需要鉴定的，所需时间不计算在办案期限内。但是畜牧兽医行政主管部门在案件查处中采取了查封、扣押措施的，应当在查封、扣押期限内作出处理、处罚决定。

4. 实施处罚应当注意的事项

（1）终结调查的情形。违法行为不成立的，不予行政处罚，发还有关物品、解除查封和扣押等强制措施。对违法行为不成立不予行政处罚的案件，《案件处理意见书》经畜牧兽医行政主管部门负责审批后，执法人员应当向行政相对人送达《撤销案件通知书》，并制作《行政处罚结案报告》写明撤销案件的理由予以结案。

（2）不予处罚的情形。有下列情形之一的，不予处罚：一是不满十四周岁的人有违反《生猪屠宰管理条例》违法行为的；二是精神病人在不能辨认或者不能控制自己行为时有违反《生猪屠宰管理条例》违法行为的；三是违反《生猪屠宰管理条例》的违法行为轻微并及时纠正，没有造成危害后果的；四是除法律另有规定外，违反《生猪屠宰管理条例》的违法行为在2年内未被发现的。2年期限，从违法行为发生之日起计算，违法行为有连续或者继续状态的，从行为终了之日起计算；五是其他依法不予处罚的。

（3）从轻、减轻的情形。有下列情形之一的，从轻、减轻处罚：一是已满十四周岁不满十八周岁的人有违反《生猪屠宰管理条例》违法行为的；二是主动消除或者减轻违反《生猪屠宰管理条例》违法行为危害后果的；三是在共同实施违反《生猪屠宰管理条例》违法行为中起次要或辅助作用的；四是积极配合畜牧兽医行政主管部门查处违反《生猪屠宰管理条例》违法行为，有立功表现的；五是受他人胁迫实施违反《生猪屠宰管理条例》违法行为的；六是其他依法从轻或者减轻处罚的。

（4）违法行为涉嫌构成犯罪。当事人的违法行为已涉嫌构成犯罪的，应当移送公安机关追究刑事法律责任。

第六节　涉嫌犯罪行为的移送

一、涉嫌犯罪行为的罪名

（一）非法经营罪

1. 违法行为

违反国家规定，私设生猪屠宰厂（场），从事生猪屠宰、销售等经营活动，且情节严重的行为。

2. 法律依据

《中华人民共和国刑法》第二百二十五条：违反国家规定，有下列非法经营行为之一，扰乱市场秩序，情节严重的，处五年以下有期徒刑或者拘役，并处或者单处违法所得一倍以上五倍以下罚金；情节特别严重的，处五年以上有期徒刑，并处违法所得一倍以上五倍以下罚金或者没收财产：（一）未经许可经营法律、行政法规规定的专营、专卖物品或者其他限制买卖的物品的；……（四）其他严重扰乱市场秩序的非法经营行为。单位犯罪的，对单位判处罚金，并对其直接负责的主管人员和其他直接责任人员，依照前述的规定处罚。

《最高人民法院、最高人民检察院关于办理危害食品安全刑事案件适用法律若干问题的解释》（法释〔2013〕12号）第十二条第一款：违反国家规定，私设生猪屠宰厂（场），从事生猪屠宰、销售等经营活动，情节严重的，依照刑法第二百二十五条的规定以非法经营罪定罪处罚。

3. 立案追诉标准

根据《最高人民检察院、公安部关于公安机关管辖的刑事案件立案追诉标准的规定（二）》（公通字〔2010〕23号）第七十九条第（八）项的规定，当事人违反《生猪屠宰管理条例》第二条未经定点从事生猪屠宰活动的违法行为，具有下列情形之一的，应当以非法经营罪移送公安机关：

（1）个人非法经营数额在五万元以上，或者违法所得数额在一万元以上的；

（2）单位非法经营数额在五十万元以上，或者违法所得数额在十万元以上的；

（3）虽未达到上述数额标准，但两年内因未经定点从事生猪屠宰活动的违法行为受过二次以上行政处罚，又进行未经定点从事生猪屠宰活动违法行为的；

（4）其他情节严重的情形。

非法经营的数额是指违法行为人在实施未经定点从事生猪屠宰活动的违法行为过程中，屠宰的生猪以及销售的生猪产品的货值。已经销售的生猪产品，按照实际销售的价格计算。尚未屠宰的生猪和销售的生猪产品，按照检疫检验合格生猪、生猪产品的价格计算。其中这里所称违法所得数额与行政处罚中的没收违法所得的数额计算方式不同，这里所指为利润。

多次实施未经定点从事生猪屠宰活动的违法行为，未经畜牧兽医行政主管部门处罚或者刑事处罚的，非法经营数额、违法所得数额累计计算。

（二）生产、销售伪劣产品罪

1. 违法行为

对生猪或生猪产品注水或注入其他物质，且销售额累计较大的行为。

2. 法律依据

《中华人民共和国刑法》第一百四十条：生产者、销售者在产品中掺杂、掺假，以假充真，以次充好或者以不合格产品冒充合格产品，销售金额五万元以上不满二十万元的，处二年以下有期徒刑或者拘役，并处或者单处销售金额百分之五十以上二倍以下罚金；销售金额二十万元以上不满五十万元的，处二年以上七年以下有期徒刑，并处销售金额百分之五十以上二倍以下罚金；销售金额五十万元以上不满二百万元的，处七年以上有期徒刑，并处销售金额百分之五十以上二倍以下罚金；销售金额二百万元以上的，处十五年有期徒刑或者无期徒刑，并处销售金额百分之五十以上二倍以下罚金或者没收财产。单位犯罪的，对单位判处罚金，并对其直接负责的主管人员和其他直接责任人员，依照前述的规定处罚。

3. 立案追诉标准

根据《最高人民检察院、公安部关于公安机关管辖的刑事案件立案追诉标准的规定（一）》（公通字〔2008〕36号）第十六条的规定，当事人违反《生猪屠宰管理条例》第十五条对未生猪或者生猪产品注水或者注入其他物质的违法行为，有下列情形之一的，应予立案追诉：（一）伪劣产品销售金额五万元以上的；（二）伪劣产品尚未销售，货值金额十五万元以上的；（三）伪劣产品销售金额不满五万元，但将已销售金额乘以三倍后，与尚未销售的伪劣产品货值金额合计十五万元以上的。

（三）生产、销售不符合安全标准的食品罪

1. 违法行为

屠宰、销售未经检疫检验、检疫检验不合格、染疫、病死或死因不明等生猪及生猪产品的行为，或者销售含有严重超出标准限量的致病性微生物、兽药残留、重金属等其他危害人体健康物质的生猪产品，足以造成他人严重食物中毒事故或者其他严重食源性疾病。明知他人屠宰、销售不符合食品安全标准的食品，而为其提供生猪定点屠宰许可证件，或者提供屠宰场所、或者提供运输、贮藏、保管等便利条件等行为的，按共犯论处。

2. 法律依据

《中华人民共和国刑法》第一百四十三条：生产、销售不符合食品安全标准的食品，足以造成严重食物中毒事故或者其他严重食源性疾病的，处三年以下有期徒刑或者拘役，并处罚金；对人体健康造成严重危害或者有其他严重情节的，处三年以上七年以下有期徒刑，并处罚金；后果特别严重的，处七年以上有期徒刑或者无期徒刑，并处罚金或者没收财产。单位犯罪的，对单位判处罚金，并对其直接负责的主管人员和其他直接责任人员，依照前述的规定处罚。

《最高人民法院、最高人民检察院关于办理危害食品安全刑事案件适用法律若干问题的解释》（法释〔2013〕12号）第一条：生产、销售不符合食品安全标准的食品，具有下列情形之一的，应当认定为刑法第一百四十三条规定的

"足以造成严重食物中毒事故或者其他严重食源性疾病"：（一）含有严重超出标准限量的致病性微生物、农药残留、兽药残留、重金属、污染物质以及其他危害人体健康的物质的；（二）属于病死、死因不明或者检验检疫不合格的畜、禽、兽、水产动物及其肉类、肉类制品的；（三）……。

3. 立案追诉标准

《最高人民检察院、最高人民法院关于办理危害食品安全刑事案件适用法律若干问题的解释》（法释〔2013〕12 号）第一条、第二条、第三条和第四条分别对《刑法》第一百四十三条规定的"足以造成严重食物中毒事故或者其他严重食源性疾病""对人体健康造成严重危害""其他严重情节"以及"后果特别严重"的认定标准进行了解释。

在生猪屠宰行政执法中，发现行政相对人屠宰、销售不符合食品安全标准的食品，具有下列情形之一的，应当认定为"足以造成严重食物中毒事故或者其他严重食源性疾病"：第一，含有严重超出标准限量的致病性微生物、兽药残留、污染物质以及其他危害人体健康的物质的；第二，属于病死、死因不明或者未经检疫检验、检验检疫不合格的动物、动物产品的；第三，其他足以造成严重食物中毒事故或者严重食源性疾病的情形。对于"足以造成严重食物中毒事故或者其他严重食源性疾病"难以确定的，可以根据检验报告并结合专家意见等相关材料进行认定。无证据证明足以造成严重食物中毒事故或者其他严重食源性疾病，不构成生产、销售不符合安全标准的食品罪，但构成生产、销售伪劣产品罪等其他犯罪的，畜牧兽医行政主管部门应当按其他犯罪移送公安机关。

（四）生产、销售有毒有害食品罪

1. 违法行为

在屠宰生猪过程中，掺入或使用禁用兽药等禁用物质或者其他有毒、有害物质的行为。明知他人屠宰不符合食品安全标准的食品，而为其提供生猪定点屠宰许可证件，或者提供屠宰场所，或者提供运输、贮藏、保管等便利条件等行为的，按共犯论处。

2. 法律依据

《中华人民共和国刑法》第一百四十四条：在生产、销售的食品中掺入有毒、有害的非食品原料的，或者销售明知掺有有毒、有害的非食品原料的食品的，处五年以下有期徒刑，并处罚金；对人体健康造成严重危害或者有其他严重情节的，处五年以上十年以下有期徒刑，并处罚金；致人死亡或者有其他特别严重情节的，依照《中华人民共和国刑法》第一百四十一条的规定处罚，即处十年以上有期徒刑、无期徒刑或者死刑，并处罚金或者没收财产。单位犯罪的，对单位判处罚金，并对其直接负责的主管人员和其他直接责任人员，依照前述的规定处罚。

《最高人民法院、最高人民检察院关于办理危害食品安全刑事案件适用法律若干问题的解释》（法释〔2013〕12 号）第十二条第二款：实施前款行为，同时又构成生产、销售不符合安全标准的食品罪，生产、销售有毒、有害食品罪等其他犯罪的，依照处罚较重的规定定罪处罚。

3. 立案追诉标准

《最高人民检察院、最高人民法院关于办理危害食品安全刑事案件适用法律若干问题的解释》（法释〔2013〕12 号）第五条、第六条、第七条和第九条分别对《刑法》第一百四十四条规定的"有毒、有害非食品原料"，"对人体健康造成严重危害"，"其他严重情节"以及"致人死亡或者有其他特别严重情节"的认定标准进行了解释。

依据《最高人民检察院、公安部关于公安机关管辖的刑事案件立案追诉标准的规定（一）》（公通字〔2008〕36 号）第二十条第二款之规定，明知是使用盐酸克仑特罗等禁止在饲料和动物饮用水中使用的药品，或者含有该类药品的饲料养殖的供人食用的动物，而提供屠宰等加工服务，或者销售其制品的，应当立案追诉。

（五）其他涉嫌与屠宰执法管理有关的罪名

1. 妨害公务罪

在生猪屠宰行政执法中，行政相对人以暴力、威胁方法阻碍畜牧兽医行政主管部门执法人员依法执行职务的，以该罪名移送公安机关。法律依据为《中华人民共和国刑法》第二百七十七条：以暴力、威胁方法阻碍国家机关工作人员依法执行职务的，处三年以下有期徒刑、拘役、管制或者罚金。

2. 伪造、变造、买卖国家机关公文、证件、印章罪，盗窃、抢夺、毁灭国家机关公文、证件、印章罪

在生猪屠宰行政执法中，发现行政相对人有伪造、变造、买卖生猪定点屠宰证书和生猪定点屠宰标志牌的，以该罪名移送公安机关。法律依据为《中华人民共和国刑法》第二百八十条：伪造、变造、买卖或者盗窃、抢夺、毁灭国家机关的公文、证件、印章的，处三年以下有期徒刑、拘役、管制或者剥夺政治权利；情节严重的，处三年以上十年以下有期徒刑。伪造公司、企业、事业单位、人民团体的印章的，处三年以下有期徒刑、拘役、管制或者剥夺政治权利。

二、移送程序

1. 移送审批

案件承办人员认为行为人违反《生猪屠宰管理条例》的违法行为已涉嫌构

成犯罪的，应当在《案件处理意见书》中明确提出移送公安机关的意见，并撰写《案件调查报告》经执法机构和法制机构负责人审核后，报畜牧兽医行政主管部门法定代表人或者授权的负责人审批。畜牧兽医行政主管部门法定代表人或者授权的负责人应当自接到报告之日起 3 日内作出批准移送或者不批准移送的决定。决定批准的，案件承办人员应当在 24 小时内向同级公安机关移送；决定不批准的，应当将不予批准的理由记录在《案件处理意见书》中。

《案件调查报告》应当写明案件来源、查获情况、嫌疑人基本情况、涉嫌犯罪的事实、证据和法律依据、处理建议等内容。

2. 移送材料

对批准移送的案件，案件承办人员应当制作《案件移送函》，并在批准后 24 小时内依据《行政执法机关移送涉嫌犯罪案件的规定》的程序，向同级公安机关移送，同时将《案件移送函》及移送公安机关材料的目录抄送同级人民检察院。送达涉嫌犯罪的案件，应当附具下列材料：

（1）案件调查报告；

（2）涉案物品的清单（写明涉案生猪、生猪产品以及屠宰工具和设备的名称、数量、特征、存放地等事项，并附采取行政查封、扣押措施、现场笔录等表明涉案物品来源的相关材料）；

（3）有关检验报告或者鉴定结论（鉴定结论应当附有鉴定机构和鉴定人资质证明）；

（4）其他有关涉嫌犯罪的材料（包括但不限于：现场照片、询问笔录、电子数据、视听资料、认定意见、责令改正通知书等其他与案件有关的证据材料）。

畜牧兽医行政主管部门已经或者曾经对本案当事人违反《生猪屠宰管理条例》的违法行为作出行政处罚决定的，还应当附有《行政处罚决定书》。

3. 办理交接手续

畜牧兽医行政主管部门对公安机关决定立案的案件，应当自接到立案通知书之日起 3 日内将涉案物品以及与案件有关的其他材料移交公安机关，并办结交接手续。

4. 对不予立案案件的处理

（1）提请复议。畜牧兽医行政主管部门接到公安机关不予立案的通知书后，认为依法应当由公安机关立案的，可以自接到不予立案通知书之日起 3 日内，提请作出不予立案决定的公安机关复议，也可以建议人民检察院依法进行立案监督。移送案件的畜牧兽医行政主管部门对公安机关不予立案的复议决定仍有异议的，应当自收到复议决定通知书之日起 3 日内建议人民检察院依法进行立案监督。

（2）实施行政处罚。畜牧兽医行政主管部门对公安机关决定不予立案的案件，应当依照《生猪屠宰管理条例》相关的规定作出行政处罚。畜牧兽医行政主管部门在移送案件时已经作出行政处罚决定的涉嫌犯罪案件，应当在作出行政处罚决定 10 日以内向同级公安机关、人民检察院抄送《行政处罚决定书》副本，并书面告知相关权利人。

5. 对移送后当事人提起行政复议或诉讼案件的处理

移送案件后，当事人提起行政复议或行政诉讼的，需要使用已移送公安机关证据材料的，可以向公安机关调取相关证据材料。

第七节　处罚的执行和公开

一、处罚决定的执行

（一）当事人主动履行

1. 罚没物品的处理

对没收后的生猪、生猪产品以及屠宰工具和设备除依法应当销毁外，应当依法公开拍卖，在支付拍卖费用后所得款项，必须全部上缴国库，畜牧兽医行政主管部门、委托的行政执法机构或者个人不得以任何形式截留、私分或者变相私分。

对于依法应当销毁的生猪、生猪产品以及屠宰工具和设备，案件承办人员应当制作《罚没物品处理记录》。《罚没物品处理记录》是指畜牧兽医行政主管部门对罚没物品依法进行处理的文字记载。处理记录应当载明对罚没物品处理的时间、地点、方式，参与处理的执法人员及执法机构负责人应当在记录上签字。

2. 罚没款的履行

（1）罚没款的缴纳。当事人应当在收到《行政处罚决定书》后 15 日，到指定的银行缴纳罚没款。但在边远、水上、交通不便地区作出罚款决定，或者当事人向指定的银行缴纳罚款确有困难的，经当事人提出，执法人员可以当场收缴罚款。执法人员当场收缴的罚款，应当自返回畜牧兽医行政主管部门所在地之日起 2 日内，交至畜牧兽医行政主管部门；在水上当场收缴的罚款，应当自抵岸之日起 2 日内交至畜牧兽医行政主管部门；畜牧兽医行政主管部门应当在 2 日内将罚款交至指定的银行。

对生效的行政处罚决定，当事人到期不缴纳罚款的，每日按罚款数额的百分之三加处罚款，但加处罚款的数额不得超出罚款的数额。

（2）罚款的延期缴纳。当事人确有经济困难，需要延期或者分期缴纳罚款的，当事人应当书面申请，经作出行政处罚决定的畜牧兽医行政主管部门批准，可以暂缓或者分期缴纳。但不得因当事人经济困难减免罚款数额。畜牧兽医行政主管部门在收到当事人的申请之后，应当进行严格审查，调查清楚当事人的经济状况，从而确定是否有履行罚款的能力。经审查，认为当事人的申请理由不成立的，予以驳回；认为申请理由成立的，应当作出允许暂缓或者分期缴纳罚款的决定，畜牧兽医行政主管部门作出决定之后，应当制作《暂缓（分期）缴纳罚款决定书》，并送达当事人。

（二）当事人不履行处罚决定的处理

1. 申请强制执行

（1）申请强制执行的条件。畜牧兽医行政主管部门申请人民法院强制执行其作出的行政处罚决定的前提条件是：当事人在收到《行政处罚决定书》后60日未申请行政复议，或者在6个月内未提起行政诉讼，又不履行行政处罚决定。

（2）申请强制执行的期限。当事人在法定期间内既未申请复议也未提起诉讼又不履行行政决定的，畜牧兽医行政主管部门应当向人民法院申请强制执行。申请的期限自当事人诉讼期限届满之日起3个月内。

（3）申请强制执行的催告程序。畜牧兽医行政主管部门申请人民法院强制执行前，应当制作并送达《履行行政处罚决定催告书》，催告当事人履行义务。催告书送达10日后当事人仍未履行义务的，畜牧兽医行政主管部门可以向所在地有管辖权的人民法院申请强制执行。

《履行行政处罚决定催告书》是畜牧兽医行政主管部门申请人民法院强制执行前催告当事人履行义务的文书。催告书应当写明当事人姓名（或名称）、送达行政处罚决定书情况、履行义务的方式及金额等，并加盖畜牧兽医行政主管部门印章。

（4）申请法院执行应当提供的材料。畜牧兽医行政主管部门向人民法院申请强制执行，应当制作并向人民法院提交《强制执行申请书》，并提供下列材料：一是行政处罚决定书及作出决定的事实、理由和依据；二是当事人的意见及《履行行政处罚决定催告书》；三是申请强制执行标的情况；四是法律、行政法规规定的其他材料。

《强制执行申请书》是指畜牧兽医行政主管部门向人民法院申请强制执行的文书。申请书应当写明畜牧兽医行政主管部门及被申请人基本情况、作出行政处罚决定及送达情况、申请执行内容，由畜牧兽医行政主管部门负责人签名，加盖执法机关印章，并注明日期。

（5）执行费用。畜牧兽医行政主管部门申请人民法院强制执行，不缴纳申请费。强制执行的费用由被执行人承担。

（6）执行款的处理。人民法院划拨的存款、汇款以及拍卖和依法处理所得的款项应当上缴国库或者划入财政专户，人民法院和畜牧兽医行政主管部门不得以任何形式截留、私分或者变相私分。

2. 加处罚款

对生效的行政处罚决定，当事人到期不缴纳罚款的，每日按罚款数额的百分之三加处罚款，但加处罚款的数额不得超出罚款的数额。需要说明的是，"加处罚款"属于执行罚，不是行政处罚种类。

（三）执行的停止

行政复议或者行政诉讼期间，不停止行政处罚决定的执行，但有下列情形之一的，应当停止执行：

（1）法律规定停止执行的；

（2）人民法院裁定停止执行的；

（3）行政复议机关认为需要停止执行的；

（4）畜牧兽医行政主管部门认为需要停止执行的。

二、处罚决定的公开

（一）公开的主体与权限

各级畜牧兽医行政主管部门应当在职责权限范围内，依法主动公开本单位实施的生猪屠宰行政处罚案件。受委托的执法机构办理的生猪屠宰行政执法案件，由委托单位负责公开相应案件信息。

对于行政处罚中涉及国家秘密或可能危及国家安全、公共安全、经济安全和社会稳定的相关信息不予公开。对决定不予公开相关信息的，地方畜牧兽医行政主管部门应当书面说明理由报上级机关批准。

（二）公开的内容

作出行政处罚决定的生猪屠宰案件，公开内容应当包括：行政处罚决定书案号；案件名称；被处罚的自然人姓名，被处罚的企业或其他组织的名称和统一社会信用代码、法定代表人（负责人）姓名；主要违法事实；行政处罚的种类和依据；行政处罚的履行方式和期限；作出处罚决定的畜牧兽医行政主管部门名称和日期。公开生猪屠宰行政处罚案件信息，应当按照固定的格式制作行政处罚案件信息公开表。

公开生猪屠宰行政处罚案件信息不得涉及商业秘密以及自然人住所、肖像、公民身份证号码、电话号码、财产状况等个人隐私。权利人同意公开或者畜牧兽医行政主管部门认为不公开前述信息可能对公共利益造成重大影响的，经本部门负责人批准后可以公开，但应当将决定公开的内容和理由书面通知权利人。

生猪屠宰行政处罚决定因行政复议或者行政诉讼发生变更或者撤销的，应当及时公开相关信息。

（三）公开的时限

主动公开的生猪屠宰行政处罚案件信息，应当自作出行政处罚决定之日起 20 个工作日内予以公开；因行政复议或行政诉讼发生变更或撤销的，应当在行政处罚决定变更或者撤销之日起 20 个工作日内，公开变更或者撤销的信息。

（四）公开的方式

农业部主动公开的生猪屠宰行政处罚案件信息应当通过农业农村部网站（信息公开专栏下"行政执法类"）予以公开，可以同时通过农业农村部公告、公报、新闻发布会、广播、电视、新闻媒体等其他便于公众知晓的方式公开。

县级以上地方畜牧兽医行政主管部门主动公开的生猪屠宰行政处罚案件信息应当主要通过本级政府门户网站（含本部门政务网站）公开，可以同时选择公告栏、新闻发布会以及报刊、广播、电视等便于公众知晓的方式公开。

第八节　结案和归档

一、结案条件

有下列情况之一的，经畜牧兽医行政主管部门负责人批准后，予以结案：

1. 行政处罚决定执行完毕的；
2. 经人民法院判决或者裁定后，执行完毕的；
3. 不予行政处罚的；
4. 据以立案的违法事实不存在的；
5. 案件移送有管辖权部门的；
6. 案件移送公安机关追究刑事责任的；
7. 畜牧兽医行政主管部门决定终止行政处罚决定的。

二、填写《行政处罚结案报告》

符合结案条件的，由承办人员填写《行政处罚结案报告》，报畜牧兽医行政主管部门负责人批准后结案。

三、归档

一般程序案件应当按照一案一卷进行组卷；材料过多的，可一案多卷。简易程序案件可以多案合并组卷。卷内文书材料应当齐全完整，无重份或多余材料。案卷应当制作封面、卷内目录和备考表。封面应当包括执法机关名称、题名、办案起止时间、保管期限、卷内件（页）数等。封面题名应当由当事人和违法行为定性两部分组成，如关于×××未经定点从事生猪屠宰案。卷内目录应当包括序号、题名、页号和备注等内容，按卷内文书材料排列顺序逐件填写。备考表应当填写卷中需要说明的情况，并由立卷人、检查人签名。案件文书材料按照下列顺序整理归档：

1. 案卷封面；

2. 卷内目录；

3. 行政处罚决定书；

4. 立案审批表；

5. 当事人身份证明；

6. 询问笔录、现场检查（勘验）笔录、抽样取证凭证、证据登记保存清单、登记物品处理通知书、查封（扣押）决定书、解除查封（扣押）决定书、鉴定意见等文书；

7. 检验报告、销售单据、许可证等有关证据材料；

8. 案件处理意见书、行政处罚事先告知书等；

9. 行政处罚听证会通知书、听证笔录、行政处罚听证会报告书等听证文书；

10. 行政处罚决定审批表；

11. 送达回证等回执证明文件；

12. 执行的票据等材料；

13. 罚没物品处理记录等；

14. 履行行政处罚决定催告书、强制执行申请书、案件移送函等；

15. 行政处罚结案报告；

16. 备考表。

案件处理中，收集的不能随文书装订立卷的录音、录像等证据材料应当放入证据袋中，并注明录制内容、数量、时间、地点、制作人等，随卷归档。

当事人申请行政复议和提起行政诉讼或者行政机关申请人民法院强制执行的案卷，可以在案件办结后附入原卷归档。

卷内文件材料应当用阿拉伯数字从"1"开始依次编写页号；页号编写在有字迹页面正面的右上角和背面的左上角；大张材料折叠后应当在有字迹页面的右上角编写页号；A4横印材料应当字头朝装订线摆放好再编写页号。

案卷装订前应当做好文书材料的检查。文书材料上的订书钉等金属物应当去掉。对破损的文书材料应当进行修补或复制。小页纸应当用 A4 纸托底粘贴。纸张大于卷面的材料，应当按卷宗大小先对折再向外折叠。对字迹难以辨认的材料，应当附上抄件。案卷应当整齐美观固定，不松散、不压字迹、不掉页、便于翻阅。办案人员完成立卷后，应当及时向档案室移交，进行归档。案卷归档，不得私自增加或者抽取案卷材料，不得修改案卷内容。

下篇
生猪屠宰行政处罚案例

第一章
未经定点从事生猪屠宰活动案

案　情　概　述

2016 年 10 月 9 日凌晨 4 时 11 分，甲县农业局接到群众举报，反映有人私屠滥宰生猪，随即派执法人员顾某、周某前去调查。调查人员在丙村村头查获汪某一辆停在路口车牌号为 S283C 的卡车，卡车车厢后部装有 4 大袋生猪产品和 4 只装有猪内脏的塑料桶，共计猪肉 427.16 千克、猪头 41.08 千克、猪内脏 50.29 千克，初步了解汪某欲在此销售生猪产品。随后执法人员携同汪某来到当事人汪某的生猪养殖场，在养殖场内发现一屠宰点，屠宰现场发现 2 个刮毛器、4 个丁字钩、5 个挂钩、1 根铁棒、2 杆长秤、4 把尖刀、1 把无柄锉刀、1 把菜刀、2 个磨刀石、2 只椭圆形大塑料桶及吊挂设施。执法人员认为当事人涉嫌未经定点从事生猪屠宰活动，报经本机关领导批准后，进行立案调查。

当日，执法人员经批准对当事人汪某的 427.16 千克猪肉、41.08 千克猪头、50.29 千克猪内脏，以及有关屠宰工具进行了现场证据保存，同时制作了《询问笔录》和《现场检查（勘验）笔录》，对相关涉案物品进行拍照，证明当事人汪某未经定点从事生猪屠宰活动，违反了《生猪屠宰管理条例》第二条第二款的规定，"国家实行生猪定点屠宰、集中检疫制度。未经定点，任何单位和个人不得从事生猪屠宰活动。"依据《生猪屠宰管理条例》第二十四条第一款的规定，"违反本条例规定，未经定点从事生猪屠宰活动的，由畜牧兽医行政主管部门予以取缔，没收生猪、生猪产品、屠宰工具和设备以及违法所得，并处货值金额 3 倍以上 5 倍以下的罚款；货值金额难以确定的，对单位并处10 万元以上 20 万元以下的罚款，对个人并处 5 000 元以上 1 万元以下的罚款；构成犯罪的，依法追究刑事责任。"拟对当事人的违法行为作出处理处罚。经甲县价格认定中心出具结论书，当事人的猪肉 427.16 千克、猪头 41.08 千克、猪内脏 50.29 千克，货值共计 11 441 元。按照《甲县行政处罚自由裁量权基准》第××条规定，对当事人处以（X～Y）幅度内 X 的 1 倍处罚，足以起到惩戒作用。取缔当事人汪某的屠宰点，没收其生猪产品和屠宰工具及设备，并处货值金额 3 倍罚款，计人民币 34 323 元。2016 年 10 月 10 日经甲县农业局负责人集体讨论，作出处理意见，10 月 11 日，执法机关向当事人汪某下达了《行政处罚决定事先告知书》，告知当事人在规定时间内享有陈述申辩和申请听证的权利，2016 年 10 月 13 日，当事人书面提出听证申请，2016 年 10 月 24 日举行了听证会，听证结果，维持《行政处罚决定事先告知书》的处罚决定，2016 年 10 月 25 日，执法机关向当事人汪某送达《行政处罚决定书》，2016 年 10 月 28 日当事人履行了行政处罚决定。没收的 427.16 千克猪肉、41.08 千克猪头、50.29 千克猪内脏在执法人员监督下由甲县无害化处理厂进行销毁；没收屠宰工具 2 个刮毛器、4 个丁字钩、5 个挂钩、1 根铁棒、2 杆长秤、4 把尖刀、1 把无柄锉刀、1 把菜刀、2 个磨刀石、6 只塑料桶，作为废旧材料进行拍卖取得人民币 3 200 元，于 2016 年 10 月 28 日上缴财政账户。

甲县农业局

生猪屠宰行政执法案卷

汪某未经定点从事生猪屠宰活动案

自 2016 年 10 月 9 日至 2016 年 10 月 31 日	保管期限	长期
本卷共 1 件 41 页	归档号	甲农（屠宰）罚〔2016〕1 号

全宗号	目录号	案卷号
	2016	01 号

卷　内　目　录

序号	题　名	文书编号	文书日期	卷内页码	备注
1	甲县农业局行政处罚决定书	甲农（屠宰）罚〔2016〕1号	2016年10月25日	1～3	
2	行政处罚立案审批表	甲农（屠宰）立〔2016〕1号	2016年10月9日	4	
3	证据材料登记表		2016年10月9日	5	
4	现场检查（勘验）笔录		2016年10月9日	6	
5	现场检查（勘验）笔录		2016年10月9日	7	
6	询问笔录		2016年10月9日	8～10	
7	甲县农业局查封（扣押）决定书	甲农（屠宰）封（扣）〔2016〕1号	2016年10月9日	11～13	
8	甲县农业局查封（扣押）审批表		2016年10月9日	14	
9	查封（扣押）现场笔录		2016年10月9日	15	
10	证据材料登记表		2016年10月9日	16	
11	证据材料登记表		2016年10月9日	17	
12	证据材料登记表		2016年10月14日	18	
13	案件处理意见书		2016年10月10日	19～20	

（续）

序号	题　名	文书编号	文书日期	卷内页码	备注
14	重大案件集体讨论记录		2016 年 10 月 10 日	21～22	
15	甲县农业局行政处罚事先告知书	甲农（屠宰）告〔2016〕1 号	2016 年 10 月 11 日	23	
16	听证申请书		2016 年 10 月 13 日	24	
17	甲县农业局行政处罚听证会通知书		2016 年 10 月 17 日	25	
18	听证笔录		2016 年 10 月 24 日	26～29	
19	行政处罚听证会报告书		2016 年 10 月 24 日	30	
20	行政处罚决定审批表		2016 年 10 月 25 日	31～32	
21	送达回证		2016 年 10 月 9 日	33	
22	送达回证		2016 年 10 月 11 日	34	
23	送达回证		2016 年 10 月 17 日	35	
24	送达回证		2016 年 10 月 25 日	36	
25	罚没物品处理记录		2016 年 10 月 28 日	37	
26	罚没物品处理记录		2016 年 10 月 28 日	38	
27	罚没收据存根清单			39	
28	行政处罚结案报告		2016 年 10 月 31 日	40	
29	备考表		2016 年 10 月 31 日	41	

甲县农业局
行政处罚决定书

甲农（屠宰）罚〔2016〕___1___号

当事人：汪某　　　　　性别：男　　　　　年龄：50周岁
住址：甲县乙镇丙村丁组　　　　电话：×××××××××××

　　当事人未经定点从事生猪屠宰活动一案，经本机关依法调查，现查明：

　　2016年10月9日4时11分，本机关接群众举报私屠滥宰生猪，执法人员顾某、周某在丙村村头转角处发现当事人车牌号为S283C的卡车，卡车车厢后部装有4大袋生猪产品和4只装有猪内脏的塑料桶，共计427.16千克猪肉、41.08千克猪头、50.29千克猪内脏。当事人涉嫌未经定点从事生猪屠宰活动，经本机关领导批准，于当日立案查处。执法人员携同汪某及车牌为S283C的卡车立即赶往当事人位于丙村丁组的生猪养殖场，在养殖场内发现一个屠宰点，现场发现2个刮毛器、4个丁字钩、5个挂钩、1根铁棒、2杆长秤、4把尖刀、1把无柄锉刀、1把菜刀、2个磨刀石、2只椭圆形大塑料桶。经批准，执法人员对当事人上述生猪产品和屠宰工具进行了扣押，制作了现场检查笔录、拍摄了照片，对当事人进行了调查询问并制作了询问笔录。2016年10月14日，对扣押的猪肉、猪头、猪内脏送甲县动物卫生监督机构实施检疫，同时由甲县价格认定中心进行了价格认定。当事人未经定点从事生猪屠宰活动的违法事实有下列证据为证：

　　1.《询问笔录》1份，证明当事人于2016年10月9日在自己的生猪养殖场内未经定点屠宰3头生猪的事实；

　　2.《现场检查（勘验）笔录》2份，记述了当事人已经将屠宰后3头生猪运到村头转角处的事实和当事人养殖场内存在屠宰场所的事实；

　　3.对现场进行拍照取证，反映了当事人未经定点从事生猪屠宰活动现场的情况；

　　4.身份证复印件1张，证明当事人的身份；

　　5.甲县价格认定中心出具的《价格认定结论书》（甲价认服〔2016〕025号）1份，确定了本案的货值金额。

　　以上证据形式合法、内容真实，能够互相印证，相互补充，具备证据所要求的客观性、关联性和合法性。

　　本机关认为：

　　生猪屠宰应当遵守国家有关法律法规，《生猪屠宰管理条例》第二条规定："国家实行生猪定点屠宰、集中检疫制度。未经定点，任何单位和个人不得从事生猪屠宰活动。但是，农村地区个人自宰自食的除外。在边远和交通不便的农村地区，可以设置仅限于向本地市场供应生猪产品的小型生猪屠宰场点，具体管理办法由省、自治区、直辖市制定。"当事人的行为违反了《生猪屠宰管理条例》第二条第二款中"未经定点，任何单位和个人不得从事生猪屠宰活动"的规定，事实清楚，证据确凿，理应承担相应的法律责任。本机关于2016年10月10日进行了本机关负责人集体讨论，10月11日依法向当事人送达了《甲县农业局行政处罚事先告知书》〔甲农（屠宰）告〔2016〕1号〕，当事人于2016年10月13日向本机关书面提出听证申请，10月17日，本机关向当事人送达了《行政处罚听证会通知书》，告知当事人听证会举行时间、听证主持人姓名，以及有正当理由可以申请主持人回避的权力。2016年10月24日，在本机关举行了听证会，听证会结果维持行政处罚事先告知书〔甲农（屠宰）告〔2016〕1号〕中的拟处罚决定。

　　依照《生猪屠宰管理条例》第二十四条第一款"违反本条例规定，未经定点从事生猪屠宰活动的，由畜牧兽医行政主管部门予以取缔，没收生猪、生猪产品、屠宰工具和设备以及违法所得，并处货值金额3倍以上5倍以下的罚款；货值金额难以确定的，对单位并处10万元以上20万元以下的罚款，对个人并处5 000元以上1万元以下的罚款；构成犯罪的，依法追究刑事责任"之规定，按照《甲县行政处罚自由裁量权基准》第××条规定，对当事人处以（X～Y）幅度内X的1倍处罚，本机关责令当事人停止违法行为，对当事人的屠宰场所予以取缔，并作出如下处罚决定：

　　1. 没收427.16千克猪肉、41.08千克猪头、50.29千克猪内脏；

　　2. 没收屠宰工具2个刮毛器、4个丁字钩、5个挂钩、1根铁棒、2杆长秤、4把尖刀、1把无柄锉刀、1把菜刀、2个磨刀石、6只塑料桶；

　　3. 处货值金额3倍罚款计人民币叁万肆仟叁佰贰拾叁元（34 323元）。

　　当事人必须在收到本处罚决定书之日起15日内持本决定书到甲县农村商业银行缴纳罚款。逾期不按规定缴纳罚款的，每日按罚款数额的3%加处罚款。

　　当事人对本处罚决定不服的，可以在收到本处罚决定书之日起60日内向甲县人民政府或甲市农业委员会申请行政复议；或者6个月内向甲县人民法院提起行政诉讼。行政复议和行政诉讼期间，本处罚决定不停止执行。

当事人逾期不申请行政复议或提起行政诉讼，也不履行本行政处罚决定的，本机关将依法申请人民法院强制执行。

甲县农业局

2016 年 10 月 25 日

行政处罚立案审批表

甲农（屠宰）立〔2016〕1 号

案件来源	群众举报			受案时间	2016 年 10 月 9 日
案　由	涉嫌未经定点从事生猪屠宰活动案				
当事人	个人	姓名	汪某	电话	139××××××××
		性别	男　年龄　50	身份证号	××××××××××××××××××
		住址	甲县乙镇丙村丁组		
	单位	名称	/	法定代表人（负责人）	/
		地址	/	电话	/
简要案情	2016 年 10 月 9 日凌晨 4 时 11 分，本机关接到群众反映有人私屠滥宰生猪举报后，前去调查的执法人员在丙村村头转角处发现车牌号为 S283C 的卡车，卡车车厢后部装有 4 大袋生猪产品和 4 只装有猪内脏的塑料桶，共计 427.16 千克猪肉、41.08 千克猪头、50.29 千克猪内脏，执法人员携同汪某及车牌为 S283C 的卡车随即赶往丙村丁组汪某的生猪养殖场，在养殖场内发现一个屠宰点，现场发现 2 个刮毛器、4 个丁字钩、5 个挂钩、1 根铁棒、2 杆长秤、4 把尖刀、1 把无柄锉刀、1 把菜刀、2 个磨刀石、2 只椭圆形大塑料桶，经批准执法人员对这些生猪产品和屠宰工具进行了扣押。当事人的行为涉嫌违反《生猪屠宰管理条例》第二条第二款"未经定点，任何单位和个人不得从事生猪屠宰活动"的规定，建议立案调查。 　　　　　　　　　　　　　　　　受案人签名：顾某　周某 　　　　　　　　　　　　　　　　　　　　2016 年 10 月 9 日				
执法机构意见	（有执法机构的签意见）　　　　　　　　　签名： 　　　　　　　　　　　　　　　　　　年　　月　　日				
法制机构意见	（有法制机构的签意见）　　　　　　　　　签名： 　　　　　　　　　　　　　　　　　　年　　月　　日				
执法机关意见	同意，由顾某、周某查办此案。　　　　　　签名： 　　　　　　　　　　　　　　　　　2016 年 10 月 9 日				
备　注					

证据材料登记表

此复印件与原件相符。

当事人签名：汪某

2016 年 10 月 9 日

证据制作说明：

1. 收 集 人：顾某、周某。

2. 提 供 人：汪某。

3. 收集时间：2016 年 10 月 9 日。

4. 收集地点：丙村丁组汪某生猪养殖场内屠宰点。

5. 收集方式：复印。

6. 证据内容：汪某身份证复印件。

现场检查（勘验）笔录

时间： 2016 年 10 月 9 日 5 时 5 分至 5 时 50 分
检查地点： 乙镇丙村村头转角处
当事人： 汪某
检查机关： 甲县农业局
检查人员： 顾某 执法证件号： ××××××
周某 ××××××
记录人： 周某
现场检查情况：接群众举报有人偷杀猪，现正在丙村村头。甲县农业局执法人员立即赶至现场，在丙村村头转角处停着一辆车牌号为 S283C 的卡车，执法人员检查发现卡车车厢装有 4 大袋生猪产品和 4 只装有猪内脏的塑料桶，共计 427.16 千克猪肉、41.08 千克猪头、50.29 千克猪内脏。车辆与生猪产品所有人为汪某，并得到了汪某的现场确认。执法人员对现场进行了拍照取证。
（以下空白）

当事人签名或盖章：汪某　　　　　　　　（见证人签名或盖章：张某）
执法人员签名或盖章：顾某　周某

（第 1 页　共 1 页）

现场检查（勘验）笔录

时间：<u>　2016　</u>年<u>　10　</u>月<u>　9　</u>日<u>　5　</u>时<u>　55　</u>分至<u>　7　</u>时<u>　00　</u>分

检查地点：<u>　乙镇丙村汪某生猪养殖场内屠宰点　</u>

当事人：<u>　汪某　</u>

检查机关：<u>　甲县农业局　</u>

检查人员：<u>　顾某　</u>　　执法证件号：<u>　××××××　</u>

　　　　　<u>　周某　</u>　　　　　　　　　<u>　××××××　</u>

记录人：<u>　周某　</u>

现场检查情况：<u>接群众举报有人偷杀猪，甲县农业局执法人员在丙村村头发现</u>
<u>汪某装有生猪产品的卡车后，立即携同汪某及车牌为 S283C 的卡车赶至汪某</u>
<u>生猪养殖场内屠宰点。该屠宰点大门朝东，进门后发现北面有一个大土灶，锅</u>
<u>里有温热清水，灶台上有 4 把尖刀、2 个刮毛器。灶台南面横有一根铁杆，挂</u>
<u>有 4 个丁字钩、5 个挂钩、2 杆长秤、1 把无柄锉刀、2 只塑料桶。地面上有新</u>
<u>鲜的血水，门口南面有个塑料桶，桶里有大半桶猪毛。门口北面墙上靠着一根</u>
<u>1 米多长的铁棒。经电话申请批准，执法人员对现场发现的 2 个刮毛器、4 个</u>
<u>丁字钩、5 个挂钩、1 根铁棒、2 杆长秤、4 把尖刀、1 把无柄锉刀、1 把菜刀、</u>
<u>2 个磨刀石、2 只塑料桶进行了就地扣押，将车牌号为 S283C 的卡车上发现的</u>
<u>生猪产品扣押于乙镇某肉鸭专业合作社冷库。执法人员对现场进行了拍照</u>
<u>取证。</u>

当事人签名或盖章：汪某　　　　　　　　　（见证人签名或盖章：王某）

执法人员签名或盖章：顾某　　周某

（第 1 页　共 1 页）

询问笔录

询问时间：　2016　年　10　月　9　日　9　时　10　分至　10　时　50　分
询问地点：　汪某生猪养殖场屠宰点
询问机关：　甲县农业局
询问人：　　顾某　　执法证件号：　×××××××
　　　　　　周某　　　　　　　　　×××××××
记录人：　　顾某
被询问人：姓名　　汪某　　性别　男　年龄　50周岁
　　　　　身份证号　×××××××××××××××××××
　　　　　联系电话　×××××××××××
　　　　　工作单位　　　　　/　　　　　职务　　　/
　　　　　住址　　乙镇丙村丁组
问：我们是甲县农业局执法人员（出示执法证件），现依法向你进行询问调查。
你应当如实回答我们的询问并协助调查，作伪证要承担法律责任，你听清楚
了吗？
答：听清楚了。
问：你有申请执法人员回避的权利，是否需要执法人员回避？
答：不需要。

被询问人签名或盖章：汪某
执法人员签名或盖章：顾某　周某

（第1页　共3页）

笔 录 纸

问：请你介绍一下你的身份。

答：我叫汪某，今年50岁，家住乙镇丙村丁组。目前从事生猪养殖。

问：询问结束后我们将复印你的身份证，请你配合。

答：好的，我配合。

问：你现在在哪里养猪？

答：我2008年在自己的承包地盖房子养猪的。

问：现在养了多少头猪？

答：现在养了500多头，都是大猪，都是三四百斤*的猪。

问：请你说一下在村头查到的猪肉是怎么回事。

答：最近因为猪价下跌，我想多赚点钱，就想把自己养的猪宰了卖，还没有卖出去，就被你们查了。

问：今天你杀了几头猪？

答：3头。

问：3头猪有多重？

答：猪肉427.16千克，猪头41.08千克，内脏50.29千克。

问：你以前宰过猪吗？

答：没宰过。

问：这次是在哪里宰的？

答：我在自己的养殖场内设了一个简易屠宰点。

问：还有其他人帮你宰杀吗？

被询问人签名或盖章：汪某

执法人员签名或盖章：顾某　周某

（第2页　共3页）

---

* 斤为非法定计量单位，1斤＝0.5千克。

笔 录 纸

答：没有，只有我一个人，因为宰的猪少，没找其他人帮忙。

问：你杀的猪是卖给谁的？

答：我卖给镇里农贸市场叫阿三的小刀手，胴体每斤 11.8 元，内脏及猪头是送给他的。

问：你平时养的猪卖到哪里？

答：我平时养的猪都是卖给浙江的猪贩子，介绍人姓杜。

问：请问我们对你的猪肉和内脏进行了证据登记保存，对你在村头现场和养殖场内的屠宰点作勘验检查时，你是否在场？

答：我都在场。

问：我们在现场拍了些照片，挑选了其中 10 张打印出来，还有对你的生猪产品和杀猪工具作了证据保存清单，需要你签字确认，你同意签字确认吗？

答：我同意签字确认。

问：你对以上内容有没有什么要补充的？

答：没有了，我认可以上内容。

（以下空白）

被询问人签名或盖章：汪某

执法人员签名或盖章：顾某　周某

（第 3 页　共 3 页）

甲县农业局
查封（扣押）决定书

甲农（屠宰）封（扣）〔2016〕 __1__ 号

汪某_____：

　　因你涉嫌_____未经定点从事生猪屠宰活动_____，依据《生猪屠宰管理条例》__第二十一条第二款第（四）项__和《中华人民共和国行政强制法》第二十五条第一款之规定，本机关决定对你乙镇丙村汪某生猪养殖场内屠宰点的生猪屠宰工具、车牌号为 S283C 的卡车上装有的 4 只塑料桶和 518.53 千克生猪产品予以扣押，扣押地点为乙镇丙村汪某生猪养殖场内屠宰点和乙镇某肉鸭专业合作社冷库，期限为__30__日（不包括对物品检测、检验和技术鉴定时间）。在扣押期间，你不得使用、销售、转移、损毁、隐匿。本机关将于扣押期限内作出处理决定。需要延长扣押期限的，本机关将根据《中华人民共和国行政强制法》第二十五条之规定，另行作出决定并告知。

　　当事人对本决定不服的，可以在收到本决定书之日起 60 日内向甲县人民政府或甲市农业局申请行政复议；或者 6 个月内向甲县人民法院提起行政诉讼。行政复议和行政诉讼期间，本决定不停止执行。

　　附：查封（扣押）财物清单（一）（二）

执法机关（印章）

2016 年 10 月 9 日

查封（扣押）财物清单（一）

序号	财物名称	规格	生产日期（批号）	生产单位	数量
1	猪肉	千克	/	/	427.16
2	猪头	千克	/	/	41.08
3	猪内脏	千克	/	/	50.29
4	塑料桶	只	/	/	4

当事人签名或盖章：汪某

执法人员签名或盖章：顾某　周某

查封（扣押）财物清单（二）

序号	财物名称	规格	生产日期 （批号）	生产单位	数量
1	刮毛器	个	/	/	2
2	丁字钩	个	/	/	4
3	挂钩	个	/	/	5
4	铁棒	根	/	/	1
5	长秤	杆	/	/	2
6	尖刀	把	/	/	4
7	无柄锉刀	把	/	/	1
8	菜刀	把	/	/	1
9	磨刀石	个	/	/	2
10	塑料桶	只	/	/	2

当事人签名或盖章：汪某

执法人员签名或盖章：顾某　周某

甲县农业局
查封（扣押）审批表

案由：涉嫌未经定点从事生猪屠宰活动案

当事人：汪某　　　　　电话：　139×××××××

性别：　男　年龄：　50　身份证号：×××××××××××××××××

　　该人违反《生猪屠宰管理条例》第二条第二款之规定，根据《生猪屠宰管理条例》第二十一条第二款第（四）项和《中华人民共和国行政强制法》第二十五条第一款之规定，拟予以扣押。扣押期限拟从　2016　年　10　月　9　日至　2016　年　11　月　7　日。

　　扣押物品保存地点：乙镇丙村汪某生猪养殖场内屠宰点和乙镇某肉鸭专业合作社冷库

　　扣押物品保存条件：常温保存和冷冻保存

　　承办人意见：建议对乙镇丙村汪某生猪养殖场内屠宰点的生猪屠宰工具、车牌号为 S283C 的卡车上装有的 4 只塑料桶和 518.53 千克生猪产品采取扣押措施。

　　签名：顾某　周某

审核意见：同意扣押。
签名：刘某

负责人意见：同意扣押。
签名：汪某

2016 年 10 月 9 日

查封（扣押）现场笔录

时间：__2016__ 年 __10__ 月 __9__ 日 __8__ 时 __30__ 分至 __8__ 时 __40__ 分

地点：__甲县乙镇丙村汪某生猪养殖场内屠宰点__

执法机关：__甲县农业局__

当事人：__汪某__

执法人员：__顾某__　　执法证件号：__××××××__

　　　　　__周某__　　　　　　　　　　__××××××__

记录人：__周某__

现场情况：我机关执法人员向当事人汪某现场送达了《查封（扣押）决定书》（甲农封（扣）〔2016〕1号）及《查封（扣押）财物清单》（一）（二）；将乙镇丙村汪某生猪养殖场内屠宰点的生猪屠宰工具、车牌号为S283C的卡车上装有的4只塑料桶和518.53千克生猪产品分别扣押于乙镇丙村汪某生猪养殖场内屠宰点和乙镇某肉鸭专业合作社冷库；告知上述生猪产品在扣押期间该厂不得使用、销售、转移、损毁、隐匿；汪某未进行陈述申辩。

（以下空白）

当事人签名或盖章：汪某　　　　　　　　（见证人签名或盖章：王某）

执法人员签名或盖章：顾某 周某

（第1页　共1页）

证据材料登记表

证据制作说明：

1. 收　集　人：顾某、周某。

2. 收集时间：2016 年 10 月 9 日。

3. 收集地点：丙村丁组汪某生猪养殖场内屠宰点。

4. 收集方式：拍摄。

5. 证据内容：现场照片。

证据材料登记表

证据制作说明：

1. 收 集 人：顾某、周某。

2. 收集时间：2016 年 10 月 9 日。

3. 收集地点：丙村村头转角处。

4. 收集方式：拍摄。

5. 证据内容：现场照片。

证据材料登记表

证据制作说明：

1. 收 集 人：顾某、周某。

2. 收集时间：2016 年 10 月 14 日。

3. 收集地点：甲县价格认定中心。

4. 收集方式：原件。

5. 证据内容：《价格认定结论书》（甲价认服〔2016〕025 号）。

案件处理意见书

案由	涉嫌未经定点从事生猪屠宰活动案						
当事人	个人	姓名	汪某				
		性别	男	年龄	50	电话	139××××××××
		住址	乙镇丙村丁组				
	单位	名称	/			法定代表人（负责人）	/
		地址	/			电话	/

案件调查经过

　　2016年10月9日凌晨4时11分，本机关接到群众反映有人私屠滥宰生猪举报后，前去调查的执法人员在丙村村头转角处发现车牌号为S283C的卡车，卡车车厢后部装有4大袋生猪产品和4只装有猪内脏的塑料桶，共计427.16千克猪肉、41.08千克猪头、50.29千克猪内脏。当事人涉嫌未经定点从事生猪屠宰活动，经本机关领导批准，于当日立案查处。执法人员携同汪某及车牌为S283C的卡车立即赶往当事人位于丙村丁组的生猪养殖场，在养殖场内发现一个屠宰点，现场发现2个刮毛器、4个丁字钩、5个挂钩、1根铁棒、2杆长秤、4把尖刀、1把无柄锉刀、1把菜刀、2个磨刀石、2只椭圆形大塑料桶。

　　2016年10月9日，执法人员对当事人的生猪产品和屠宰工具进行了扣押，制作了现场检查（勘验）笔录、对现场进行拍照取证，对当事人进行了调查询问并制作了询问笔录。

　　现已查明，当事人于2016年10月9日，在丙村丁组自己的生猪养殖场内的一个屠宰点屠宰了自己所饲养的3头生猪。

所附证据材料

1. 询问汪某的《询问笔录》1份；
2. 《现场检查（勘验）笔录》1份；
3. 案发现场拍摄的照片10张；
4. 汪某的身份证复印件1张；
5. 甲县价格认定中心对汪某的生猪产品进行价格认定的《价格认定结论书》1份。

（续）

调查结论及处理意见	经过立案调查，当事人的行为违反了《生猪屠宰管理条例》第二条第二款的规定，属于未经定点从事生猪屠宰活动，但当事人屠宰的生猪产品由于还未卖出，未产生违法所得。依据《生猪屠宰管理条例》第二十四条第一款规定，结合《甲市行政处罚自由裁量权基准》，建议取缔当事人的屠宰场所，并对其作出如下行政处罚： 　　1. 没收 427.16 千克猪肉、41.08 千克猪头、50.29 千克猪内脏，合计 518.53 千克生猪产品。 　　2. 没收屠宰工具 2 个刮毛器、4 个丁字钩、5 个挂钩、1 根铁棒、2 杆长秤、4 把尖刀、1 把无柄锉刀、1 把菜刀、2 个磨刀石、6 只塑料桶。 　　3. 处货值金额 3 倍罚款，共计人民币 34 323 元。 　　因该案件罚款金额较多，建议进行集体讨论。 　　　　　　　　　　　　　　　执法人员签名：顾某　周某 　　　　　　　　　　　　　　　2016 年 10 月 10 日
执法机构意见	（有执法机构的要签意见） 　　　　　　　　　　　签名： 　　　　　　　　　　　　　年　　月　　日
法制机构意见	（有法制机构的要签意见） 　　　　　　　　　　　签名： 　　　　　　　　　　　　　年　　月　　日
执法机关意见	经机关负责人集体讨论，同意拟处理意见。 　　　　　　　　　　　签名：刘某 　　　　　　　　　　　　　2016 年 10 月 10 日

重大案件集体讨论记录

案由：<u>涉嫌未经定点从事生猪屠宰活动案</u>

当事人：<u>汪某</u>

讨论时间：<u>2016 年 10 月 10 日 9 时 30 分至 10 时 30 分</u>

地点：<u>甲县农业局会议室</u>

主持人：<u>刘某（甲县农业局局长）</u>

记录人：<u>林某（职务）</u>

出席人员：<u>刘某（甲县农业局局长）、杨某（甲县农业局副局长）、孟某（甲县</u>
<u>农业局副局长）、顾某（案件承办人）（列席）、周某（案件承办人）（列席）</u>

讨论记录：

　　刘某：今天我们依据《中华人民共和国行政处罚法》第三十八条规定，就汪某涉嫌未经定点从事生猪屠宰活动案进行重大案件集体讨论，下面由办案人顾某介绍简要案情和调查取证过程。

　　顾某：2016 年 10 月 9 日凌晨 4 时 11 分，我们接到举报，我和同事周某赶到丙村村头，发现汪某一辆停在路口车牌号为 S283C 的卡车，卡车车厢后部装有 4 大袋生猪产品和 4 只装有猪内脏的塑料桶，共计 427.16 千克猪肉、41.08 千克猪头、50.29 千克猪内脏。经向局长刘某电话申请获批准之后，依法进行立案调查。制作了《现场检查（勘验）笔录》。之后，我们携同汪某及车牌为 S283C 的卡车立即赶往当事人位于丙村丁组的生猪养殖场，在养殖场内发现一屠宰点，屠宰现场发现 2 个刮毛器、4 个丁字钩、5 个挂钩、1 根铁棒、2 杆长秤、4 把尖刀、1 把无柄锉刀、1 把菜刀、2 个磨刀石、2 只椭圆形大塑料桶。经询问汪某和现场检查勘验以及对相关物品进行拍照，我们认为汪某存在未经定点从事生猪屠宰活动的事实，主要证据有《询问笔录》1 份和《现场检查（勘验）笔录》2 份和照片 10 张。汪某的行为，违反了《生猪屠宰管理条例》第二条第二款"国家实行生猪定点屠宰、集中检疫制度。未经定点，任何单位和个人不得从事生猪屠宰活动"之规定。依据《生猪屠宰管理条例》第二十四条第一款"违反本条例规定，未经定点从事生猪屠宰活动的，由畜牧兽医行政主管部门予以取缔，没收生猪、生猪产品、屠宰工具和设备以及违法所得，并处货值金额 3 倍以上 5 倍以下的罚款；货值金额难以确定的，对单位并处 10 万元以上 20 万元以下的罚款，对个人并处 5 000 元以上 1 万元以下的罚款；构成犯罪的，依法追究刑事责任"之规定，同时，按照《甲县行政处罚自由裁量权基准》第××条规定，对当事人处以（X～Y）幅度内 X 的 1 倍处罚，足以起到惩戒作用。鉴于当事人屠宰生猪后还未卖出，并未取得违法所得，因此对当事人拟作出如下处罚决定：取缔当事人汪某的屠宰点，没收其生猪产品和屠宰工具及设备，并罚款人民币 34 323 元。

　　杨某：顾某、周某收集到的证据足以确认当事人汪某有未经定点从事生猪屠宰活动的违法行为的基本事实。本案的处罚依据《生猪管理条例》第二十四条第一款，依据合法，处罚内容准确具体，自由裁量权使用适当。同意办案人员意见。

　　孟某：本案的证据来源合法、证据的形式要件合法，证据链条完整，能够为认定违法事实的存在提供足够的依据。案件处理程序合法，按照法定程序进行调查处理，采取的扣押措施符合规定。同意办案人员意见。

　　刘某：同意办案人员意见。

结论性意见：

　　经甲县农业局负责人集体讨论，汪某涉嫌未经定点从事生猪屠宰活动一案，事实清楚，证据确凿，程序合法，处罚内容明确，同意办案人员意见，可以下达《行政处罚事先告知书》。

机关负责人签名：刘某　杨某　孟某

甲县农业局
行政处罚事先告知书

甲农（屠宰）告〔2016〕　1　号

汪某　　　：

　　经调查，2016 年 10 月 9 日凌晨 4 时 11 分，本机关接到群众反映有人私屠滥宰生猪举报后，前去调查的执法人员顾某、周某在丙村村头转角处发现属于你的车牌号为 S283C 的卡车，卡车车厢后部装有 4 大袋生猪产品和 4 只装有猪内脏的塑料桶，共计 427.16 千克猪肉、41.08 千克猪头、50.29 千克猪内脏。之后，执法人员携同你及车牌为 S283C 的卡车立即赶往你位于丙村丁组的生猪养殖场，在养殖场内发现一个屠宰点，现场发现 2 个刮毛器、4 个丁字钩、5 个挂钩、1 根铁棒、2 杆长秤、4 把尖刀、1 把无柄锉刀、1 把菜刀、2 个磨刀石、2 只椭圆形大塑料桶，经现场勘验检查和对你进行调查询问，你于 2016 年 10 月 9 日在你的生猪养殖场内屠宰加工了你所饲养的 3 头生猪，事实清楚，证据确凿。

　　你违反了《生猪屠宰管理条例》第二条第二款"未经定点，任何单位和个人不得从事生猪屠宰活动"的规定，依据《生猪屠宰管理条例》第二十四条第一款的规定，本机关拟取缔你的屠宰现场，并作出如下处罚决定：

　　1. 没收 427.16 千克猪肉、41.08 千克猪头、50.29 千克猪内脏，合计 518.53 千克生猪产品；

　　2. 没收 2 个刮毛器、4 个丁字钩、5 个挂钩、1 根铁棒、2 杆长秤、4 把尖刀、1 把无柄锉刀、1 把菜刀、2 个磨刀石、6 只塑料桶；

　　3. 处货值金额三倍罚款计人民币叁万肆仟叁佰贰拾叁元（34 323 元）。

　　根据《中华人民共和国行政处罚法》第三十一条、三十二条和第四十二条之规定，你可在收到本告知书之日起三日内向本机关进行陈述申辩、申请听证，逾期不陈述申辩、申请听证的，视为你放弃上述权利。

甲县农业局（印章）
2016 年 10 月 11 日

执法机关地址：　××路××号县农业局
联系人：　顾某　　　　　　　电话：　×××××××××××

听证申请书

申请人：汪某，男，汉族，1967 年×月×日出生，住甲县乙镇丙村丁组。

请求事项：

申请人不服《行政处罚事先告知书》〔甲农（屠宰）告〔2016〕1 号〕的拟处罚决定，现向贵局申请听证，以便申辩理由，澄清事实。

事实与理由：

贵局于 2016 年 10 月 11 日送达的《行政处罚事先告知书》〔甲农（屠宰）告〔2016〕1 号〕，认为申请人未经定点从事生猪屠宰活动属于违法行为，拟对申请人作出处罚。申请人在自己家里屠宰生猪，只是在重大节日期间利用自己养殖的生猪偶尔屠宰出售给邻里乡亲，并非长年从事生猪屠宰经营活动。申请人认为贵局于 10 月 11 日送达的行政处罚事先告知书事实认定错误。根据《中华人民共和国行政处罚法》第四十二条的规定，申请人特申请贵局举行听证，以便申辩理由，澄清事实，维护申请人的合法权益。

此致

甲县农业局

申请人：汪某

2016 年 10 月 13 日

甲县农业局
行政处罚听证会通知书

汪某　　：

　　本机关定于　2016　年　11　月　6　日　9　时　0　分在　甲县农业局
三楼会议室对你未经定点从事生猪屠宰活动一案公开举行听证会。本次听证会
由　张某　担任主持人。

　　你或委托代理人应准时出席，逾期不出席的，视同放弃听证权利。委托代
理人出席的，应提交身份证明及当事人签署的授权委托书。授权委托书应当写
明委托代理人的姓名、性别、年龄以及委托的具体权限，并经你签名或盖章。

　　根据《中华人民共和国行政处罚法》第四十二条之规定，你有权申请听证
主持人回避。如申请回避的，请于　2016 年 10 月 21 日　　　　　　　前向本机
关提出书面申请。

　　特此通知。

甲县农业局（印章）

2016 年 10 月 17 日

执法机关地址：　　××路××号甲县农业局

联系人：　　张某　　　　　电话：　××××××××××

听证笔录

时间：　2016　年　10　月　24　日　9　时　0　分至　10　时　17　分
地点：　　甲县农业局三楼会议室
听证主持人：　　张某
听证员：　　刘某
书记员：　　陈某
当事人：　　汪某
法定代表人：　　/
委托代理人：　　/　　　工作单位：　　　/
案件调查人员：　　顾某　周某

听证记录：听证会由农业局张某主持。主持人首先核对当事人和调查人员的身份，宣布了听证纪律，告知了当事人的权利和义务，然后听证会正式开始。
主持人：下面请调查人就本案违法事实、证据、处罚依据及处罚建议进行陈述。
顾某：2016年10月9日凌晨4时11分，我们接到举报，我和同事周某赶到丙村村头，发现汪某一辆停在路口车牌号为S283C的卡车，卡车车厢后部装有4大袋生猪产品和4只装有猪内脏的塑料桶，共计427.16千克猪肉、41.08千克猪头、50.29千克猪内脏。之后，执法人员携同汪某及车牌为S283C的

当事人或委托代理人签名：汪某
案件调查人员签名：顾某　周某

（第1页　共4页）

笔 录 纸

卡车立即赶往当事人位于丙村丁组的生猪养殖场，在养殖场内发现一屠宰点，屠宰现场发现2个刮毛器、4个丁字钩、5个挂钩、1根铁棒、2杆长秤、4把尖刀、1把无柄锉刀、1把菜刀、2个磨刀石、2只椭圆形大塑料桶。经询问汪某和现场检查勘验以及对相关物品进行拍照，我们认为汪某存在未经定点从事生猪屠宰活动的事实，主要证据有《询问笔录》1份和《现场检查（勘验）笔录》2份和照片10张。汪某的行为，违反了《生猪屠宰管理条例》第二条第二款"国家实行生猪定点屠宰、集中检疫制度。未经定点，任何单位和个人不得从事生猪屠宰活动"的规定。依据《生猪屠宰管理条例》第二十四条第一款"违反本条例规定，未经定点从事生猪屠宰活动的，由畜牧兽医行政主管部门予以取缔，没收生猪、生猪产品、屠宰工具和设备以及违法所得，并处货值金额3倍以上5倍以下的罚款；货值金额难以确定的，对单位并处10万元以上20万元以下的罚款，对个人并处5 000元以上1万元以下的罚款；构成犯罪的，依法追究刑事责任"之规定，拟对当事人的违法行为作出处罚，取缔当事人汪某的屠宰场所，没收其生猪产品和屠宰工具及设备，罚款人民币34 323元。

主持人：下面请汪某进行陈述和申辩。

汪某：刚才执法人员说的情况都是真实的，但我认为你们将要对我的处罚是错误的。因为我是农民，我在农村自己的养殖场内屠宰生猪只是在重大

当事人或委托代理人签名：汪某
案件调查人员签名：顾 某　周某

笔　录　纸

节日宰杀几头自己养的猪，在村头路口卖给邻里乡亲，并不长年从事生猪屠宰经营活动，符合《生猪屠宰条例》第二条最后一段话"在边远和交通不便的农村地区，可以设置仅限于向本地市场供应生猪产品的小型生猪屠宰场点"的规定。因此，你们说我违法是错误的。

顾某：请问汪某，从你家养殖场到集镇上有多远？

汪某：大约有 3 里路。

顾某：请问汪某，你的养殖场边上是否有其他通往集镇的公路？

汪某：有啊。

顾某：你认为"在边远和交通不便的农村地区，可以设置仅限于向本地市场供应生猪产品的小型生猪屠宰场点"这段话里，有权设置小型生猪屠宰场点的部门是哪一个？

汪某：不知道。因为我没有找到省里有这方面的管理办法。所以我认为我属于农村地区，可以在家宰猪供给邻里乡亲。

顾某：目前我省确实没有关于设置小型屠宰场点的管理办法，但从《生猪屠宰条例》第二条的规定可以确定，设置的权力在国家而不在个人，况且你的屠宰点并不属于边远和交通不便的农村地区，这一点你刚才的回答已经证明了。所以，你屠宰生猪的行为属于未经定点从事生猪屠宰活动，是一种违法行为。

当事人或委托代理人签名：汪某
案件调查人员签名：顾某　周某

笔 录 纸

主持人：当事人汪某作最后陈述。

汪某：通过今天的听证会，我对法律规定有了新的理解，认识到自己的行为是不对的，考虑本人是农村人，整日辛苦劳作，收入不多，加上我的行为并没有什么危害，请你们不要处罚我，或不罚款、少罚款。

主持人：听证到此结束。

（以下空白）

当事人或委托代理人签名：汪某

案件调查人员签名：顾某　周某

（第 4 页　共 4 页）

行政处罚听证会报告书

案　　由	未经定点从事生猪屠宰活动案
听证主持人	张某
听　证　员	刘某
书　记　员	陈某

听证基本情况摘要（详见听证笔录）

　　2016 年 10 月 24 日 9 时至 10 时 17 分，在我局三楼会议室举行了汪某未经定点从事生猪屠宰活动一案的公开听证会。主持人核对了听证会参与人的身份，宣布了听证纪律，告知了听证申请人应有的权利和义务。案件调查人员顾某陈述了汪某未经定点从事生猪屠宰活动的事实，并出示了《询问笔录》《现场检查（勘验）笔录》及相关物品照片等证据证明当事人的违法行为，同时提出了处理建议。当事人汪某对其屠宰生猪的行为进行了陈述申辩，认为自己地处农村地区，屠宰自己养殖的生猪供应给邻里乡亲符合有关规定。汪某最后进行了陈述，承认自己对法律理解错误，请求对其从轻处罚。

听证结论及处理意见：

　　综合听证会和各方面情况，该案未经定点从事生猪屠宰活动违法事实清楚，适用法律准确。申请人汪某的陈述申辩没有证据材料，没有法律依据，所提请求不符合《行政处罚法》第二十七条规定的从轻或减轻处罚的条件。本案依据《生猪屠宰管理条例》第二十四条第一款的规定对汪某进行行政处罚。

听证人员签名：张某　刘某　陈某

2017 年 10 月 24 日

负责人审批意见：

　　　　同意。　　　　　　　　　　　　　　签名：刘某

　　　　　　　　　　　　　　　　　　　　　2017 年 10 月 24 日

备注：

行政处罚决定审批表

案由	未经定点从事生猪屠宰活动案						
当事人	个人	姓名	汪某				
		性别	男	年龄	50	电话	139××××××××
		住址	乙镇丙村丁组				
	单位	名称	/			法定代表人（负责人）	/
		地址	/			电话	/
陈述申辩或听证情况	2016 年 10 月 6 日 9 时至 10 时 17 分，在我局三楼会议室举行了汪某未经定点从事生猪屠宰活动一案的公开听证会。案件调查人员顾某陈述了汪某未经定点从事生猪屠宰活动的违法事实，并出示了《询问笔录》《现场检查（勘验）笔录》及相关物品照片等证据，指出处罚依据并提出处罚建议。当事人汪某对其屠宰生猪的行为进行了陈述申辩，认为自己地处农村地区，屠宰自己养殖的生猪供应给邻里乡亲符合有关规定。汪某最后进行了陈述，承认自己对法律理解错误，请求对其从轻处罚。						

（续）

处理意见	建议维持《行政处罚事先告知书》〔甲农（屠宰）告〔2016〕1号〕拟给予的处理处罚决定： 1. 取缔汪某生猪屠宰场所。 2. 没收427.16千克猪肉、41.08千克猪头、50.29千克猪内脏，合计518.53千克生猪产品。 3. 没收屠宰工具2个刮毛器、4个丁字钩、5个挂钩、1根铁棒、2杆长秤、4把尖刀、1把无柄锉刀、1把菜刀、2个磨刀石、6只塑料桶。 4. 处货值金额三倍罚款计人民币34 323元。 <div align="right">执法人员签名：顾某　周某 2016年10月25日</div>
执法机构意见	（有执法机构的签意见） <div align="right">签名： 年　　月　　日</div>
法制机构意见	（有法制机构的签意见） <div align="right">签名： 年　　月　　日</div>
执法机关意见	同意。 <div align="right">签名：刘某 2016年10月25日</div>

送达回证

案　　由	涉嫌未经定点从事生猪屠宰活动案					
受送达人	汪某					
送达单位	甲县农业局					
送达文书及文号	送达地点	送达人	送达方式	收到日期	收件人签名	
《查封（扣押）决定书》〔甲农（屠宰）封（扣）〔2016〕1号〕	乙镇丙村丁组	周某顾某	直接	2016-10-9	汪某	
（以下空白）						
备注						

送达回证

案　　　由	涉嫌未经定点从事生猪屠宰活动案				
受送达人	汪某				
送达单位	甲县农业局				
送达文书及文号	送达地点	送达人	送达方式	收到日期	收件人签名
《行政处罚事先告知书》〔甲农（屠宰）告〔2016〕1号〕	乙镇丙村丁组	周某顾某	直接	2016-10-11	汪某
（以下空白）					
备注					

送达回证

案　由	涉嫌未经定点从事生猪屠宰活动案				
受送达人	汪某				
送达单位	甲县农业局				
送达文书及文号	送达地点	送达人	送达方式	收到日期	收件人签名
《行政处罚听证会通知书》	乙镇丙村丁组	周某顾某	直接	2016-10-17	汪某
（以下空白）					
备注					

送达回证

案　　由	未经定点从事生猪屠宰活动案				
受送达人	汪某				
送达单位	甲县农业局				
送达文书及文号	送达地点	送达人	送达方式	收到日期	收件人签名
《行政处罚决定书》〔甲农（屠宰）罚〔2016〕1号〕	乙镇丙村丁组	周某顾某	直接	2016-10-25	汪某
（以下空白）					
备注					

罚没物品处理记录

时间： 2016 年 10 月 28 日

地点：物资回收站

处理物品及处理方式：

　　屠宰工具作为废旧材料进行拍卖取得人民币 3 200 元，所得金额全部上缴财政。

　　（附缴费收据）

执法人员签名：顾某　周某

执法机构负责人签名：刘某

罚没物品处理记录

时间：　2016 年 10 月 28 日

地点：甲县无害化处理厂

处理物品及处理方式：

　　2016 年 10 月 28 日下午 15 时，在甲县农业局执法人员顾某、周某监督下，对 427.16 千克猪肉、41.08 千克猪头、50.29 千克猪内脏在甲县无害化处理厂进行焚烧处理。

　　（附现场照片）

执法人员签名：顾某　周某

执法机构负责人签名：刘某

罚没收据存根清单

（甲县农村商业银行现金存款凭证）

行政处罚结案报告

案　由	未经定点从事生猪屠宰活动案		
当事人	甲农（屠宰）罚〔2016〕1 号		
立案时间	2016 年 10 月 9 日	处罚决定 送达时间	2016 年 10 月 25 日

处罚决定及执行情况：

　　1. 没收的 427.16 千克猪肉、41.08 千克猪头、50.29 千克猪内脏在甲县无害化处理厂进行焚烧销毁。

　　2. 没收屠宰工具 2 个刮毛器、4 个丁字钩、5 个挂钩、1 根铁棒、2 杆长秤、4 把尖刀、1 把无柄锉刀、1 把菜刀、2 个磨刀石、6 只塑料桶，作为废旧材料进行拍卖取得人民币 3 200 元，于 2016 年 10 月 28 日上缴财政账户。

　　3. 罚款人民币 34 323 元。

　　已执行完毕，建议结案。

执法人员签名：顾某　周某

2016 年 10 月 31 日

执法 机构 意见	（有机构的签意见） 　　　　　　　　　　　　　　签名： 　　　　　　　　　　　　　　　年　　月　　日
执法 机关 意见	同意。 　　　　　　　　　　　　　　签名：刘某 　　　　　　　　　　　　2016 年 10 月 31 日

备 考 表

本案卷共 41 页，其中：文字材料　　页，照片　　页，其他　　页。

说　　　明

立卷人签名：顾某
检查人签名：周某

2016 年 10 月 31 日

第二章
冒用生猪定点屠宰证书和标志牌案

案 情 概 述

2017年1月6日上午10时20分，甲县农业局接到举报，反映本县乙镇食品站冒用县食品公司生猪定点屠宰证书和标志牌屠宰生猪，农业局指派执法人员林某和朱某于当日下午3时赶到乙镇食品站，在食品站负责人丁某的办公室内发现甲市市政府颁发的甲县食品公司生猪定点屠宰证书和代码为×××××的生猪定点屠宰标志牌。执法人员认为，乙镇食品站涉嫌冒用生猪定点屠宰证书和标志牌，报经本机关领导批准后进行立案调查。经调查了解，2009年10月，甲县食品公司改制，乙镇食品站被县食品公司负责人贾某的外甥丁某一次性买断，与食品公司脱离。2012年在商务部、农业部等九部门联合开展的生猪定点屠宰资格审核清理中，县食品公司经审核通过，于2012年12月取得了市政府颁发的生猪定点屠宰证书和标志牌，原县政府颁发的生猪定点屠宰证书和标志牌作废。此后由于经营不善，县食品公司基本处于停产状态。但丁某一直以县食品公司名义进行生猪屠宰活动，并于2016年11月将县食品公司的生猪定点屠宰证书和标志牌拿到乙镇食品站。在屠宰车间，执法人员发现生猪屠宰吊挂设备一套、4个烫毛锅、8个刮毛器、10个挂钩、4根铁棒、2个磅秤、7把尖刀、4把砍刀、2个磨刀石、8只塑料桶，现场未发现生猪及生猪产品。执法人员制作了《询问笔录》《现场检查（勘验）笔录》，对丁某的办公场所和屠宰场所进行了拍照，经批准对屠宰工具和县食品公司生猪定点屠宰证书和标志牌进行了证据登记保存。经查，乙镇食品站的行为违反了《生猪屠宰管理条例》第七条第二款"生猪定点屠宰证书和生猪定点屠宰标志牌不得出借、转让。任何单位和个人不得冒用或者使用伪造的生猪定点屠宰证书和生猪定点屠宰标志牌"的规定，依据《生猪屠宰管理条例》第二十四条第一款、第二款的规定，取缔屠宰场所，没收屠宰工具，罚款人民币15万元。

甲县农业局

生猪屠宰行政执法案卷

乙镇食品站冒用生猪定点屠宰证书和标志牌案

自 2017 年 1 月 6 日至 2017 年 1 月 30 日	保管期限	长期
本卷共 1 件 33 页	归档号	甲农（屠宰）罚〔2017〕2 号

全宗号	目录号	案卷号
	2017	02 号

卷 内 目 录

序号	题　名	文书编号	文书日期	卷内页码	备注
1	甲县农业局行政处罚决定书	甲农（屠宰）罚〔2017〕2号	2017年1月13日	1～3	
2	行政处罚立案审批表	甲农（屠宰）立〔2017〕2号	2017年1月6日	4	
3	证据材料登记表		2017年1月6日	5	
4	证据材料登记表		2017年1月6日	6	
5	现场检查（勘验）笔录		2017年1月6日	7	
6	询问笔录		2017年1月6日	8～11	
7	询问笔录		2017年1月6日	12～14	
8	询问笔录		2017年1月6日	15～17	
9	先行登记保存证据审批表		2017年1月6日	18	
10	证据登记保存清单		2017年1月6日	19	
11	证据登记保存清单		2017年1月6日	20	

（续）

序号	题 名	文书编号	文书日期	卷内页码	备注
12	登记保存物品处理通知书		2017 年 1 月 12 日	21	
13	重大案卷集体讨论记录		2017 年 1 月 7 日	22～23	
14	案件处理意见书		2017 年 1 月 7 日	24～25	
15	甲县农业局行政处罚事先告知书	甲农（屠宰）告〔2017〕2 号	2017 年 1 月 8 日	26	
16	行政处罚决定审批表		2017 年 1 月 13 日	27	
17	送达回证		2017 年 1 月 8 日	28	
18	送达回证		2017 年 1 月 13 日	29	
19	送达回证		2017 年 1 月 12 日	30	
20	罚没物品处理记录		2017 年 1 月 20 日	31	
21	行政处罚结案报告		2017 年 1 月 26 日	32	
22	备考表		2017 年 1 月 30 日	33	

甲县农业局
行政处罚决定书

甲农（屠宰）罚〔2017〕　2　号

当事人：乙镇食品站　　　法定代表人（负责人）：丁某

地　　址：乙镇××街西首

当事人乙镇食品站冒用生猪定点屠宰证书和标志牌一案，经本机关依法调查，现查明：

2017年1月6日，本机关接到群众举报，称乙镇食品站长期冒用生猪定点屠宰证书和标志牌屠宰生猪。当日下午，本机关指派执法人员到达被举报单位进行检查，检查发现乙镇食品站存在违法行为，经批准后，本机关决定立案调查。

2009年10月，甲县食品公司改制，乙镇食品站被县食品公司负责人贾某的外甥丁某一次性买断，与食品公司脱离。2012年，商务部、农业部等九部门联合开展生猪定点屠宰资格审核清理，改制后的县食品公司生猪定点屠宰资格经审核通过，于2012年12月取得了甲市市政府颁发的生猪定点屠宰证书和标志牌。此后由于经营不善，县食品公司处于停产状态。但丁某一直以县食品公司名义进行生猪屠宰活动，并于2016年11月将县食品公司的生猪定点屠宰证书和标志牌拿到自己的屠宰场所。在屠宰车间，执法人员发现生猪屠宰吊挂设备一套、4个烫毛锅、8个刮毛器、10个挂钩、4根铁棒、2个磅秤、7把尖刀、4把砍刀、2个磨刀石、8只塑料桶。上述工具和设备上均有新鲜油脂，屠宰车间地面潮湿油滑，有未冲洗干净的新鲜血液，墙面有污血。屠宰场所未发现生猪及生猪产品。执法人员对屠宰车间进行了拍照，对屠宰车间进行了现场检查勘验，询问了食品站负责人丁某、收购生猪人马某和卖肉人吕某，制作了《现场检查（勘验）笔录》和《询问笔录》，收集了相关证据。当事人存在冒用他人生猪定点屠宰证书和标志牌从事生猪屠宰活动的违法事实。

以上违法事实，有下列证据为证：

1. 《现场检查（勘验）笔录》1份，证明现场检查的相关情况及屠宰车间处于经常屠宰生猪的事实；

2. 丁某《询问笔录》1份，证明当事人一直从事生猪屠宰活动和冒用他人生猪定点屠宰证书和标志牌从事生猪屠宰活动的事实；

3. 马某《询问笔录》1 份，证明马某卖猪给食品站进行屠宰的事实；

4. 吕某《询问笔录》1 份，证明吕某从食品站拿生猪产品进行销售的事实和食品站冒用他人生猪定点屠宰证书和标志牌从事生猪屠宰活动的事实；

5. 现场照片 10 张，证明现场检查及相关物品情况，与证据 1、2、3、4 相互佐证；

6.《营业执照》复印件 1 份，证明当事人是单位，违法主体适格；

7. 食品站负责人身份证复印件 1 份，证明丁某身份。

以上证据形式合法、内容真实，能够互相印证，相互补充，具备证据所要求的客观性、关联性和合法性。

本机关认为：

当事人乙镇食品站冒用他人生猪定点屠宰证书和标志牌从事生猪屠宰活动，事实清楚，证据确凿，其行为违反了《生猪屠宰管理条例》第七条第二款"生猪定点屠宰证书和生猪定点屠宰标志牌不得出借、转让。任何单位和个人不得冒用或者使用伪造的生猪定点屠宰证书和生猪定点屠宰标志牌"的规定，2017 年 1 月 7 日，本机关负责人对处罚主体是否适格、案件定性是否准确、处罚是否适当等重大问题进行了集体讨论，2017 年 1 月 8 日，本机关向当事人送达了《行政处罚事先告知书》〔甲农（屠宰）告〔2017〕2 号〕，当事人在法定期限内，未进行陈述申辩，也未申请听证，视为放弃陈述申辩和申请听证权。按照《甲市行政处罚自由裁量权基准》第××条规定，对当事人处以（X～Y）幅度内 X 的 1.5 倍处罚，足以起到惩戒作用。

依据《生猪屠宰管理条例》第二十四条第一款、第二款，冒用或者使用伪造的生猪定点屠宰证书或者生猪定点屠宰标志牌的，由畜牧兽医行政主管部门予以取缔，没收生猪、生猪产品、屠宰工具和设备以及违法所得，并处货值金额 3 倍以上 5 倍以下罚款；货值金额难以确定的，对单位处以 10 万元以上 20 万元以下的罚款，对个人处以 5 000 元以上 1 万元以下的罚款；构成犯罪的，依法追究刑事责任。同时，因该案的货值金额无法确定。本机关责令你单位立即停止违法行为，并作出如下处罚决定：

1. 没收吊挂设备、烫毛锅、刮毛器、挂钩、根铁棒、磅秤、尖刀、砍刀、磨刀石、塑料桶；

2. 罚款人民币壹拾伍万元（150 000.00 元）。

当事人必须在收到本处罚决定书之日起 15 日内持本决定书到农业银行××支行缴纳罚（没）款。逾期不按规定缴纳罚款的，每日按罚款数额的 3‰加处罚款。

当事人对本处罚决定不服的，可以在收到本处罚决定书之日起 60 日内向甲县人民政府或甲市畜牧兽医行政主管部门申请行政复议；或者6个月内向甲县人民法院提起行政诉讼。行政复议和行政诉讼期间，本处罚决定不停止执行。

当事人逾期不申请行政复议或提起行政诉讼，也不履行本行政处罚决定的，本机关将依法申请人民法院强制执行。

甲县农业局（印章）

2017年1月13日

行政处罚立案审批表

甲农（屠宰）立〔2017〕　　2　号

案件来源	群众举报			受案时间	2017 年 1 月 6 日	
案　　由	涉嫌冒用生猪定点屠宰证书和标志牌案					
当事人	个人	姓名			电话	
		性别	年龄	身份证号		
		住址				
	单位	名称	乙镇食品站		法定代表人（负责人）	丁某
		地址	甲县乙镇××街西首		电话	139××××××××
简要案情	2017 年 1 月 6 日本机关接到群众举报，反映乙镇食品站冒用甲县食品公司生猪定点屠宰证书和标志牌从事生猪屠宰活动，执法人员于当日下午赶到该镇食品站，在食品站负责人丁某的办公室内发现甲市市政府颁发给甲县食品公司生猪定点屠宰证书和代码为×××××生猪定点屠宰标志牌。经调查，丁某一直以县食品公司名义进行生猪屠宰活动，并于 2016 年 11 月将县食品公司的生猪定点屠宰证书和标志牌拿到乙镇食品站。在屠宰车间有屠宰工具和设备，每天屠宰的生猪由吕某负责销售。乙镇食品站存在冒用他人生猪定点屠宰证书和标志牌屠宰生猪的违法事实，建议立案查处。 　　　　　　　　　　　　　　　　　受案人签名：林某　朱某 　　　　　　　　　　　　　　　　　　　　　　2017 年 1 月 6 日					
执法机构意见	（有执法机构的签意见）　　　　　　　　　　签名： 　　　　　　　　　　　　　　　　　　　年　月　日					
法制机构意见	（有法制机构的签意见）　　　　　　　　　　签名： 　　　　　　　　　　　　　　　　　　　年　月　日					
执法机关意见	同意立案。 　　　　　　　　　　　　　　　　　　签名：刘某 　　　　　　　　　　　　　　　　　　2017 年 1 月 6 日					
备　　注						

证据材料登记表

此复印件与原件相符。

当事人签名：丁某

2017 年 1 月 6 日

证据制作说明：

1. 收 集 人：林某、朱某。
2. 提 供 人：丁某。
3. 收集时间：2017 年 1 月 6 日。
4. 收集地点：乙镇食品站。
5. 收集方式：复印。
6. 证据内容：乙镇食品站营业执照复印件。

证据材料登记表

此复印件与原件相符。

当事人签名：丁某

2017 年 1 月 6 日

证据制作说明：

1. 收 集 人：林某、朱某。

2. 提 供 人：丁某。

3. 收集时间：2017 年 1 月 6 日。

4. 收集地点：乙镇食品站。

5. 收集方式：复印。

6. 证据内容：丁某身份证复印件。

现场检查（勘验）笔录

时间：＿2017＿年＿1＿月＿6＿日＿15＿时＿20＿分至＿15＿时＿50＿分

检查（勘验）地点：＿乙镇食品站屠宰车间＿

当事人：＿乙镇食品站＿

检查（勘验）机关：＿甲县农业局＿

检查（勘验）人员：＿林某＿　执法证件号：＿×××××＿

＿朱某＿　　　　　　　＿×××××＿

记录人：＿朱某＿

现场检查（勘验）情况：接到群众举报后，执法人员林某和朱某于当日 15 时赶到乙镇食品站，并于 15 时 20 分和食品站负责人丁某来到屠宰车间。该屠宰车间为一幢独立的房舍，位于食品站的西北方，呈东西走向，车间面积约为 200 米^2，南北两面墙上都留有开放式大门，在车间内，检查人员发现 4 个烫毛锅、8 个刮毛器、6 个丁字钩、10 个挂钩、4 根铁棒、2 个磅秤、7 把尖刀、5 把无柄锉刀、3 把菜刀、2 个磨刀石、8 只塑料桶。在这些工具和设备上都有新鲜油脂，地面潮湿油滑，有些地方有未冲洗干净的新鲜血液，墙面上也有一些污血，车间处于经常使用状态。现场未发现生猪及生猪产品。

（以下空白）

当事人签名或盖章：丁某　　　　　　　（见证人签名或盖章：吕某）

执法人员签名或盖章：林某　朱某

（第 1 页　共 1 页）

询问笔录

询问时间：<u>2017</u> 年 <u>1</u> 月 <u>6</u> 日 <u>17</u> 时 <u>10</u> 分至 <u>19</u> 时 <u>0</u> 分

询问地点：<u>乙镇食品站丁某办公室</u>

询问机关：<u>甲县农业局</u>

询问人：<u>林某</u>　　　执法证件号：<u>××××××</u>

　　　　<u>朱某</u>　　　　　　　　　　<u>××××××</u>

记录人：<u>朱某</u>

被询问人：姓名 <u>丁某</u>　性别 <u>男</u>　年龄 <u>47</u>

　　　　　身份证号 <u>××××××××××××××××××</u>

　　　　　联系电话 <u>139×××××××</u>

　　　　　工作单位 <u>乙镇食品站</u>　职务 <u>站长</u>

　　　　　住址 <u>乙镇丙街××号</u>

问：我们是 <u>甲县农业局</u> 执法人员（出示执法证件），现依法向你进行询问调查。你应如实回答我们的询问并协助调查，作伪证要承担法律责任，你听清楚了吗？

答：听清楚了。

问：请介绍一下你个人的基本情况。

答：我叫丁某，住乙镇丙街××号。

被询问人签名或盖章：丁某

执法人员签名或盖章：林某　朱某

（第 1 页　共 4 页）

笔 录 纸

问：你担任食品站站长有多长时间？

答：从 2005 年一直到县食品公司 2009 年 10 月份改制。

问：食品站有营业执照吗？

答：有。

问：现在的食品站是你自己的吗？

答：是的，我是在 2009 年 10 月份县食品公司改制时以 50 万元的价格一次性买断的。

问：什么叫一次性买断？

答：就是食品站和县食品公司没有任何人事和经济的关系。

问：属于两个不同的单位？

答：对的。

问：你买断以后，食品站负责人是谁？

答：还是我。

问：是站长吗？

答：是的，还是沿用过去叫站长。

问：食品站的主要业务是什么？

答：就是进行生猪屠宰销售。

问：每年能屠宰多少生猪？

被询问人签名或盖章：丁某

执法人员签名或盖章：林某　朱某

(第 2 页　共 4 页)

笔 录 纸

答：没有统计过。

问：每天能屠宰几头猪？

答：不一定，有时宰1头，有时宰几头，有时不宰。

问：你有屠宰经营财务台账吗？

答：没有。

问：你站生猪屠宰和产品销售是如何进行的？

答：马某负责生猪收购，进站过磅后交屠宰工，屠宰后产品交吕某销售，他们都是本镇街上人，我和他们在经济上日清日结。

问：屠宰工是食品站的人吗？

答：是我找来的，共2人，一个叫平某，另一个叫石某，也是本镇街上人，给他们每月1 000元，平时帮我处理一下站里的杂事，另外每屠宰一头猪给他们30元钱。

问：你是否知道从事生猪屠宰要有合法手续？

答：开始的时候不知道，后来知道了。所以我把县食品公司的屠宰证和牌拿了过来。

问：你怎么能拿到县食品公司的屠宰证和牌的？

答：县食品公司负责人贾某是我舅舅，他们停产了，所以我就把他们的证和牌拿来了。

问：你是什么时间拿来的？

被询问人签名或盖章：丁某

执法人员签名或盖章：林某　朱某

笔 录 纸

答：在 2016 年 11 月。

问：拿的时候你舅舅是否知道？

答：不知道。

问：请认真核实上述询问内容，如没有异议，请签字确认。

答：我已认真核实上述询问内容，我没有异议，我签字确认。

（以下空白）

被询问人签名或盖章：丁某

执法人员签名或盖章：林某 朱某

（第 4 页 共 4 页）

询问笔录

询问时间： 2017 年 1 月 6 日 19 时 5 分至 19 时 30 分

询问地点： 乙镇食品站丁某办公室

询问机关： 甲县农业局

询问人： 林某　　　　　　　　执法证件号： ××××××

　　　　　 朱某　　　　　　　　　　　　　　 ××××××

记录人： 朱某

被询问人：姓名　马某　性别　男　年龄　41

　　　　　 身份证号　××××××××××××××××××

　　　　　 联系电话　139×××××××

　　　　　 工作单位　　　/　　　 职务　　/

　　　　　 住址　 乙镇丙街××号

问：我们是　甲县农业局　执法人员（出示执法证件），现依法向你进行询问调查。你应如实回答我们的询问并协助调查，作伪证要承担法律责任，你听清楚了吗？

答：听清楚了。

问：请介绍一下你个人的基本情况。

答：我叫马某，家住乙镇丙街××号。

被询问人签名或盖章：马某

执法人员签名或盖章：林某　朱某

（第1页　共3页）

笔 录 纸

问：你平时靠什么谋生？

答：主要靠收购生猪出售给屠宰场。

问：你从事这个行业有多长时间了？

答：我从 2004 年就开始做了。

问：你收购的生猪一般卖给谁？

答：主要是卖给乙镇食品站。

问：你知道乙镇食品站站长是谁吗？

答：是丁某。

问：你认识丁某吗？

答：认识，我收的猪就是卖给他的，他要和我结账的。

问：你和他结账时有票据吗？

答：没有，来猪时他亲自过磅。

问：你每天卖给食品站几头猪？

答：不一定，多的时候 4～5 头，少的时候 1～2 头，有时还不收。

问：按照国家规定，屠宰生猪要经国家批准，你知道有这个规定吗？

答：知道，丁某跟我说过，那一次在他的办公室因为价格问题和他发生争执，他吼着对我说，他是正规单位，不是私屠滥宰，就按事先确定的价格，不要讨价还价。然后，他指着办公桌边的墙说，这是经国家批准的证书。

被询问人签名或盖章：马某

执法人员签名或盖章：林某　朱某

笔 录 纸

问：你在墙上看到了什么？

答：是两块像奖状一样的牌子。

问：牌子上写了什么内容？

答：这个没有仔细看，但好像都写有"生猪定点屠宰"字样。

问：请认真核实上述询问内容，如没有异议，请签字确认。

答：我已认真核实上述询问内容，我没有异议，我签字确认。

（以下空白）

被询问人签名或盖章：马某

执法人员签名或盖章：林某　朱某

（第 3 页　共 3 页）

—卷内 14—

询问笔录

询问时间：　2017　年　1　月　6　日　19　时　35　分至　20　时　10　分

询问地点：　乙镇食品站丁某办公室

询问机关：　甲县农业局

询问人：　林某　　　　　执法证件号：　×××××

　　　　　朱某　　　　　　　　　　　　×××××

记录人：　朱某

被询问人：姓名　吕某　　　性别　　男　　　年龄　　　37

　　　　　身份证号　×××××××××××××××××

　　　　　联系电话　139×××××××

　　　　　工作单位　　／　　　　　　职务　　　／

　　　　　住址　　乙镇丙街××号

问：我们是　甲县农业局　执法人员（出示执法证件），现依法向你进行询问调查。你应如实回答我们的询问并协助调查，作伪证要承担法律责任，你听清楚了吗？

答：听清楚了。

问：请介绍一下你个人的基本情况。

答：　我叫吕某，家住乙镇丙街××号。

被询问人签名或盖章：吕某

执法人员签名或盖章：林某　朱某

（第 1 页　共 3 页）

笔 录 纸

问：你平时靠什么谋生？

答：主要靠卖猪肉赚钱谋生。

问：你卖的猪肉是从哪里来的？

答：都是食品站丁站长那里的。

问：你从什么时候开始卖猪肉的？

答：我从 2000 年开始卖食品站的猪肉。

问：你是在什么地方卖猪肉？

答：镇上和县城都有点儿，有时也送到宾馆和食堂。

问：你知道销售的猪肉必须来自定点屠宰场吗？

答：知道，市场检查人员和宾馆客户都和我说过。

问：他们和你怎么说的？

答：猪肉要是定点屠宰场的，要有检疫和检验证明。为这，我问过丁站长。

问：他是怎么说的？

答：他说他是食品公司的食品站，有县食品公司的生猪定点屠宰证和标志牌。

问：你看到县食品公司的生猪定点屠宰证和标志牌了吗？

答：看到了，挂在他办公室的墙上，我还用手机拍下来过。

问：能出示一下吗？

答：我换手机了，图片在原来的手机里。

被询问人签名或盖章：吕某
执法人员签名或盖章：林某　朱某

笔 录 纸

问：原来的手机能找到吗？

答：能，现在我老婆在用。

问：能把图片发给我们吗？

答：可以。

问：你每天能卖多少猪肉？

答：没有统计过，有时好，有时差，基本 3～5 头。

问：请认真核实上述询问内容，如没有异议，请签字确认。

答：我已认真核实上述询问内容，我没有异议，我签字确认。

（以下空白）

被询问人签名或盖章：吕某

执法人员签名或盖章：林某　朱某

（第 3 页　共 3 页）

先行登记保存证据审批表

案　由	涉嫌冒用生猪定点屠宰证书和标志牌案			
当事人	个人	姓名		电话
		性别	年龄	身份证号
		住址		
	单位	名称	乙镇食品站	法定代表人（负责人）　丁某
		地址	乙镇丙街西首	电话　139××××××××
理由及依据	当事人涉嫌冒用甲县食品公司生猪定点屠宰证书和标志牌从事生猪屠宰活动，依据《中华人民共和国行政处罚法》第三十七条第二款之规定。			
保存物品	刮毛器、挂钩、铁棒、磅秤、尖刀、砍刀、磨刀石、塑料桶、烫毛、生猪定点屠宰证书、生猪定点屠宰标志牌。			
办案人员意见	建议对以上物品进行证据登记保存。 执法人员签名：林某　朱某 2017 年 1 月 6 日			
执法机构意见	（有执法机构的签意见）　签名： 年　月　日			
法制机构意见	（有法制机构的签意见）　签名： 年　月　日			
执法机关意见	同意。 签名：刘某 2017 年 1 月 6 日			

证据登记保存清单

当事人：_____乙镇食品站_____

时　　间：_____2017 年 1 月 6 日 16 时 0 分_____

地　　点：_____乙镇食品站屠宰车间_____

　　因你（单位）涉嫌_____冒用生猪定点屠宰证书和标志牌_____，本机关依照《中华人民共和国行政处罚法》第三十七条第二款之规定，对你（单位）在_____生猪屠宰车间内_____的下列物品：

　　☑就地保存，登记保存期间，你（单位）不得使用、销售、转移、损毁、隐匿。

　　□异地保存于_____。

序号	物品名称	规格	生产日期（批号）	生产单位	数量
1	刮毛器	个	/	/	8
2	挂钩	个	/	/	10
3	铁棒	根	/	/	4
4	磅秤	个	/	/	2
5	尖刀	把	/	/	7
6	砍刀	把	/	/	4
7	磨刀石	个	/	/	2
8	塑料桶	个	/	/	8
9	烫毛锅	口	/	/	4

执法人员：_____林某_____　　　　执法证件号：_____××××××_____

　　　　　　_____朱某_____　　　　　　　　　　　　_____××××××_____

　　　　　　　　　　　　　　　　　　　　甲县农业局（印章）

　　　　　　　　　　　　　　　　　　　　2017 年 1 月 6 日

当事人签名或盖章：丁某

证据登记保存清单

当事人：　　　乙镇食品站

时　间：　2017 年 1 月 6 日 16 时 15 分

地　点：　乙镇食品站负责人丁某办公室

　　　　因你（单位）涉嫌　　　冒用生猪定点屠宰证书和标志牌　　　，本机关依照《中华人民共和国行政处罚法》第三十七条第二款之规定，对你（单位）在　　　　丁某办公室内　　　　的下列物品：

　　　　☑就地保存，登记保存期间，你（单位）不得使用、销售、转移、损毁、隐匿。

　　　　□异地保存于　　　　　　　　　　　　　　　　　　　　。

序号	物品名称	规格	生产日期（批号）	生产单位	数量
1	生猪定点屠宰证书	套	/	/	1
2	生猪定点屠宰标志牌	块	/	/	1

执法人员：　林某　　　　　　执法证件号：　××××××

　　　　　　朱某　　　　　　　　　　　　　××××××

　　　　　　　　　　　　　　　　　　甲县农业局（印章）

　　　　　　　　　　　　　　　　　　2017 年 1 月 6 日

当事人签名或盖章：丁某

登记保存物品处理通知书

乙镇食品站_____：

　　本机关对__2017__年__1__月__6__日登记保存你单位的物品作出如下处理决定：

　　　　　　对屠宰工具和设备作没收处理，对生猪定点屠宰证书和标志牌移交甲市政府。

登记保存的物品清单：

序号	物品名称	规格	生产日期（批号）	生产单位	数量
1	刮毛器	个	/	/	8
2	挂钩	个	/	/	10
3	铁棒	根	/	/	4
4	磅秤	个	/	/	2
5	尖刀	把	/	/	7
6	砍刀	把	/	/	4
7	磨刀石	个	/	/	2
8	塑料桶	个	/	/	8
9	烫毛锅	口	/	/	4
10	生猪定点屠宰证书	套	/	/	1
11	生猪定点屠宰标志牌	块	/	/	1

甲县农业局（印章）

2017 年 1 月 12 日

重大案件集体讨论记录

案由：涉嫌冒用生猪定点屠宰证书和标志牌案

当事人：乙镇食品站

时间：2017 年 1 月 7 日 14 时 30 分至 16 时 30 分

地点：甲县农业局会议室

主持人：陆某（县林牧业局副局长）

记录人：林某（县林牧业局执法科人员）

出席人员：刘某（县林牧业局局长）、秦某（县林牧业局副局长）、黄某（县林牧业局副局长）、温某（县林牧业局纪委书记）、张某（县林牧业局执法科科长）（列席）

　　陆某：今天就当事人乙镇食品站涉嫌冒用生猪定点屠宰证书和标志牌案进行集体讨论，下面由办案人林某介绍简要案情和调查取证经过。

　　林某：2017 年 1 月 6 日本机关接到群众举报，反映乙镇食品站冒用甲县食品公司生猪定点屠宰证书和标志牌从事生猪屠宰活动，执法人员于当日下午赶到该镇食品站，在食品站负责人丁某的办公室内发现甲市市政府颁发给甲县食品公司生猪定点屠宰证书和代码为××××生猪定点屠宰标志牌。在屠宰车间，执法人员发现生猪屠宰吊挂设备 1 套、4 个烫毛锅、8 个刮毛器、10 个挂钩、4 根铁棒、2 个磅秤、7 把尖刀、4 把砍刀、2 个磨刀石、8 只塑料桶，现场未发现生猪及生猪产品。执法人员制作了《询问笔录》《现场检查（勘验）笔录》，对丁某的办公场所和屠宰场所进行了拍照，经批准对屠宰工具和县食品公司生猪定点屠宰证书和标志牌进行了证据登记保存。经调查，丁某一直以县食品公司名义进行生猪屠宰活动，并于 2016 年 11 月将县食品公司的生猪定点屠宰证书和标志牌拿到乙镇食品站。乙镇食品站的行为违反了《生猪屠宰管理条例》第七条第二款"生猪定点屠宰证书和生猪定点屠宰标志牌不得出借、转让。任何单位和个人不得冒用或者使用伪造的生猪定点屠宰证书和生猪定点屠宰标志牌"的规定，事实清楚，证据确凿，应当给予行政处罚。

　　本机关于 2017 年 1 月 8 日向当事人送达了《行政处罚事先告知书》，在规定时间内当事人未提出陈述申辩和申请听证。依据《生猪屠宰管理条例》第二十四条第一款、第二款"冒用或者使用伪造的生猪定点屠宰证书或者生猪定点屠宰标志牌的，由畜牧兽医行政主管部门予以取缔，没收生猪、生猪产品、屠宰工具和设备以及违法所得，并处货值金额 3 倍以上 5 倍以下罚款；货值金额难以确定的，对单位处以 10 万元以上 20 万元以下的罚款，对个人处以 5 000 元以上 1 万元以下的罚款；构成犯罪的，依法追究刑事责任"的规定。参照《甲市行政处罚自由裁量权基准》第××条规定，对当事人处以（X～Y）幅度内 X 的 1.5 倍处罚，足以起到惩戒作用。因该案的货值金额无法确定，责令乙镇食品站立即停止违法行为，处罚款人民币 150 000.00 元。

讨论记录：

陆某：该案调查取证过程符合《中华人民共和国行政处罚法》的规定，程序合法，且证据链完整，能够证实当事人的违法事实。

秦某：我认为该案适用法律条款准确。

黄某：我同意执法人员的意见。

温某：我同意执法人员的意见。

刘某：我同意执法人员的意见。我认为本案事实清楚、证据确凿、程序合法、定性准确和适用法律条款正确，对当事人罚款 150 000.00 元，请大家举手表决。（举手表决，一致通过）

讨论决定：

经讨论，乙镇食品站涉嫌冒用生猪定点屠宰证书和标志牌案事实清楚，证据确凿。行为违反了《生猪屠宰管理条例》第七条第二款之规定，依据《生猪屠宰管理条例》第二十四条第一款、第二款之规定，参照《甲市行政处罚自由裁量权基准》第××条规定，对当事人处以（X～Y）幅度内 X 的 1.5 倍处罚，罚款 150 000.00 元，全体表决通过。

（以下空白）

机关负责人签名：刘某　陆某　秦某　黄某　温某

案件处理意见书

案由	涉嫌冒用生猪定点屠宰证书和标志牌案					
当事人	个人	姓名	/			
		性别	/	年龄	/	电话	/
		住址	/			
	单位	名称	乙镇食品站	法定代表人（负责人）	丁某	
		地址	乙镇丙街西首	电话	139××××××××	
案件调查经过	2017年1月6日本机关接到群众举报，反映乙镇食品站冒用甲县食品公司生猪定点屠宰证书和标志牌从事生猪屠宰活动，执法人员林某和朱某于当日15时赶到该镇食品站，对相关人员进行询问，制作询问笔录，对屠宰车间进行检查勘验，制作现场检查勘验笔录，对相关物品进行拍照，对有关证据进行先行登记保存。					
所附证据材料	1.《现场检查（勘验）笔录》1份。 2.《询问笔录》3份。 3.《证据登记保存清单》2份。 4.现场照片10张。 5.相关人员身份证复印件3张。					

（续）

调查结论及处理意见	根据以上证据材料，乙镇食品站存在冒用他人生猪定点屠宰证书和标志牌的事实，违反了《生猪屠宰管理条例》第七条第二款"生猪定点屠宰证书和生猪定点屠宰标志牌不得出借、转让。任何单位和个人不得冒用或者使用伪造的生猪定点屠宰证书和生猪定点屠宰标志牌"的规定，建议依据《生猪屠宰管理条例》第二十四条第一款和第二款的规定，取缔乙镇食品站屠宰场所，没收屠宰工具设备，罚款人民币15万元。 　　　　　　　　　　　　　执法人员签名：林某　朱某 　　　　　　　　　　　　　　　　　　　2017年1月7日
执法机构意见	（有执法机构的签意见） 　　　　　　　　　　　　　　　签名： 　　　　　　　　　　　　　　　　年　　月　　日
法制机构意见	（有法制机构的签意见） 　　　　　　　　　　　　　　　签名： 　　　　　　　　　　　　　　　　年　　月　　日
执法机关意见	经机关负责人集体讨论决定，同意拟处理意见。 　　　　　　　　　　　　　　　签名：刘某 　　　　　　　　　　　　　　　2017年1月7日

甲县农业局
行政处罚事先告知书

甲农（屠宰）告〔2017〕 2 号

乙镇食品站 ：

　　经调查，你（单位） 涉嫌冒用他人生猪定点屠宰证书和标志牌屠宰生猪 行为，事实清楚，证据确凿，有《现场检查（勘验）笔录》《询问笔录》、现场 照片、冒用的生猪定点屠宰证书和标志牌为证。

　　你（单位）违反了《生猪屠宰管理条例》第七条第二款"生猪定点屠宰证 书和生猪定点屠宰标志牌不得出借、转让。任何单位和个人不得冒用或者使用 伪造的生猪定点屠宰证书和生猪定点屠宰标志牌"的规定。

　　依据《生猪屠宰管理条例》第二十四条第一款和第二款的规定，本机关责 令你单位立即停止违法行为，同时作出如下处理处罚决定：

　　1. 没收屠宰工具和设备；

　　2. 罚款人民币壹拾伍万元（150 000.00 元）。

　　根据《中华人民共和国行政处罚法》第三十一条、三十二条和第四十二条 之规定，你（单位）可在收到本告知书之日起三日内向本机关进行陈述申辩、 申请听证，逾期不陈述申辩、申请听证的，视为你（单位）放弃上述权利。

甲县农业局（印章）
2017 年 1 月 8 日

执法机关地址： ××路××号

联系人： 林某　朱某 　电话： ××××××

　　　—卷内 26—

行政处罚决定审批表

案由			冒用生猪定点屠宰证书和标志牌案				
当事人	个人	姓名	/				
		性别	/	年龄	/	电话	/
		住址					
	单位	名称	乙镇食品站		法定代表人（负责人）		丁某
		地址	乙镇丙街西首		电话		139×××××××
陈述申辩或听证情况		当事人在法定期限内未进行陈述申辩和申请听证。					
处理意见		建议维持《行政处罚事先告知书》〔甲农（屠宰）告〔2017〕2 号〕〕拟作出的处罚决定。 执法人员签名：林某　朱某 2017 年 1 月 13 日					
执法机构意见		（有执法机构的签意见） 签名： 年　月　日					
法制机构意见		（有法制机构的签意见） 签名： 年　月　日					
执法机关意见		同意。 签名：刘某 2017 年 1 月 13 日					

送达回证

案　　由	涉嫌冒用生猪定点屠宰证书和标志牌案				
受送达人	乙镇食品站				
送达单位	甲县农业局				
送达文书及文号	送达地点	送达人	送达方式	收到日期	收件人签名
《行政处罚事先告知书》〔甲农（屠宰）告〔2017〕2号〕	乙镇丙街××号	林某 朱某	直接送达	2017年1月8日	丁某
备注					

送达回证

案　　由	冒用生猪定点屠宰证书和标志牌案				
受送达人	乙镇食品站				
送达单位	甲县农业局				
送达文书及文号	送达地点	送达人	送达方式	收到日期	收件人签名
《行政处罚决定书》〔甲农（屠宰）罚〔2017〕2号〕	乙镇丙街××号	林某朱某	直接送达	2017年1月13日	丁某
备注					

送达回证

案　　由	冒用生猪定点屠宰证书和标志牌案				
受送达人	乙镇食品站				
送达单位	甲县农业局				
送达文书 及文号	送达地点	送达人	送达 方式	收到日期	收件人 签名
登记保存物品 处理通知书	乙镇丙街 ××号	林某 朱某	直接 送达	2017 年 1 月 12 日	丁某
备注					

罚没物品处理记录

时间：　2017 年 1 月 20 日

地点：　废品回收站

处理物品及处理方式：

　　屠宰工具和设备作为废旧材料进行变卖所得金额 25 000 元上缴财政。

　　（附缴费收据）

执法人员签名：林某　朱某

执法机构负责人签名：刘某

行政处罚结案报告

案　由	冒用生猪定点屠宰证书和标志牌案		
当事人	乙镇食品站		
立案时间	2017 年 1 月 6 日	处罚决定送达时间	2017 年 1 月 13 日

处罚决定：

　　1. 没收屠宰工具和设备。

　　2. 罚款人民币 150 000.00 元。

执行情况：

　　1. 执行方式：自动履行。

　　2. 履行时间：2017 年 1 月 26 日。

执法人员签名：林某　朱某

2017 年 1 月 26 日

执法机构意见	（有执法机构的签意见） 　　　　　　　　　　签名： 　　　　　　　　　　年　　月　　日
执法机关意见	同意结案。 　　　　　　　　　　签名：刘某 　　　　　　　　　　2017 年 1 月 26 日

备 考 表

本卷共 33 页，其中：文字材料　　页，照片　　页，其他　　页。

说　　　　明

立卷人签名：林某

检查人签名：朱某

2017 年 1 月 30 日

第三章
出借或者转让生猪定点屠宰证书或标志牌案

案 情 概 述

2017 年 6 月 12 日，甲县畜牧兽医局接到群众举报，称甲县××路临时屠宰场所冒名其他定点生猪屠宰场收购生猪进行屠宰。2017 年 6 月 13 日，经本机关执法人员对该屠宰场所现场检查及对该场负责人王某的询问，该屠宰场所涉嫌冒用生猪定点屠宰证书和生猪定点屠宰标志牌，已立案查处。经领导批准后，对生猪定点屠宰证书上标示的甲生猪定点屠宰厂进行立案调查，执法人员依法调查取证，对该厂情况制作了现场检查笔录，对该厂负责人黄某制作了询问笔录，对有关证据进行了拍照取证及复印。

经查，甲生猪定点屠宰厂为 2016 年 9 月经当地市政府认定的生猪定点屠宰厂，黄某为该厂法定代表人。甲县××路临时屠宰场所为非生猪定点屠宰厂，王某为负责人。2017 年 5 月 30 日，王某与黄某签订了借用协议，并在协议中写明借用费用为 4 000 元。当事人的行为违反了《生猪屠宰管理条例》第七条第二款："生猪定点屠宰证书和生猪定点屠宰标志牌不得出借、转让。任何单位和个人不得冒用或者使用伪造的生猪定点屠宰证书和生猪定点屠宰标志牌"之规定。

依据《生猪屠宰管理条例》第二十四条第三款："生猪定点屠宰厂（场）出借、转让生猪定点屠宰证书或者生猪定点屠宰标志牌的，由设区的市级人民政府取消其生猪定点屠宰厂（场）资格；有违法所得的，由畜牧兽医行政主管部门没收违法所得"之规定。2017 年 6 月 21 日，甲县畜牧兽医局对其作出行政处罚决定：没收违法所得 4 000 元。

2017 年 6 月 21 日，甲县畜牧兽医局向甲市市政府报告了该案情况，建议取消该生猪定点屠宰厂资格。2017 年 6 月 23 日，当事人将 4 000 元罚款缴至××银行甲县支行。7 月 11 日，市政府网站将取消甲县甲生猪定点屠宰厂资格的决定进行了公告。

至 2017 年 7 月 12 日，结案。

甲县畜牧兽医局

生猪屠宰行政处罚案卷

甲县甲生猪定点屠宰厂出借生猪定点屠宰证书
和生猪定点屠宰标志牌案

自 2017 年 6 月 13 日至 2017 年 7 月 12 日	保管期限	长期
本卷共 1 件 29 页	归档号	甲牧医（屠宰）罚〔2017〕3 号

全宗号	目录号	案卷号
	2017	03 号

卷 内 目 录

序号	题　名	文书编号	文书日期	卷内页码	备注
1	甲县畜牧兽医局行政处罚决定书	甲牧医（屠宰）罚〔2017〕3号	2017年6月21日	1~2	
2	行政处罚立案审批表	甲牧医（屠宰）立〔2017〕3号	2017年6月13日	3	
3	证件材料登记表		2017年6月13日	4	
4	证据材料登记表		2017年6月13日	5	
5	现场检查（勘验）笔录		2017年6月13日	6	
6	询问笔录		2017年6月13日	7~10	
7	证据材料登记表		2017年6月13日	11	
8	证据材料登记表		2017年6月13日	12	
9	证据材料登记表		2017年6月13日	13	
10	证据材料登记表		2017年6月13日	14	
11	证据材料登记表		2017年6月13日	15	
12	证据材料登记表		2017年6月13日	16	
13	证据材料登记表		2017年6月13日	17	

（续）

序号	题　名	文书编号	文书日期	卷内页码	备注
14	证据材料登记表		2017 年 6 月 13 日	18	
15	证据材料登记表		2017 年 6 月 13 日	19	
16	案件处理意见书		2017 年 6 月 14 日	20～21	
17	甲县畜牧兽医局行政处罚事先告知书	甲牧医（屠宰）告〔2017〕3 号	2017 年 6 月 14 日	22	
18	行政处罚决定审批表		2017 年 6 月 21 日	23	
19	送达回证		2017 年 6 月 14 日	24	
20	送达回证		2017 年 6 月 21 日	25	
21	罚没收据存根清单		2017 年 6 月 23 日	26	
22	关于甲县甲生猪定点屠宰厂出借生猪定点屠宰证书和生猪定点屠宰标志牌情况的报告		2017 年 6 月 21 日	27	
23	行政处罚结案报告		2017 年 7 月 12 日	28	
24	备考表		2017 年 7 月 12 日	29	

甲县畜牧兽医局
行政处罚决定书

甲牧医（屠宰）罚〔2017〕 3 号

　　当事人：甲县甲生猪定点屠宰厂　法定代表人：黄某
　　地址：甲县××路××号

　　当事人甲县甲生猪定点屠宰厂出借生猪定点屠宰证书和生猪定点屠宰标志牌一案，经本机关依法调查，现查明：

　　经群众举报，2017年6月13日，本机关执法人员对甲县××路临时屠宰场所进行突击检查，经现场检查及对该场负责人王某的询问，该屠宰场所涉嫌冒用生猪定点屠宰证书和生猪定点屠宰标志牌。据此，本机关当日即派执法人员施某和李某对甲县甲生猪定点屠宰厂进行检查。经检查，该生猪定点屠宰厂屠宰车间没有正在屠宰的生猪，待宰圈内没有待宰生猪，厂区未悬挂生猪定点屠宰厂标志牌，厂区办公室内墙上悬挂《营业执照》，未悬挂生猪定点屠宰证。经向厂负责人黄某询问，不能提供生猪定点屠宰证和生猪定点屠宰标志牌。

　　以上事实查证属实，有下列证据为证：

　　1.《现场检查笔录》1份，证明现场检查情况；

　　2.《询问笔录》1份，证明当事人违法情形、事实经过；

　　3.《营业执照》复印件1份，证明当事人为企业法人；

　　4.法定代表人黄某身份证复印件1份，证明其身份；

　　5.现场检查照片3张，证明现场检查及相关物品情况，与证据1相互佐证；

　　6.甲县××路临时屠宰场所现场检查照片2张，证明生猪定点屠宰证书和生猪定点屠宰标志牌的所在位置，与证据2相互佐证；

　　7.《借用协议》原件一份及甲县××路临时屠宰场所提供的《借用协议》复印件1份，证明出借行为及违法所得，与证据2相互佐证；

　　8.对甲县××路临时屠宰场所制作的《现场检查笔录》《询问笔录》复印件各1份，证明出借行为及违法所得，与证据2相互佐证。

　　本机关认为：

　　甲县甲生猪定点屠宰厂出借生猪定点屠宰证书和生猪定点屠宰标志牌一

案，事实清楚，证据确凿。其行为违反了《生猪屠宰管理条例》第七条第二款："生猪定点屠宰证书和生猪定点屠宰标志牌不得出借、转让。任何单位和个人不得冒用或者使用伪造的生猪定点屠宰证书和生猪定点屠宰标志牌"之规定。经本机关决定，于 2017 年 6 月 14 日向当事人下达了《行政处罚事先告知书》〔甲牧医（屠宰）告〔2017〕3 号〕。当事人在法定时间内未申请听证及陈述申辩。

依据《生猪屠宰管理条例》第二十四条第三款："生猪定点屠宰厂（场）出借、转让生猪定点屠宰证书或者生猪定点屠宰标志牌的，由设区的市级人民政府取消其生猪定点屠宰厂（场）资格；有违法所得的，由畜牧兽医行政主管部门没收违法所得"之规定。本机关作出如下处罚决定：

没收违法所得人民币肆仟元（4 000 元）。

当事人必须在收到本决定书之日起 15 日内持本决定书到××银行甲县支行缴纳罚款。当事人逾期不缴纳罚款的，每日按罚款数额的 3‰加处罚款。

如不服本处罚决定，当事人可在收到本处罚决定书之日起 60 日内向甲县人民政府或甲市畜牧兽医局申请行政复议，或在 6 个月内向甲县人民法院提起行政诉讼。行政复议和行政诉讼期间，本处罚决定不停止执行。

当事人逾期不申请行政复议或提起行政诉讼，也不履行本行政处罚决定的，本机关将依法申请人民法院强制执行。

甲县畜牧兽医局（印章）

2017 年 6 月 21 日

行政处罚立案审批表

甲牧医（屠宰）立〔2017〕____3____号

案件来源	群众举报			受案时间		2017 年 6 月 13 日	
案　由	涉嫌出借生猪定点屠宰证书和生猪定点屠宰标志牌案						
当事人	个人	姓名	/			电话	/
		性别	/	年龄 /	身份证号	/	
		住址	/				
	单位	名称	甲县甲生猪定点屠宰厂		法定代表人	黄某	
		地址	甲县×路×号		电话	××××××××××	
简要案情	甲县××路临时屠宰场所冒名其他定点生猪屠宰场收购生猪进行屠宰，2017 年 6 月 13 日，本机关当日即派执法人员施某和李某对生猪定点屠宰证书上对应的甲县甲生猪定点屠宰厂进行检查，该厂不能提供生猪定点屠宰证和生猪定点屠宰标志牌。甲县甲生猪定点屠宰厂涉嫌违反了《生猪屠宰管理条例》第七条第二款，建议立案调查。 　　　　　　　　　　　　　　　　　受案人签名：施某　李某 　　　　　　　　　　　　　　　　　2017 年 6 月 13 日						
执法机构意见	（如内设执法科，由执法科在此处填写意见） 　　　　　　　　　　　　　　　　　签名： 　　　　　　　　　　　　　　　　　年　　月　　日						
法制机构意见	（如内设法制科，由法制科在此处填写意见） 　　　　　　　　　　　　　　　　　签名： 　　　　　　　　　　　　　　　　　年　　月　　日						
执法机关意见	同意立案调查。由施某、李某承办。 　　　　　　　　　　　　　　　　　签名：杨某 　　　　　　　　　　　　　　　　　2017 年 6 月 13 日						

证据材料登记表

此复印件与原件相符。

当事人签名：黄某

2017 年 6 月 13 日

证据制作说明：

1. 收 集 人：李某、施某。

2. 提 供 人：黄某。

3. 收集时间：2017 年 6 月 13 日。

4. 收集地点：甲县甲生猪定点屠宰厂。

5. 收集方式：复印。

6. 证据内容：甲县甲生猪定点屠宰厂《营业执照》复印件。

证据材料登记表

此复印件与原件相符。

当事人签名：黄某

2017 年 6 月 13 日

证据制作说明：

1. 收 集 人：李某、施某。

2. 提 供 人：黄某。

3. 收集时间：2017 年 6 月 13 日。

4. 收集地点：甲县甲生猪定点屠宰厂。

5. 收集方式：复印。

6. 证据内容：黄某身份证复印件。

现场检查（勘验）笔录

时间：　2017　年　6　月　13　日　8　时　15　分至　8　时　33　分

检查（勘验）地点：　甲县甲生猪定点屠宰厂厂长办公室

法定代表人：　黄某

检查（勘验）机关：　甲县畜牧兽医局

检查（勘验）人员：　施某　　　　执法证件号：　××××××

　　　　　　　　　李某　　　　　　　　　　××××××

记录人：　李某

现场检查（勘验）情况：执法人员向当事人法定代表人黄某出示执法证件后进行检查，经查，该生猪定点屠宰厂屠宰车间没有正在屠宰的生猪，待宰圈内没有待宰生猪，厂区内未悬挂生猪定点屠宰厂标志牌，厂区办公室内墙上悬挂《企业法人营业执照》《动物防疫条件合格证》《甲县污染物排放许可证》，未悬挂《生猪定点屠宰证》。该厂不能提供生猪定点屠宰证和生猪定点屠宰标志牌。执法人员对现场检查情况拍取 3 张照片为证。

（以下空白）

当事人签名或盖章：黄某　　　　　　　（见证人签名或盖章：张某）

执法人员签名或盖章：施某　李某

（第 1 页　共 1 页）

询问笔录

询问时间： __2017__ 年 __6__ 月 __13__ 日 __8__ 时 __40__ 分至 __9__ 时 __30__ 分

询问地点： __甲县甲生猪定点屠宰厂厂长办公室__

询问机关： __甲县畜牧兽医局__

询问人： __李某__ 执法证件号： __××××××__

__施某__ __××××××__

记录人： __李某__

被询问人：姓名 __黄某__ 性别 __男__ 年龄 __45__

身份证号 __××××××××××××××××××__

联系电话 __×××××××××××__

工作单位 __甲县甲生猪定点屠宰厂__ 职务 __厂长__

住址 __甲县××路××号__

问：我们是 __甲县畜牧兽医局__ 执法人员（出示执法证件），现依法向你进行询问调查。你应当如实回答我们的询问并协助调查，作伪证要承担法律责任，你听清楚了吗?

答：听清楚了。

问：你有申请执法人员回避的权利，是否申请?

答：不申请。

被询问人签名或盖章：黄某

执法人员签名或盖章：施某　李某

（第 1 页　共 4 页）

笔 录 纸

问：请出示您的身份证，并说一下你的姓名、年龄、家庭住址、身份证号。

答：这是我的身份证，我叫黄某，今年 45 岁，住甲县××路××号，身份证号是×××××××××××××××××××。

问：你在甲县甲生猪定点屠宰厂的身份是什么？

答：我是甲县甲生猪定点屠宰厂的法定代表人和厂长。

问：你们厂是什么时间批准为生猪定点屠宰厂的？

答：2016 年 9 月。

问：请出示你厂的《营业执照》《生猪定点屠宰证》。

答：这是《营业执照》，《生猪定点屠宰证》没在这儿。

问：为什么没有《生猪定点屠宰证》？

答：暂时找不到，忘记放哪里了。

问：为什么没有在厂区悬挂生猪定点屠宰标志牌？

答：标志牌也暂时找不到了。

问：我们今天早上突击检查了甲县××路临时屠宰场所，他们涉嫌冒用生猪点屠宰证书和生猪定点屠宰标志牌，在那里发现的证书和标志牌上写的都是你厂的名称和地址。而且该场所的负责人王某已经为我们提供了他和你厂的借用协议。这是我们拍的证书、标志牌的照片还有协议的复印件，对此你有需要说明的吗？

被询问人签名或盖章：黄某

执法人员签名或盖章：施某　李某

（第 2 页　共 4 页）

笔 录 纸

答：证书和标志牌是我厂的，我给他暂时借用1个月。

问：把情况向我们具体说明一下。

答：差不多半个月前，5月30日，他们厂的负责人王某找到我，说想扩大业务量，为了装点门面好和商贩签订合同，和我商量借用1个月的生猪定点屠宰证书和生猪定点屠宰标志牌，到期还给我，我想了一番最终答应了。

问：把证书和标志牌出借这段时间，你厂还继续屠宰生猪吗？

答：没有。我厂屠宰间的一些设备需要维修了，正好趁着这段时间把各种设备检修保养一下。

问：你借用给他，收费了吗？

答：收了4 000元，在协议里写的。

问：把你们签的那份协议给我们看看。

答：等一下，我找找。（打开抽屉，拿出一份协议）就是这个。

问：这份协议我们要留存，刚才你提供的身份证、《营业执照》我们需要一份复印件，并需要你签字确认。

答：好的。

问：你知道这种做法是违法的吗？

答：知道，但觉得借用时间不长，应该没什么大的影响，一时糊涂就借了。

被询问人签名或盖章：黄某

执法人员签名或盖章：施某　李某

笔 录 纸

不过我保证不会有下次了。

问：你还有需要补充的吗？

答：没有了。

问：请确认以上笔录记录的内容和你刚才所述的是否一致？

答：内容一致。

（以下空白）

被询问人签名或盖章：黄某
执法人员签名或盖章：施某　李某

生猪屠宰行政执法操作指南

证据材料登记表

此复印件与原件相符。

当事人签名：王某

2017 年 6 月 13 日

证据制作说明：

1. 收 集 人：李某、施某。
2. 提 供 人：王某。
3. 收集时间：2017 年 6 月 13 日。
4. 收集地点：甲县××路临时屠宰场所。
5. 收集方式：复印。
6. 证据内容：王某身份证复印件。

证据材料登记表

<table>
<tr><td></td></tr>
</table>

证据制作说明：

1. 收　集　人：李某、施某。

2. 收集时间：2017 年 6 月 13 日。

3. 收集地点：甲县甲生猪定点屠宰厂。

4. 收集方式：现场拍摄。

5. 证据内容：甲县甲生猪定点屠宰厂屠宰车间照片。

证据材料登记表

证据制作说明：

1. 收 集 人：李某、施某。

2. 收集时间：2017 年 6 月 13 日。

3. 收集地点：甲县甲生猪定点屠宰厂。

4. 收集方式：现场拍摄。

5. 证据内容：甲县甲生猪定点屠宰厂待宰圈照片。

证据材料登记表

证据制作说明：

1. 收　集　人：李某、施某。
2. 收集时间：2017 年 6 月 13 日。
3. 收集地点：甲县甲生猪定点屠宰厂。
4. 收集方式：现场拍摄。
5. 证据内容：甲县甲生猪定点屠宰厂办公室墙上所挂证件照片。

证据材料登记表

证据制作说明：

1. 收 集 人：李某、施某。

2. 收集时间：2017 年 6 月 13 日。

3. 收集地点：甲县××路临时屠宰场所。

4. 收集方式：现场拍摄。

5. 证据内容：甲县××路临时屠宰场所悬挂生猪定点屠宰证书。

证据材料登记表

证据制作说明：

1. 收　集　人：李某、施某。

2. 收集时间：2017 年 6 月 13 日。

3. 收集地点：甲县××路临时屠宰场所。

4. 收集方式：现场拍摄。

5. 证据内容：甲县××路临时屠宰场所悬挂生猪定点屠宰标志牌。

证据材料登记表

证据制作说明：

1. 收 集 人：李某、施某。

2. 提 供 人：黄某。

3. 收集时间：2017 年 6 月 13 日。

4. 收集地点：甲县甲生猪定点屠宰厂。

5. 收集方式：直接获得。

6. 证据内容：甲县甲生猪定点屠宰厂与甲县××临时屠宰场所签订的借用协议。

证据材料登记表

证据制作说明：

1. 收 集 人：李某、施某。

2. 提 供 人：甲县畜牧兽医局。

3. 收集时间：2017 年 6 月 13 日。

4. 收集地点：甲县××路临时屠宰场所。

5. 收集方式：复印。

6. 证据内容：对甲县××路临时屠宰场所进行执法检查制作的《现场检查笔录》复印件。

证据材料登记表

证据制作说明：

1. 收 集 人：李某、施某。

2. 提 供 人：甲县畜牧兽医局。

3. 收集时间：2017 年 6 月 13 日。

4. 收集地点：甲县××路临时屠宰场所。

5. 收集方式：复印。

6. 证据内容：王某《询问笔录》复印件。

案件处理意见书

案　由		涉嫌出借生猪定点屠宰证书和生猪定点屠宰标志牌案					
当事人	个人	姓名	/				
		性别	/	年龄	/	电话	/
		住址	/				
	单位	名称	甲县甲生猪定点屠宰厂	负责人（法定代表人）		黄某	
		地址	甲县××路××号		电话	×××××××××××	
案件调查经过		2017 年 6 月 12 日，本机关接到群众举报，称甲县××路临时屠宰场所冒名其他定点生猪屠宰厂收购生猪进行屠宰。2017 年 6 月 13 日，经本机关执法人员对该屠宰场所现场检查及对该场负责人王某的询问，该屠宰场所涉嫌冒用生猪定点屠宰证书和生猪定点屠宰标志牌，已立案查处。本机关派执法人员施某和李某对生猪定点屠宰证书上标示的甲县甲生猪定点屠宰厂进行检查，该厂负责人黄某不能提供生猪定点屠宰证和生猪定点屠宰标志牌，执法人员填写了现场检查笔录、询问笔录，收集了相关证据材料。					
所附证据材料		1.《现场检查笔录》1 份，证明现场检查情况； 　　2.《询问笔录》1 份，证明当事人违法情形、事实经过； 　　3.《营业执照》复印件 1 份，证明当事人为企业法人； 　　4. 法定代表人黄某身份证复印件 1 份，证明其身份； 　　5. 现场检查照片 3 张，证明现场检查及相关物品情况，与证据 1 相互佐证； 　　6. 甲县××路临时屠宰场所现场检查照片 2 张，证明生猪定点屠宰证书和生猪定点屠宰标志牌的所在位置，与证据 2 相互佐证； 　　7.《借用协议》原件一份及甲县××路临时屠宰场所提供的《借用协议》复印件 1 份，证明出借行为及违法所得，与证据 2 相互佐证； 　　8. 对甲县××路临时屠宰场所制作的《现场检查笔录》、《询问笔录》复印件各一份，证明出借行为及违法所得，与证据 2 相互佐证。					

（续）

调查结论及处理意见	本机构认为：甲县甲生猪定点屠宰厂出借生猪定点屠宰证书和生猪定点屠宰标志牌一案，事实清楚，证据确凿。其行为违反了《生猪屠宰管理条例》第七条第二款规定。 依据《生猪屠宰管理条例》第二十四条第三款作出如下处罚决定：没收违法所得 4 000 元。 同时，向甲县政府汇报本案情况，建议取消其生猪定点屠宰厂资格。 执法人员：李某　施某 2017 年 6 月 14 日
执法机构意见	（如内设执法科，由执法科在此处填写意见） 签名： 年　　月　　日
法制机构意见	（如内设法制科，由法制科在此处填写意见） 签名： 年　　月　　日
执法机关意见	同意执法人员意见。 签名：杨某 2017 年 6 月 14 日

甲县畜牧兽医局
行政处罚事先告知书

甲牧医（屠宰）告〔2017〕　3　号

甲县甲生猪定点屠宰厂　　　　　：

　　经调查，你（单位）涉嫌出借生猪定点屠宰证书和生猪定点屠宰标志牌的行为。事实清楚，证据确凿，有现场检查笔录、询问笔录、照片、协议等为证。

　　你（单位）违反了《生猪屠宰管理条例》第七条第二款："生猪定点屠宰证书和生猪定点屠宰标志牌不得出借、转让。任何单位和个人不得冒用或者使用伪造的生猪定点屠宰证书和生猪定点屠宰标志牌"之规定。依据《生猪屠宰管理条例》第二十四条第三款："生猪定点屠宰厂（场）出借、转让生猪定点屠宰证书或者生猪定点屠宰标志牌的，由设区的市级人民政府取消其生猪定点屠宰厂（场）资格；有违法所得的，由畜牧兽医行政主管部门没收违法所得"之规定。

　　本机关拟作出如下行政处罚：

　　没收违法所得人民币肆仟元（4 000元）。

　　根据《中华人民共和国行政处罚法》第三十一条、三十二条之规定，你（单位）可在收到本告知书之日起3日内向本机关进行陈述申辩，逾期不陈述申辩的，视为你（单位）放弃上述权利。

甲县畜牧兽医局（印章）

2017年6月14日

执法机关地址：　甲县××路××号　　　　　　　　　

联系人：　李某　　　　　　　　　联系电话：

行政处罚决定审批表

案由			出借生猪定点屠宰证书和生猪定点屠宰标志牌案				
当事人	个人	姓名	/				
		性别	/	年龄	/	电话	/
		住址	/				
	单位	名称	甲县甲生猪定点屠宰厂	法定代表人		黄某	
		地址	甲县××路××号	电话		××××××××××	
陈述申辩或听证情况			本机关于2017年6月14日向当事人送达了《行政处罚事先告知书》（甲牧医告〔2017〕3号），当事人在法定时间内未向我机关进行陈述、申辩。				
处理意见			建议按照《行政处罚事先告知书》作出的处理处罚决定进行处罚： 没收违法所得4 000元。 执法人员签名：李某　施某 2017年6月21日				
执法机构意见			签名： 年　月　日				
法制机构意见			签名： 年　月　日				
执法机关意见			同意。 签名：杨某 2017年6月21日				

送达回证

案　　由	涉嫌出借生猪定点屠宰证书和生猪定点屠宰标志牌案					
受送达人 名称或姓名	甲县甲生猪定点屠宰厂					
送达单位	甲县畜牧兽医局					
送达文书	送达地点	送达人	送达方式	收到日期	收件人签名	
《行政处罚事先告知书》〔甲牧医（屠宰）告〔2017〕3号〕	甲县甲生猪定点屠宰厂厂长办公室	李某 施某	直接送达	2017年 6月14日	黄某	
/	/	/	/	/	/	
备　　注						

送达回证

案　　由	出借生猪定点屠宰证书和生猪定点屠宰标志牌案					
受送达人名称或姓名	甲县甲生猪定点屠宰厂					
送达单位	甲县畜牧兽医局					
送达文书	送达地点	送达人	送达方式	收到日期	收件人签名	
《行政处罚决定书》〔甲牧医（屠宰）罚〔2017〕3 号〕	甲县甲生猪定点屠宰厂厂长办公室	李某施某	直接送达	2017 年6 月 21 日	黄某	
/	/	/	/	/	/	
备　　注						

罚没收据存根清单

（罚没收据存根清单）

关于甲县甲生猪定点屠宰厂出借生猪定点
屠宰证书和生猪定点屠宰标志牌情况的报告

甲市人民政府：

　　2017 年 6 月 12 日，本机关接到群众举报，称甲县××路临时屠宰场所冒名其他定点生猪屠宰场收购生猪进行屠宰。2017 年 6 月 13 日，经本机关执法人员对该屠宰场所现场检查、对该场负责人王某的询问，该屠宰场所涉嫌冒用生猪定点屠宰证书和生猪定点屠宰标志牌。据此，本机关当日即派执法人员施某和李某对甲县甲生猪定点屠宰厂进行检查。经检查，该生猪定点屠宰厂未悬挂生猪定点屠宰厂标志牌，厂区办公室内墙上悬挂《企业法人营业执照》《动物防疫条件合格证》《甲县污染物排放许可证》，未悬挂生猪定点屠宰证。经向厂负责人黄某询问，不能提供生猪定点屠宰证书和生猪定点屠宰标志牌。执法人员施某和李某当即向本机关负责人杨某打电话说明情况并申请立案，获批准。之后，执法人员填写了现场检查笔录、询问笔录，收集了相关证据材料。经调查，当事人甲县甲生猪定点屠宰场疑似存在出借生猪定点屠宰证书和生猪定点屠宰标志牌违法行为。

　　我机构认为：甲县甲生猪定点屠宰厂出借生猪定点屠宰证书和生猪定点屠宰标志牌一案，事实清楚，证据确凿。其行为违反了《生猪屠宰管理条例》第七条第二款："生猪定点屠宰证书和生猪定点屠宰标志牌不得出借、转让。任何单位和个人不得冒用或者使用伪造的生猪定点屠宰证书和生猪定点屠宰标志牌"规定。

　　依据《生猪屠宰管理条例》第二十四条第三款："生猪定点屠宰厂（场）出借、转让生猪定点屠宰证书或者生猪定点屠宰标志牌的，由设区的市级人民政府取消其生猪定点屠宰厂（场）资格；有违法所得的，由畜牧兽医行政主管部门没收违法所得"规定。本机关作出如下处罚决定：没收违法所得 4 000 元。

　　案件相关材料已附，请核查，建议取消其生猪定点屠宰厂（场）资格。

甲县畜牧兽医局
2017 年 6 月 21 日

行政处罚结案报告

案　　由	出借生猪定点屠宰证书和生猪定点屠宰标志牌案		
当事人	甲县甲生猪定点屠宰厂		
立案时间	2017 年 6 月 13 日	处罚决定 送达时间	2017 年 6 月 21 日

处罚决定：

　　没收违法所得 4 000 元。

执行情况：

　　当事人已于 2017 年 6 月 23 日将罚没款缴至指定银行。

　　对当事人的行政处罚已全部执行完毕，拟结案。

执法人员签名：李某　施某

2017 年 7 月 12 日

执法 机构 意见	（如内设执法科，由执法科在此处填写意见） 签名： 　年　　月　　日
执法 机关 意见	同意结案。 签名：杨某 2017 年 7 月 12 日

备 考 表

本案卷包括使用的执法文书，收集的证据及罚没款收据共 29 页。

立卷人：李某

2017 年 7 月 12 日

本案卷执法文书及相关证据归档完整，符合要求。

审查人：杨某

2017 年 7 月 12 日

第四章
屠宰生猪不符合规定的操作规程和技术要求案

案 情 概 述

2017年8月22日，乙县农业委员会例行检查发现，乙县丙屠宰厂在生猪屠宰过程中不符合屠宰规范，不符合操作规范。检查中，宰杀现场脏乱，内脏、猪蹄散落一地，屠宰厂各类记录不完整，涉嫌违反了《畜禽屠宰卫生检疫规范》（NY 467—2001）6.1.5之规定。执法人员随即进行了现场勘验和录像、照相取证，同日，经本机关负责人批准立案调查后，执法人员依法对当事人的法定代表人的代理人进行了询问，收集了营业执照、生猪屠宰生产记录、当事人的法定代表人身份证复印件等相关证据。

通过调查取证，认定当事人未按照《生猪屠宰管理条例》第十一条"生猪定点屠宰厂（场）屠宰生猪，应当符合国家规定的操作规程和技术要求"之规定，应当给予行政处罚。乙县农业委员会于2017年9月5日向当事人送达了《行政处罚事先告知书》，在规定时间内当事人未提出陈述申辩和听证。依据《生猪屠宰管理条例》第二十五条之规定，生猪定点屠宰厂（场）有下列情形之一的，由畜牧兽医行政主管部门责令限期改正，处2万元以上10万元以下的罚款；逾期不改正的，责令停业整顿，对其主要负责人处5 000元以上2万元以下的罚款：（一）不符合国家规定的操作规程和技术要求屠宰生猪的。参照《甲市规范行政处罚裁量权办法》之规定，2017年9月15日，乙县农业委员会责令乙县丙屠宰厂立即改正违法行为，并作出"罚款人民币2万元"的行政处罚决定。

2017年9月20日，当事人向指定银行缴纳了罚款。

乙县农业委员会

生猪屠宰行政执法案卷

乙县丙屠宰厂屠宰生猪不符合国家规定的操作规程
和技术要求案

自 2017 年 8 月 22 日 至 2017 年 9 月 26 日	保管期限	30 年
本卷共 1 件 28 页	归档号	甲农（屠宰）罚〔2017〕4 号

全宗号	目录号	案卷号
	2017	04 号

卷　内　目　录

序号	题　名	文书编号	文书日期	卷内页码	备注
1	乙县农业委员会行政处罚决定书	乙农（屠宰）罚〔2017〕4 号	2017 年 9 月 15 日	1～2	
2	行政处罚立案审批表	乙农（屠宰）立〔2017〕4 号	2017 年 8 月 22 日	3	
3	证据材料登记表		2017 年 8 月 22 日	4	
4	证据材料登记表		2017 年 8 月 22 日	5	
5	证据材料登记表		2017 年 8 月 22 日	6	
6	现 场 检 查 （ 勘 验 ） 笔录		2017 年 8 月 22 日	7	
7	询问笔录		2017 年 8 月 22 日	8～9	
8	授权委托书		2017 年 8 月 22 日	10	
9	证据材料登记表		2017 年 8 月 22 日	11	
10	证据材料登记表		2017 年 8 月 22 日	12	
11	证据材料登记表		2017 年 8 月 22 日	13	
12	证据材料登记表		2017 年 8 月 22 日	14	

序号	题　名	文书编号	文书日期	卷内页码	备注
13	乙县农业委员会责令改正通知书		2017 年 8 月 22 日	15	
14	案件处理意见书		2017 年 8 月 25 日	16～17	
15	重大案件集体讨论记录		2017 年 8 月 25 日	18～19	
16	乙县农业委员会行政处罚事先告知书	乙农（屠宰）告〔2017〕4 号	2017 年 9 月 5 日	20	
17	陈述申辩笔录		2017 年 9 月 5 日	21	
18	行政处罚决定审批表		2017 年 9 月 15 日	22	
19	送达回证		2017 年 8 月 22 日	23	
20	送达回证		2017 年 9 月 5 日	24	
21	送达回证		2017 年 9 月 15 日	25	
22	罚没收据存根清单		2017 年 9 月 20 日	26	
23	行政处罚结案报告		2017 年 9 月 22 日	27	
24	备考表		2017 年 9 月 26 日	28	

乙县农业委员会
行政处罚决定书

乙农（屠宰）罚〔2017〕4 号

当事人：乙县丙屠宰厂　　　法定代表人：熊某
地址：乙县××镇××街××号

当事人屠宰生猪不符合国家规定的操作规程和技术要求一案，经本机关依法调查，现查明：

2017 年 8 月 22 日，乙县农业委员会执法人员对乙县丙屠宰厂进行全面检查。检查发现宰杀现场猪头蹄、内脏、猪毛等散落在地面；生猪屠宰各类记录不完善，违反了《畜禽屠宰卫生检疫规范》（NY 467—2001）6.1.5 之规定。执法人员进行了现场检查勘验和录像、照相取证。同日，经本机关负责人批准立案调查。从现场执法检查情况看，当事人有屠宰生猪不符合国家规定的操作规程和技术要求的行为。经询问，当事人承认上述违法事实，并承认是由于屠宰厂管理不够规范，生猪屠宰制度落实不好，管理人员履职不到位造成的。以上事实主要证据如下：

证据 1：8 月 22 日乙县丙屠宰厂杀猪现场的现场检查（勘验）笔录，证明了乙县丙屠宰厂屠宰生猪不符合国家规定的操作规程和技术要求。

证据 2：乙县丙屠宰厂宰杀现场图片，证明了其屠宰生猪不符合国家规定的操作规程和技术要求。

证据 3：乙县丙屠宰厂宰杀现场录像，证明了其屠宰生猪不符合国家规定的操作规程和技术要求。

证据 4：甲市乙县农业委员会关于乙县丙生猪定点屠宰厂（场）资格证的说明，确认当事人的主体资格和代理人的有效身份。

证据 5：生猪宰后检疫检验原始记录、生猪定点屠宰厂（场）宰前检验记录、生猪定点屠宰厂（场）宰后检验统计表，佐证该屠宰厂记录不完善，管理不规范。

证据 6：8 月 22 日证据登记保存清单，证明乙县丙屠宰厂涉案货物数量。

证据 7：对乙县丙屠宰厂管理人员魏某询问笔录，其承认该厂屠宰生猪不符合国家规定的操作规程和技术要求。

本机关认为：

当事人屠宰生猪行为违反了《生猪宰管理条例》第十一条"生猪定点屠宰厂（场）屠宰生猪，应当符合国家规定的操作规程和技术要求"之规定，事实清楚，证据确凿，应当给予行政处罚。本机关于 2017 年 9 月 5 日向当事人送达了《行政处罚事先告知书》，在规定时间内当事人未提出陈述申辩和申请听证。

依据《生猪屠宰管理条例》第二十五条"生猪定点屠宰厂（场）有下列情形之一的，由畜牧兽医行政主管部门责令限期改正，处 2 万元以上 5 万元以下的罚款；逾期不改正的，责令停业整顿，对其主要负责人处 5 000 元以上 1 万元以下的罚款：（一）不符合国家规定的操作规程和技术要求屠宰生猪的"之规定，参照《甲市农业委员会行政处罚自由裁量权参照实施标准》，并作出如下处罚：

罚款人民币贰万元（20 000.00 元）。

当事人必须在收到本处罚决定书之日起 15 日内持本决定书到乙县农业银行缴纳罚没款。逾期不按规定缴纳罚款的，每日按罚款数额的 3% 加处罚款。

当事人对本处罚决定不服的，可以在收到本处罚决定书之日起 60 日内向甲市农业委员会或乙县人民政府申请行政复议；或者 6 个月内向乙县人民法院提起行政诉讼。行政复议和行政诉讼期间，本处罚决定不停止执行。

当事人逾期不申请行政复议或提起行政诉讼，也不履行本行政处罚决定的，本机关将依法申请人民法院强制执行。

乙县农业委员会

2017 年 9 月 15 日

行政处罚立案审批表

乙农（屠宰）立〔2017〕4 号

案件来源	检查发现			受案时间		2017 年 8 月 22 日	
案　由	涉嫌屠宰生猪不符合国家规定的操作规程和技术要求案						
当事人	个人	姓名	/		电话		/
		性别	/	年龄	/	身份证号	/
		住址	/				
	单位	名称	乙县丙屠宰厂		法定代表人 （负责人）		熊某
		地址	乙县××镇××街××号		电话		××××××××××
简要 案情	2017 年 8 月 22 日，乙县农业委员执法人员在对乙县丙屠宰厂进行检查时发现，宰杀现场卫生条件差，现场混乱，猪头蹄、内脏散落在地面，涉嫌违反了《畜禽屠宰卫生检疫规范》（NY 467—2001）6.1.5 之规定。执法人员电话请示立案后，随即进行了现场录像、拍照取证。乙县丙屠宰厂的行为涉嫌违反了《生猪屠宰管理条例》第十一条之规定，建议立案调查。 　　　　　　　　　　　　　　　　　　受案人签名：何某　李某 　　　　　　　　　　　　　　　　　　　　　　　2017 年 8 月 22 日						
执法 机构 意见	同意立案，由何某为案件主办人，李某为案件协办人。 　　　　　　　　　　　　　　　　　　　　　　签名：彭某 　　　　　　　　　　　　　　　　　　　　　　2017 年 8 月 22 日						
法制 机构 意见	同意立案。 　　　　　　　　　　　　　　　　　　　　　　签名：周某 　　　　　　　　　　　　　　　　　　　　　　2017 年 8 月 22 日						
执法 机关 意见	同意立案。 　　　　　　　　　　　　　　　　　　　　　　签名：蒋某 　　　　　　　　　　　　　　　　　　　　　　2017 年 8 月 22 日						
备　注							

证据材料登记表

此复印件与原件相符。

当事人签名：魏某

2017 年 8 月 22 日

证据制作说明：

1. 收 集 人：何某、李某。

2. 提 供 人：魏某。

3. 收集时间：2017 年 8 月 22 日。

4. 收集地点：乙县丙屠宰厂。

5. 收集方式：复印。

6. 证据内容：营业执照复印件。

证据材料登记表

此复印件与原件相符。

当事人签名：魏某

2017 年 8 月 22 日

证据制作说明：

1. 收 集 人：何某、李某。
2. 提 供 人：魏某。
3. 收集时间：2017 年 8 月 22 日。
4. 收集地点：乙县丙屠宰厂。
5. 收集方式：复印。
6. 证据内容：乙县丙屠宰厂生猪定点屠宰证。

证据材料登记表

此复印件与原件相符。

当事人签名：熊某

2017 年 8 月 22 日

证据制作说明：

1. 收 集 人：何某、李某。

2. 提 供 人：魏某。

3. 收集时间：2017 年 8 月 22 日。

4. 收集地点：乙县丙屠宰厂。

5. 收集方式：直接获取。

6. 证据内容：法定代表人熊某身份证复印件。

现场检查（勘验）笔录

时间：＿2017＿年＿8＿月＿22＿日＿9＿时＿5＿分至＿9＿时＿55＿分

检查（勘验）地点：＿乙县丙屠宰厂＿

当事人：＿乙县丙屠宰厂＿

检查（勘验）机关：＿乙县农业委员会＿

检查（勘验）人员：＿李某＿　　执法证件号：＿××××××＿

　　　　　　　　　＿何某＿　　　　　　　　　＿××××××＿

记录人：＿何某＿

现场检查（勘验）情况：乙县农业委员会执法人员向魏某出示了执法证件，对乙县丙屠宰厂进行检查，检查时该屠宰厂生产工人正在进行生猪屠宰加工，现场头、蹄、内脏散落地面，卫生环境极差。执法人员调查到，这家屠宰厂宰后检验工作未结束，宰后检验记录已登记完毕，现场不能提供当天的无害化处理记录。执法人员随即对生猪定点屠宰厂（场）宰前检验记录、生猪宰后检疫检验原始记录和生猪定点屠宰厂（场）宰后检验记录进行了证据登记保存，对现场进行了照相、录像取证。

（以下空白）

当事人签名或盖章：魏某　　　　　　（见证人签名或盖章：赵某）

执法人员签名或盖章：何某　李某

（第1页　共1页）

询问笔录

询问时间：　2017　年　8　月　22　日　10　时　10　分至　11　时　34　分

询问地点：　乙县农业委员会

询问机关：　乙县农业委员会

询问人：　何某　　　　　　执法证件号：　××××××

　　　　　李某　　　　　　　　　　　　　××××××

记录人：　李某

被询问人：姓名　魏某　　　性别　男　　年龄　36 岁

　　　　　身份证号　××××××××××××××××

　　　　　联系电话　×××××××××××

　　　　　工作单位　乙县丙屠宰厂　　　　职务　管理人员

　　　　　住址　　乙县××村××组××号

问：我们是乙县农业委员会执法人员（出示执法证件），现依法向你进行询问调查。你应当如实回答我们的询问并协助调查，作伪证要承担法律责任，你听清楚了吗？

答：你们的执法证件已确认，我听清楚了。

问：请说明你的身份，与乙县丙屠宰厂是什么关系？

答：我叫魏某，是乙县丙屠宰厂的管理人员，受乙县丙屠宰厂法定代表人熊某委托前来处理相关事宜，这是我的身份证复印件和授权委托书。

被询问人签字或盖章：魏某

执法人员签名或盖章：何某　　李某

（第 1 页　共 2 页）

笔 录 纸

问：请你谈一谈乙县丙屠宰厂的基本情况。

答：乙县丙屠宰厂成立于 2002 年 1 月 1 日，熊某为经营者，现有职工 20 人，固定代宰户 5 家，每天宰杀量 100 头左右，每头收取代宰费 20 元。

问：你能否提供乙县丙屠宰厂工商营业执照？

答：能，这是我厂的工商营业执照。

问：2017 年 8 月 22 日执法人员在检查屠宰车间时，发现宰杀现场内脏、猪头、猪蹄散落在地面，是否属实？

答：属实。

问：执法人员发现你屠宰厂 8 月 22 日当天"生猪定点屠宰厂（场）宰后检验原始记录"中记录的 200 头猪还未宰杀完，检验记录已经做完了，这是怎么回事？

答：我们对相关的规范不够熟悉，肉质检验人员履职不到位。

问：现场不能提供 2017 年 8 月 22 日的肉品检验记录、无害化处理记录、"瘦肉精"检验记录及肉品出厂记录，这又是怎么回事？

答：做是做了的，就是没记录。主要是我单位管理不够规范，各类生猪屠宰记录不齐全、不完善，下一步将加强管理，严格落实制度，定人、定岗、定责。

问：以上询问笔录请你阅读，是否与你说的一致？是否属实？

答：以上询问笔录我已阅读，与我说的一致，属实。2017 年 8 月 22 日。

被询问人签字或盖章：魏某

执法人员签字或盖章：何某　李某

（第 2 页　共 2 页）

授权委托书

乙县农业委员会   ：

你单位在对我厂涉嫌屠宰生猪不符合国家规定的操作规程和技术要求   案件的调查处理中，我是当事人法定代表人，现委托魏某   为代理人（被委托人），委托时间为自   2017 年 8 月 22 日至   案件结束   。

委托人基本情况：

名称   乙县丙屠宰厂   法定代表人   熊某

证照类型   营业执照   证照编号   ××××××××××

联系电话   ×××××××× 地址   乙县××镇××街××号

代理人（被委托人）基本情况：

姓名   魏某   性别   男   出生日期   19××年××月××日

证件类型   身份证   证件号码   ×××××××××××××××××××

工作单位   乙县丙屠宰厂   职务   管理人员

联系电话   ××××××××××

委托权限：☑接受调查取证

☑陈述事实

☑签收法律文书

☑行使陈述申辩权、听证权等法律赋予的有关权利。

被委托人（签字）：魏某

委托人（签字）：熊某

单位印章：乙县丙屠宰厂

证据材料登记表

此复印件与原件相符。

当事人签名：魏某

2017 年 8 月 22 日

证据制作说明：

1. 收　集　人：何某、李某。
2. 提　供　人：魏某。
3. 收集时间：2017 年 8 月 22 日。
4. 收集地点：乙县丙屠宰厂。
5. 收集方式：复印。
6. 证据内容：魏某身份证复印件。

证据材料登记表

证据制作说明：

1. 收 集 人：何某、李某。
2. 收集时间：2017 年 8 月 22 日。
3. 收集地点：乙县丙屠宰厂。
4. 收集方式：数码相机拍照。
5. 证据内容：现场照片。

证据材料登记表

此复印件与原件相符。

当事人签名：魏某

2017 年 8 月 22 日

证据制作说明：

1. 收 集 人：何某、李某。

2. 提 供 人：魏某。

3. 收集时间：2017 年 8 月 22 日。

4. 收集地点：乙县丙屠宰厂。

5. 收集方式：复印。

6. 证据内容：生猪定点屠宰厂（场）宰前检验记录。

证据材料登记表

此复印件与原件相符。

当事人签名：魏某

2017 年 8 月 22 日

证据制作说明：

1. 收 集 人：何某、李某。
2. 提 供 人：魏某。
3. 收集时间：2017 年 8 月 22 日。
4. 收集地点：乙县丙屠宰厂。
5. 收集方式：复印。
6. 证据内容：生猪定点屠宰厂（场）宰后检验记录。

乙县农业委员会
责令改正通知书

乙县丙屠宰厂_____：

　　你单位__屠宰生猪不符合国家规定的操作规程和技术要求__的
行为，违反了____《生猪屠宰管理条例》第十一条__，依照__《生猪屠宰管理
条例》第二十五条____之规定，本机关责令你单位（☑立即／□于__/__年
__/__月__/__日之前）按下列要求改正违法行为：

　　__屠宰生猪应当符合国家规定的操作规程和技术要求。__

　　（以下空白）

_____

_____

_____

_____

　　（逾期不改正的，本机关将依照《生猪屠宰管理条例》第二十五条之规定依
法处理。）

乙县农业委员会

2017 年 8 月 22 日

案件处理意见书

案由		涉嫌屠宰生猪不符合国家规定的操作规程和技术要求案				
当事人	个人	姓名				
		性别	/	年龄	/	电话	/
		住址	/			
	单位	名称	乙县丙屠宰厂	法定代表人（负责人）		熊某
		地址	乙县××镇××街××号	电话		××××××××××
案件调查经过		2017年8月22日，乙县农业委员会对当事人乙县丙屠宰厂涉嫌屠宰生猪不符合国家规定的操作规程和技术要求的行为进行立案，由执法人员何某、李某进行了调查取证。对当事人熊某所经营的乙县丙屠宰厂进行了现场检查勘验，制作了《现场检查（勘验）笔录》；对乙县丙屠宰厂管理人魏某进行了现场询问，制作了《询问笔录》；对屠宰现场进行了拍照，对乙县丙屠宰厂的营业执照进行了复印；对生猪屠宰生产记录进行了收集；对熊某、魏某的身份证进行了复印。				
所附证据材料		证据1：乙县丙屠宰厂杀猪现场的现场检查（勘验）笔录，证明了丙屠宰厂宰杀生猪不符合国家规定的操作规程和技术要求。 　　证据2：乙县丙屠宰厂宰杀现场图片，证明了其宰杀生猪不符合国家规定的操作规程和技术要求。 　　证据3：乙县丙屠宰厂宰杀现场录像，证明了其宰杀生猪不符合国家规定的操作规程和技术要求。 　　证据4：证据登记保存清单，证明了乙县丙屠宰厂涉案货物数量。 　　证据5：生猪定点屠宰厂（场）宰前检验记录、生猪定点屠宰厂（场）宰后检验统计表，证明了其宰杀生猪不符合国家规定的操作规程和技术要求。 　　证据6：对乙县丙屠宰厂管理人员魏某询问笔录，其承认该厂行为不符合国家规定的操作规程和技术要求。				

（续）

调查结论及处理意见	经调查，现已查明：该屠宰厂有屠宰生猪不符合国家规定的操作规程和技术要求的行为。 　　处理意见：乙县丙屠宰厂屠宰生猪不符合国家规定的操作规程和技术要求的行为违反了《生猪屠宰管理条例》第十一条"生猪定点屠宰厂（场）屠宰生猪，应当符合国家规定的操作规程和技术要求"之规定。 　　依据《生猪屠宰管理条例》第二十五条"生猪定点屠宰厂（场）有下列情形之一的，由畜牧兽医行政主管部门责令限期改正，处2万元以上5万元以下的罚款；逾期不改正的，责令停业整顿，对其主要负责人处5000元以上1万元以下的罚款：（一）不符合国家规定的操作规程和技术要求屠宰生猪的"之规定，参照《甲市农业委员会行政处罚自由裁量权参照实施标准》的规定，责令该屠宰厂立即改正上述违法行为，并建议处罚如下：处2万元人民币的罚款。 　　　　　　　　　　　　　　执法人员签名：何某　李某 　　　　　　　　　　　　　　　　　　　　2017年8月25日
执法机构意见	同意执法人员意见。 　　　　　　　　　　　　　　　　　　签名：彭某 　　　　　　　　　　　　　　　　　　2017年8月25日
法制机构意见	同意执法人员意见。 　　　　　　　　　　　　　　　　　　签名：周某 　　　　　　　　　　　　　　　　　　2017年8月25日
执法机关意见	同意。 　　　　　　　　　　　　　　　　　　签名：蒋某 　　　　　　　　　　　　　　　　　　2017年8月25日

重大案件集体讨论记录

案由：涉嫌屠宰生猪不符合国家规定的操作规程和技术要求案

当事人：乙县丙屠宰厂

时间：2017 年 8 月 25 日 15 时 35 分至 16 时 10 分

地点：乙县农业委员会会议室

主持人：蒋某（局长）

记录人：吴某（副局长）

出席人员姓名及职务：蒋某（局长）、吴某（副局长）、郑某（副局长）、何某（科长、案情介绍人、列席）。

　　蒋某：今天就当事人乙县丙屠宰厂涉嫌屠宰生猪不符合国家规定的操作规程和技术要求案进行集体讨论，下面由办案人何某介绍简要案情和调查取证经过。

　　何某：2017 年 8 月 22 日，本机关执法人员对乙县丙屠宰厂进行全面检查。检查发现宰杀现场猪头蹄、内脏、猪毛等散落在地面；生猪屠宰各类记录不完善，执法人员进行了现场检查勘验和录像、照相取证。经对乙县丙屠宰厂法定代表人熊某授权委托人魏某询问，当事人承认上述事实，并承认屠宰厂管理不够规范，生猪屠宰制度落实不好，管理人员履职不到位。当事人屠宰生猪不符合国家规定的操作规程和技术要求的行为违反了《生猪宰管理条例》第十一条"生猪定点屠宰厂（场）屠宰生猪，应当符合国家规定的操作规程和技术要求"之规定，事实清楚，证据确凿，应当给予行政处罚。依据《生猪屠宰管理条例》第二十五条"生猪定点屠宰厂（场）有下列情形之一的，由畜牧兽医行政主管部门责令限期改正，处 2 万元以上 5 万元以下的罚款；逾期不改正的，责令停业整顿，对其主要负责人处 5 000 元以上 1 万元以下的罚款：（一）不符合国家规定的操作规程和技术要求屠宰生猪的"之规定，参照《甲市农业委员会行政处罚自由裁量权参照实施标准》，责令乙县丙屠宰厂立即改正上述违规行为，处 2 万元人民币的罚款。

讨论记录：

　　吴某：该案调查取证过程符合《中华人民共和国行政处罚法》的规定，程序合法，且证据链完整，能够证实当事人的违法事实。

　　郑某：我认为该案适用法律条款准确。

　　蒋某：我同意以上两位同志及办案人员的意见，我认为本案事实清楚、证据确凿、程序合法、定性准确和适用法律条款正确，对当事人罚款 20 000.00 元，请大家举手表决。（举手表决，一致通过）

讨论决定：

　　经讨论，乙县丙屠宰厂场涉嫌屠宰生猪不符合国家规定的操作规程和技术要求案事实清楚，证据确凿。行为违反了《生猪宰管理条例》第十一条之规定，依据《生猪屠宰管理条例》第二十五条之规定罚款 20 000.00 元，全体表决通过。

　　（以下空白）

出席人员签字：蒋某　吴某　郑某

乙县农业委员会
行政处罚事先告知书

乙农（屠宰）告〔2017〕4 号

乙县丙屠宰厂：

　　经调查，你单位屠宰生猪不符合国家规定的操作规程和技术要求一案，违法事实清楚，证据确凿。

　　2017 年 8 月 22 日，乙县农业委员会执法人员对你单位进行全面检查。检查中发现在宰杀现场猪头蹄、内脏散落在地面。经本机关负责人审批立案，执法人员进行了现场勘验和录像、拍照取证，并对你单位管理人员魏某作了询问笔录，对现场进行了检查（勘验），依法收集了营业执照、生猪屠宰生产记录等相关证据。

　　现已查明：

　　2017 年 8 月 22 日，你单位宰杀现场猪头蹄、内脏散落在地面。你的管理人员魏某在询问笔录中承认上述事实，并承认主要是单位管理不够规范，生猪屠宰管理制度落实不好，管理人员履职不到位造成的。

　　你单位屠宰生猪不符合国家规定的操作规程和技术要求的行为违反了《生猪屠宰管理条例》第十一条"生猪定点屠宰厂（场）屠宰生猪，应当符合国家规定的操作规程和技术要求"之规定。

　　依据《生猪屠宰管理条例》第二十五条"生猪定点屠宰厂（场）有下列情形之一的，由畜牧兽医行政主管部门责令限期改正，处 2 万元以上 5 万元以下的罚款；逾期不改正的，责令停业整顿，对其主要负责人处 5 000 元以上 1 万元以下的罚款：（一）不符合国家规定的操作规程和技术要求屠宰生猪的"之规定，参照《甲市规范行政处罚裁量权办法》，拟作出如下处罚决定：

　　罚款人民币贰万元（20 000 元）。

　　根据《中华人民共和国行政处罚法》第二十五条、第三十二条和四十二条之规定，你可以在收到本告知书之日起 3 日内向本机关进行陈述申辩或听证，逾期不陈述申辩或听证的，视为你放弃上述权利。

甲市乙县农业委员会

2017 年 9 月 5 日

甲市乙县农业委员会地址：乙县××大道××号

邮政编码：×××××

联系人：郭某　　　联系电话：×××—××××××××

陈述申辩笔录

当事人：　乙县丙屠宰厂

陈述申辩人：　熊某

陈述申辩时间：　2017 年 9 月 5 日 15 时 13 分至 15 时 30 分

陈述申辩地点：　乙县农业委员会办公室

记录人：　赵某

执法人员：　何某　　　执法证件号：　××××××

执法人员：　李某　　　　　　　　　××××××

陈述申辩内容：

　　经过你们的教育，我已经认识到自己的违法行为，以后坚决改正。我心甘情愿接受处罚，自愿放弃陈述申辩，我以后一定严格按照法律要求从事生猪屠宰活动。

　　（以下空白）

陈述申辩人签名：熊某

记录人签名：赵某

执法人员签名：何某　李某

行政处罚决定审批表

案由			屠宰生猪不符合国家规定的操作规程和技术要求案			
当事人	个人	姓名	/			
		性别	/	年龄 /	电话	/
		住址	/			
	单位	名称	乙县丙屠宰厂	法定代表人（负责人）		熊某
		地址	乙县××镇××街××号	电话		×××××××××××
陈述申辩或听证情况		当事人放弃陈述申辩和申请听证。				
处理意见		维持《行政处罚事先告知书》〔乙农（屠宰）告〔2017〕4 号〕拟给予的处罚决定。 执法人员签名：何某　李某 2017 年 9 月 15 日				
执法机构意见		同意执法人员意见。 签名：彭某 2017 年 9 月 15 日				
法制机构意见		同意执法人员意见。 签名：周某 2017 年 9 月 15 日				
执法机关意见		同意执法人员意见。 签名：蒋某 2017 年 9 月 15 日				

送达回证

案　　由	涉嫌屠宰生猪不符合国家规定的操作规程和技术要求案				
受送达人名称或姓名	乙县丙屠宰厂				
送达单位	乙县农业委员会				
送达文书及文号	送达地点	送达人	送达方式	收到日期	收件人签名
责令改正通知书	乙县农业委员会	何某李某	直接送达	2017.8.22	魏某
/	/	/	/	/	/
/	/	/	/	/	/
/	/	/	/	/	/
备注					

送达回证

案　　由	涉嫌屠宰生猪不符合国家规定的操作规程和技术要求案				
受送达人名称或姓名	乙县丙屠宰厂				
送达单位	乙县农业委员会				
送达文书及文号	送达地点	送达人	送达方式	收到日期	收件人签名
《行政处罚事先告知书》〔乙农（屠宰）告〔2017〕4号〕	乙县农业委员会	何某 李某	直接送达	2017.9.5	魏某
/	/	/	/	/	/
/	/	/	/	/	/
/	/	/	/	/	/
备注					

送达回证

案　　由	屠宰生猪不符合国家规定的操作规程和技术要求案				
受送达人 名称或姓名	乙县丙屠宰厂				
送达单位	乙县农业委员会				
送达文书及文号	送达地点	送达人	送达方式	收到日期	收件人签名
《行政处罚决定书》 〔乙农（屠宰）罚 〔2017〕4号〕	乙县农业 委员会	何某 李某	直接送达	2017.9.15	魏某
/	/	/	/	/	/
/	/	/	/	/	/
/	/	/	/	/	/
备注					

罚没收据存根清单

银行现金缴款单

甲市政府非税收入票据

行政处罚结案报告

案　　由	屠宰生猪不符合国家规定的操作规程和技术要求案		
当 事 人	乙县丙屠宰厂		
立案时间	2017 年 8 月 22 日	处罚决定 送达时间	2017 年 9 月 15 日

处罚决定：

处 2 万元人民币的罚款。

执行情况：

当事人已于 2017 年 9 月 20 日将罚款 2 万元人民币缴至指定银行。

行政处罚决定执行完毕，并按相关程序完成甲市重大行政处罚决定备案，现申请结案。

执法人员签名：何某　李某

2017 年 9 月 22 日

执法 机构 意见	同意结案。 签名：李某 2017 年 9 月 22 日
处罚 机关 意见	同意结案。 签名：蒋某 2017 年 9 月 22 日

备 考 表

本案卷共有文件材料 28 页。

其中：文字材料   页，相片材料   页。

立卷人：何某

检查人：李某

2017 年 9 月 26 日

第五章
未如实记录生猪来源或者
生猪产品流向案

案 情 概 述

2017年8月1日，甲县畜牧兽医局执法人员王某、赵某根据群众举报在对丁生猪屠宰场进行监督检查时发现，丁生猪屠宰场法定代表人陈某提供的《入场生猪来源登记表》中，未记录2017年8月1日屠宰加工的2头种猪来源。经报甲县畜牧兽医局领导批准后，进行立案调查，查明2头种猪是2017年8月1日由法定代表人陈某从乡下王某村收购的，并授意张某在种猪入场时没有如实进行相关登记工作。其行为违反了《生猪屠宰管理条例》第十二条"生猪定点屠宰厂（场）应当如实记录其屠宰的生猪来源和生猪产品流向。生猪来源和生猪产品流向记录保存期限不得少于2年"的规定。依照《生猪屠宰管理条例》第二十五条第二项"生猪定点屠宰厂（场）有下列情形之一的，由畜牧兽医行政主管部门责令限期改正，处2万元以上5万元以下的罚款；逾期不改正的，责令停业整顿，对其主要负责人处5 000元以上1万元以下的罚款：（二）未如实记录其屠宰的生猪来源和生猪产品流向的"，同时参照《甲省生猪屠宰管理条例自由裁量指导标准》的规定罚款人民币30 000.00元。

甲县畜牧兽医局

生猪屠宰行政执法案卷

丁生猪屠宰场未如实记录其屠宰的生猪来源案

自 2017 年 8 月 1 日 至 2017 年 8 月 16 日	保管期限	长期
本卷共 1 件 34 页	归档号	甲畜牧（屠宰）罚〔2017〕5 号

全宗号	目录号	案卷号
	2017	05 号

卷　内　目　录

序号	题　名	文书编号	文书日期	卷内页码	备注
1	甲县畜牧兽医局行政处罚决定书	甲畜牧（屠宰）罚〔2017〕5号	2017年8月15日	1～2	
2	行政处罚立案审批表	甲畜牧（屠宰）立〔2017〕5号	2017年8月1日	3	
3	证据材料登记表		2017年8月1日	4	
4	证据材料登记表		2017年8月1日	5	
5	证据材料登记表		2017年8月1日	6	
6	现场检查（勘验）笔录		2017年8月1日	7	
7	询问笔录		2017年8月1日	8～11	
8	询问笔录		2017年8月1日	12～14	
9	证据材料登记表		2017年8月1日	15	
10	证据材料登记表		2017年8月1日	16	
11	证据材料登记表		2017年8月1日	17	
12	证据材料登记表		2017年8月1日	18	
13	证据材料登记表		2017年8月1日	19	

（续）

序号	题　名	文书编号	文书日期	卷内页码	备注
14	证据材料登记表		2017 年 8 月 1 日	20	
15	甲县畜牧兽医局责令改正通知书		2017 年 8 月 1 日	21	
16	案件处理意见书		2017 年 8 月 2 日	22～23	
17	重大案件集体讨论记录		2017 年 8 月 2 日	24～25	
18	甲县畜牧兽医局行政处罚事先告知书	甲畜牧（屠宰）告〔2017〕5 号	2017 年 8 月 2 日	26	
19	陈述申辩笔录		2017 年 8 月 2 日	27	
20	行政处罚决定审批表		2017 年 8 月 11 日	28	
21	送达回证		2017 年 8 月 1 日	29	
22	送达回证		2017 年 8 月 2 日	30	
23	送达回证		2017 年 8 月 15 日	31	
24	罚没收据存根清单		2017 年 8 月 15 日	32	
25	行政处罚结案报告		2017 年 8 月 16 日	33	
26	备考表		2017 年 8 月 16 日	34	

甲县畜牧兽医局
行政处罚决定书

甲畜牧（屠宰）罚〔2017〕__5__号

当事人：丁生猪屠宰场　　　　地址：甲县乙街道丙号
法定代表人：陈某

当事人未如实记录其屠宰的生猪来源一案，经本机关依法调查，现查明：

2017 年 8 月 1 日，本机关执法人员王某、赵某根据群众举报在对丁生猪屠宰场进行监督检查时发现，丁生猪屠宰场法定代表人陈某提供的《入场生猪来源登记表》中，未记录 2017 年 8 月 1 日供屠宰加工的 2 头种猪来源。经本机关负责人同意依法进行立案调查，执法人员制作了《现场检查笔录》，询问了丁生猪屠宰场法定代表人陈某、入场检验员张某。查明 2017 年 8 月 1 日丁生猪屠宰场法定代表人陈某从乡下王某村收购 2 头种猪，入场时授意张某没有如实进行相关登记工作，丁生猪屠宰场存在未如实记录其屠宰的生猪来源的违法事实。

以上事实，有下列证据为证：

1.《现场检查笔录》，证明现场检查情况及违法情况；

2. 丁生猪屠宰场法定代表人陈某《询问笔录》，证明丁生猪屠宰场未如实记录其屠宰的生猪来源的违法事实；

3. 丁生猪屠宰场质检员张某《询问笔录》，证明丁生猪屠宰场未如实记录其屠宰的生猪来源的违法事实；

4. 法定代表人陈某身份证复印件，证明身份信息；

5.《生猪定点屠宰证》复印件，证明丁生猪屠宰场的屠宰资质及代表人情况；

6.《入场生猪来源登记表》复印件，证明丁生猪屠宰场未如实记录屠宰生猪来源的事实；

7.《营业执照》复印件，证明该场的性质为企业法人性质和违法主体适格性，证明陈某为负责人；

8.《动物检疫合格证明》（动物 B）复印件，证明生猪来源和是否检疫过；

9. 现场照片 2 张，证明存栏生猪情况；

10. 质检员张某身份证，证明其身份；

11. 质检员张某质检员证，证明其工作岗位。

本机关认为：

丁生猪屠宰场未如实记录屠宰的生猪来源的行为，事实清楚，证据确凿。其行为违反了《生猪屠宰管理条例》第十二条"生猪定点屠宰厂（场）应当如实记录其屠宰的生猪来源和生猪产品流向。生猪来源和生猪产品流向记录保存期限不得少于2年"的规定。本机关于2017年8月2日向丁生猪屠宰场送达了《行政处罚事先告知书》〔甲畜牧（屠宰）告〔2017〕5号〕。当事人在法定期限内进行了陈述申辩，但陈述申辩的理由不符合《中华人民共和国行政处罚法》中关于从轻的规定。当事人在法定期限内未提出申请听证，视为放弃听证权。当事人违反《生猪屠宰管理条例》相关规定，但未造成严重后果，依据《甲省畜牧业行政处罚自由裁量权管理暂行办法》之规定，对当事人处以（xxx～xxx）幅度内的处罚，足以起到惩戒作用。

依据《生猪屠宰管理条例》第二十五条第二项"生猪定点屠宰厂（场）有下列情形之一的，由畜牧兽医行政主管部门责令限期改正，处2万元以上5万元以下的罚款；逾期不改正的，责令停业整顿，对其主要负责人处5 000元以上1万元以下的罚款：（二）未如实记录其屠宰的生猪来源和生猪产品流向的"之规定。本机关责令你单位立即改正违法行为，并作出如下处罚决定：

罚款人民币叁万元（30 000.00元）。

当事人必须在收到本处罚决定书之日起15日内持本决定书到甲市××银行缴纳罚（没）款。逾期不按规定缴纳罚款的，每日按罚款数额的3%加处罚款。

当事人对本处罚决定不服的，可以在收到本处罚决定书之日起60日内向甲县人民政府或甲市畜牧兽医局申请行政复议；或者6个月内向甲县人民法院提起行政诉讼。行政复议和行政诉讼期间，本处罚决定不停止执行。当事人逾期不申请行政复议或提起行政诉讼，也不履行本行政处罚决定的，本机关将依法申请人民法院强制执行。

甲县畜牧兽医局

2017年8月15日

行政处罚立案审批表

甲畜牧（屠宰）立〔2017〕 __5__ 号

<table>
<tr><td>案件来源</td><td colspan="2">群众举报</td><td>受案时间</td><td colspan="3">2017 年 8 月 1 日</td></tr>
<tr><td>案　　由</td><td colspan="6">涉嫌未如实记录其屠宰的生猪来源案</td></tr>
<tr><td rowspan="5">当事人</td><td rowspan="3">个人</td><td>姓名</td><td colspan="2">/</td><td>电话</td><td>/</td></tr>
<tr><td>性别</td><td>/　年龄　/</td><td>身份证号</td><td colspan="2">/</td></tr>
<tr><td>住址</td><td colspan="4">/</td></tr>
<tr><td rowspan="2">单位</td><td>名称</td><td colspan="2">丁生猪屠宰场</td><td>法定代表人
（负责人）</td><td>陈某</td></tr>
<tr><td>地址</td><td colspan="2">甲县乙街道丙号</td><td>电话</td><td>××××××××××</td></tr>
<tr><td>简要
案情</td><td colspan="6">　　2017 年 8 月 1 日，甲县畜牧兽医局执法人员王某、赵某根据群众举报在对丁生猪屠宰场进行监督检查时发现，丁生猪屠宰场法定代表人陈某提供的《入场生猪来源登记表》中，未记录 2017 年 8 月 1 日屠宰的 2 头种猪来源，该场的行为涉嫌违反《生猪屠宰管理条例》第十二条之规定，建议立案查处。

　　　　　　　　　　　　　　　　　受案人签名：王某　赵某
　　　　　　　　　　　　　　　　　　　　　　　　2017 年 8 月 1 日</td></tr>
<tr><td>执法
机构
意见</td><td colspan="6">同意立案查处。

　　　　　　　　　　　　　　　　　　　　　　签名：吴某
　　　　　　　　　　　　　　　　　　　　　　2017 年 8 月 1 日</td></tr>
<tr><td>法制
机构
意见</td><td colspan="6">同意立案查处。

　　　　　　　　　　　　　　　　　　　　　　签名：郑某
　　　　　　　　　　　　　　　　　　　　　　2017 年 8 月 1 日</td></tr>
<tr><td>执法
机关
意见</td><td colspan="6">同意立案查处，由王某、赵某承办。

　　　　　　　　　　　　　　　　　　　　　　签名：江某
　　　　　　　　　　　　　　　　　　　　　　2017 年 8 月 1 日</td></tr>
<tr><td>备　注</td><td colspan="6"></td></tr>
</table>

卷内 3

证据材料登记表

此复印件与原件相符。

当事人签名：陈某

2017 年 8 月 1 日

证据制作说明：

1. 收 集 人：王某、赵某。

2. 提 供 人：陈某。

3. 收集时间：2017 年 8 月 1 日。

4. 收集地点：丁生猪屠宰场。

5. 收集方式：复印。

6. 证据内容：丁生猪屠宰场营业执照复印件。

证据材料登记表

此复印件与原件相符。

当事人签名：陈某

2017 年 8 月 1 日

证据制作说明：

1. 收 集 人：王某、赵某。
2. 提 供 人：陈某。
3. 收集时间：2017 年 8 月 1 日。
4. 收集地点：丁生猪屠宰场。
5. 收集方式：复印。
6. 证据内容：丁生猪屠宰场《生猪定点屠宰证》复印件。

证据材料登记表

此复印件与原件相符。

签字：陈某

2017 年 8 月 1 日

证据制作说明：

1. 收 集 人：王某、赵某。

2. 提 供 人：陈某。

3. 收集时间：2017 年 8 月 1 日。

4. 收集地点：丁生猪屠宰场。

5. 收集方式：复印。

6. 证据内容：陈某身份证复印件。

现场检查（勘验）笔录

时间：　2017　年　8　月　1　日　8　时　0　分至　8　时　30　分

检查地点：　甲县乙街道丙号（丁生猪屠宰场）

当事人：　丁生猪屠宰场

检查机关：　甲县畜牧兽医局

检查人员：　王某　　　　　　　　执法证件号：　××××××

　　　　　　赵某　　　　　　　　　　　　　　　××××××

记录人：　赵某

现场检查情况：　2017 年 8 月 1 日，甲县畜牧兽医局执法人员根据群众举报对丁生猪屠宰场进行监督检查，执法人员向当事人出示执法证件并说明来意，法定代表人陈某在场。现场检查《入场生猪来源登记表》，记录 2017 年 8 月 1 日入场屠宰生猪 105 头，执法人员对《入场生猪来源登记表》进行了拍照取证。执法人员调取了当日驻场官方兽医赵某检疫工作记录单情况，检疫工作记录单中记录了 2017 年 8 月 1 日入场生猪 107 头，执法人员对入场检疫记录单和待宰圈生猪进行拍照取证。

（以下空白）

当事人签名或盖章：陈某　　　　　　　　（见证人签名或盖章：赵某）

执法人员签名或盖章：王某　赵某

（第 1 页　共 1 页）

询问笔录

时间：___2017___年___8___月___1___日___8___时___40___分至___9___时___15___分

询问地点：___甲县乙街道丙号（丁生猪屠宰场）___

询问机关：___甲县畜牧兽医局___

询问人：___王某___　　执法证件号：___××××××___

　　　　___赵某___　　　　　　　　　___××××××___

记录人：___赵某___

被询问人：姓名___陈某___　　性别___男___　　年龄___39___

　　　　　身份证号___××××××××××××××××××___

　　　　　联系电话___×××××××××××___

　　　　　工作单位___丁生猪屠宰场___　　职务___法定代表人___

　　　　　住址___甲市××路××小区××号___

问：我们是甲县畜牧兽医局执法人员（出示执法证件），现依法向你进行询问调查。你应当如实回答我们的询问并协助调查，作伪证要承担法律责任，你听清楚了吗？

答：清楚了。

问：你有权提出申请回避，你是否申请回避？

答：我不申请回避。

被询问人签名或盖章：陈某

执法人员签名或盖章：王某　赵某

（第1页　共4页）

笔 录 纸

问：请介绍下你的个人信息。

答：我叫陈某，今年45岁，家住甲市××路××小区××号，联系电话×× ××××××××××，经营丁生猪屠宰场。

问：我们需要核实你的身份信息请你配合，并提供你的身份证件。

答：好的，这是我的身份证。

问：稍后我们需要复印你的身份证件，并需要你在复印件上签字并标明日期。

答：好的。

问：丁生猪屠宰场有没有《生猪定点屠宰证》?

答：有。

问：请出示《企业法人营业执照》和《生猪定点屠宰证》。

答：好的，你请看。

问：稍后我们要进行复印，请你在复印件上签字确认并标明日期。

答：好的。

问：2017年8月1日你入场生猪多少?

答：8月1日我共入场生猪107头。

问：2017年8月1日你场入场生猪分几批入场?

被询问人签名或盖章：陈某

执法人员签名或盖章：王某　赵某

（第2页　共4页）

笔 录 纸

答：分3批。

问：这107头生猪都有《动物检疫合格证明》吗？

答：都有《动物检疫合格证明》。

问：这107头生猪进行屠宰了吗？

答：没有，今天入场的107头先都存放于待宰圈。

问：我们检查你场8月1日《入场生猪来源登记表》时，你场填写数量为105头，请你进行说明？

答：有2头生猪是我家亲戚的种猪，但由于是种猪，我就没有让查验员在《入场生猪来源登记表》中进行记录。

问：跟你家亲戚的2头种猪一起入场的是几头？

答：13头。

问：谁去收购的？

答：我亲自收购的。

问：有别人跟你同去么？

答：没有。

问：入场时入场检查人员张某检查了吗？

答：检查了。

被询问人签名或盖章：陈某

执法人员签名或盖章：王某　赵某

笔 录 纸

问：记录的入场生猪数量与实际数量不符的情况查验员知道吗？

答：知道，是我嘱咐她这样记录的。

问：这 2 头种猪你用来干什么？

答：准备进行屠宰后上市卖肉。

问：以前有过屠宰种猪的行为吗？

答：没有，这是第一次。

问：你还有什么补充的吗？

答：我没有了。

问：以上是你对我们陈述的内容，现在请你认真阅读，如果你认为记录有遗漏或有差错，可以进行补充和修改。

答：本记录我已阅读，内容与我陈述的一致。

（以下空白）

被询问人签名或盖章：陈某

执法人员签名或盖章：王某　赵某

（第 4 页　共 4 页）

询问笔录

时间：___2017___年__8__月__1__日__9__时__20__分至__9__时__45__分
询问地点：___甲县乙街道丙号（丁生猪屠宰场）___
询问机关：___甲县畜牧兽医局___
询问人：___王某___　执法证件号：___××××××___
　　　　___赵某___　　　　　　　___××××××___
记录人：___赵某___
被询问人：姓名___张某___　性别__女__年龄__36__
　　　　　身份证号___×××××××××××××××××___
　　　　　联系电话___××××××××××___
　　　　　工作单位___丁生猪屠宰场___　职务___入场查验员___
　　　　　住址___甲市××路××小区××楼××单元××号___

问：我们是甲县畜牧兽医局执法人员（出示执法证件），现依法向你进行询问调查。你应当如实回答我们的询问并协助调查，作伪证要承担法律责任，你听清楚了吗？
答：清楚了。
问：你有权提出申请回避，你是否申请回避？
答：我不申请回避。

被询问人签名或盖章：张某
执法人员签名或盖章：王某　赵某

笔 录 纸

问：请介绍下你的个人信息。

答：我叫张某，今年 36 岁，家住甲市××路××小区××楼××单元××号，联系电话××××××××××××，在丁生猪屠宰场负责入场查证验物。

问：我们需要核实你的身份信息请你配合，并提供你的身份证件。

答：好的，这是我的身份证。

问：稍后我们需要复印你的身份证件，并需要你在复印件上签字并标明日期。

答：好的。

问：2017 年 8 月 1 日你场对入场生猪查证验物，你在岗么？

答：在。

问：2017 年 8 月 1 日你场共入场生猪多少头？

答：8 月 1 日我场共入场生猪 107 头。

问：2017 年 8 月 1 日你场共分几批入场生猪？

答：分 3 批。

问：这 107 头猪都有《动物检疫合格证明》吗？

答：都有《动物检疫合格证明》。

问：我们检查你场 8 月 1 日《入场生猪来源登记表》时，你场填写数量为 105 头，请你进行说明。

被询问人签名或盖章：张某

执法人员签名或盖章：王某　赵某

（第 2 页　共 3 页）

笔 录 纸

答：场长陈某拉来 1 车生猪，共有 13 头，其中有 2 头种猪，陈某嘱咐我登记 11 头。

问：以前有过这种情况吗？

答：没有。

问：你还有什么补充的吗？

答：我没有了。

问：以上是你对我们陈述的内容，现在请你认真阅读，如果你认为记录有遗漏或有差错，可以进行补充和修改。

答：本记录我已阅读，内容与我陈述的一致。

（以下空白）

被询问人签名或盖章：张某

执法人员签名或盖章：王某　赵某

（第 3 页　共 3 页）

证据材料登记表

此复印件与原件相符。

当事人签名：张某

2017 年 8 月 1 日

证据制作说明：

1. 收 集 人：王某、赵某。

2. 提 供 人：张某。

3. 收集时间：2017 年 8 月 1 日。

4. 收集地点：丁生猪屠宰场。

5. 收集方式：复印。

6. 证据内容：质检员张某身份证复印件。

生猪屠宰行政执法操作指南

证据材料登记表

此复印件与原件相符。

当事人签名：张某

2017 年 8 月 1 日

证据制作说明：

1. 收 集 人：王某、赵某。
2. 提 供 人：张某。
3. 收集时间：2017 年 8 月 1 日。
4. 收集地点：丁生猪屠宰场。
5. 收集方式：复印。
6. 证据内容：质检员张某质检员证复印件。

证据材料登记表

此复印件与原件相符。

当事人签名：陈某

2017 年 8 月 1 日

证据制作说明：

1. 收 集 人：王某、赵某。

2. 提 供 人：陈某。

3. 收集时间：2017 年 8 月 1 日。

4. 收集地点：丁生猪屠宰场。

5. 收集方式：复印。

6. 证据内容：丁生猪屠宰场《入场生猪来源登记表》复印件。

证据材料登记表

此复印件与原件相符。

当事人签名：陈某

2017 年 8 月 1 日

证据制作说明：

1. 收 集 人：王某、赵某。

2. 提 供 人：陈某。

3. 收集时间：2017 年 8 月 1 日。

4. 收集地点：丁生猪屠宰场。

5. 收集方式：复印。

6. 证据内容：《动物检疫合格证明》（动物 B）复印件。

证据材料登记表

证据制作说明：

1. 收　集　人：王某、赵某。

2. 收集时间：2017 年 8 月 1 日。

3. 收集地点：丁生猪屠宰场。

4. 收集方式：数码相机拍摄。

5. 证据内容：现场情况。

证据材料登记表

证据制作说明：

1. 收 集 人：王某、赵某。

2. 收集时间：2017 年 8 月 1 日。

3. 收集地点：丁生猪屠宰场。

4. 收集方式：数码相机拍摄。

5. 证据内容：现场情况。

甲县畜牧兽医局
责令改正通知书

丁生猪屠宰场　　　　　　　：

　　你单位　　　未如实记录屠宰的生猪来源　　　　　　的行为，违反了　　　《生猪屠宰管理条例》第十二条　，依照　《生猪屠宰管理条例》第二十五条第二项　　之规定，本机关责令你单位（☑立即／□于　／　年　/月　/　日之前）按下列要求改正违法行为：

　　如实记录屠宰生猪来源情况。

　　（以下空白）

　　（逾期不改正的，本机关将依照《生猪屠宰管理条例》第二十五条之规定依法处理。）

甲县畜牧兽医局

2017 年 8 月 1 日

案件处理意见书

案由	涉嫌未如实记录其屠宰的生猪来源案					
当事人	个人	姓名	/			
		性别	/	年龄	/	电话	/
		住址	/			
	单位	名称	丁生猪屠宰场	法定代表人（负责人）	陈某	
		地址	甲县乙街道丙号	电话	××××××××××	
案件调查经过	2017年8月1日，本机关执法人员王某、赵某根据群众举报在对丁生猪屠宰场进行监督检查时发现，丁生猪屠宰场法定代表人陈某提供的《入场生猪来源登记表》中，未记录2017年8月1日屠宰加工的2头种猪来源。经本机关代表人同意依法进行立案调查，执法人员制作了《现场检查笔录》，询问了丁生猪屠宰场法定代表人陈某，以及质检员张某。查明陈某为丁生猪屠宰场法定代表人，2017年8月1日由法定代表人陈某从乡下王某村收购2头种猪，并授意张某在种猪入场时没有如实进行相关登记工作。					
所附证据材料	1.《现场检查笔录》，证明现场检查情况及违法情况，与证据2、3、5、7相互印证。 2. 丁生猪屠宰场法定代表人《陈某询问笔录》，证明丁生猪屠宰场未如实记录屠宰的生猪来源的违法事实；与证据1、3、5、7相互印证。 3. 丁生猪屠宰场质检员张某《询问笔录》，证明丁生猪屠宰场未如实记录其屠宰的生猪来源的违法事实；与证据1、2、5、7相互印证。 4. 法定代表人陈某身份证复印件，证明身份信息。 5.《入场生猪来源登记表》复印件，证明丁生猪屠宰场未如实记录屠宰生猪来源的事实；与证据1、2、3、7、8相互印证。 6.《畜禽屠宰许可证》复印件，证明丁生猪屠宰场的屠宰资质及代表人情况。 7.《企业法人营业执照》复印件，证明该场的性质为企业法人性质和违法主体适格性，证明陈某为法定代表人。 8. 现场照片2张，与证据1、2、3、5相互印证。					

（续）

调查结论及处理意见	调查结论： 1.《现场检查笔录》，证明现场检查情况及违法情况。 2. 丁生猪屠宰场法定代表人陈某《询问笔录》，证明丁生猪屠宰场未如实记录屠宰的生猪来源的违法事实。 3. 丁生猪屠宰场质检员张某《询问笔录》，证明丁生猪屠宰场未如实记录其屠宰的生猪来源的违法事实。 4. 法定代表人陈某身份证复印件，证明身份信息。 5.《入场生猪来源登记表》复印件，证明丁生猪屠宰场未如实记录屠宰生猪来源的事实。 6.《生猪定点屠宰证》复印件，证明丁生猪屠宰场的屠宰资质及代表人情况。 7.《企业法人营业执照》复印件，证明该场的性质为企业法人性质和违法主体适格性，证明陈某为法定代表人。 8. 现场照片2张，证明两头生猪为种猪。 　　处理意见：丁生猪屠宰场未如实记录屠宰的生猪来源的行为，事实清楚，证据确凿。其行为违反了《生猪屠宰管理条例》第十二条"生猪定点屠宰厂（场）应当如实记录其屠宰的生猪来源和生猪产品流向。生猪来源和生猪产品流向记录保存期限不得少于2年"的规定。依照《生猪屠宰管理条例》第二十五条第二项"生猪定点屠宰厂（场）有下列情形之一的，由畜牧兽医行政主管部门责令限期改正，处2万元以上5万元以下的罚款；逾期不改正的，责令停业整顿，对其主要负责人处5000元以上1万元以下的罚款：（二）未如实记录其屠宰的生猪来源和生猪产品流向的"，同时参照《甲省生猪屠宰管理条例自由裁量指导标准》的规定，本机关责令当事人立即改正违法行为，并建议作出如下处罚决定：罚款30 000.00元。 　　　　　　　　　　　　执法人员签名：王某　赵某 　　　　　　　　　　　　　　　　　2017年8月2日
执法机构意见	同意办案人员处理意见。 　　　　　　　　　　　　　　　　签名：吴某 　　　　　　　　　　　　　　　　2017年8月2日
法制机构意见	同意办案人员处理意见。 　　　　　　　　　　　　　　　　签名：郑某 　　　　　　　　　　　　　　　　2017年8月2日
执法机关意见	经执法机关负责人集体讨论，同意办案人员处理意见。 　　　　　　　　　　　　　　　　签名：江某 　　　　　　　　　　　　　　　　2017年8月2日

重大案件集体讨论记录

案由：涉嫌未如实记录屠宰的生猪来源
当事人：丁生猪屠宰场
时间：2017 年 8 月 2 日 14 时 15 分至 14 时 45 分
地点：甲县畜牧兽医局
主持人：江某（局长）
记录人：李某（执法科科长）
出席人员：钱某（副局长）、张某（副局长）、刘某（副局长）、案件承办人王某（列席）

江某（局长）：今天我们依据《中华人民共和国行政处罚法》之规定，就丁生猪屠宰场涉嫌未如实记录其屠宰的生猪来源案进行重大案件集体讨论，下面由办案人王某介绍简要案情和调查取证过程。

王某：2017 年 8 月 1 日，本机关执法人员王某、赵某接到举报后对丁生猪屠宰场进行监督检查时发现，丁生猪屠宰场法定代表人陈某提供的《入场生猪来源登记表》中，未如实记录 2017 年 8 月 1 日屠宰生猪数量。本机关于当日下达了《责令改正通知书》，并经本机关负责人同意依法进行立案调查，执法人员制作了《现场检查笔录》，询问了丁生猪屠宰场代表人陈某、质检员张某。查明陈某为丁生猪屠宰场法定代表人，陈某收购 2 头种猪，并授意张某未在 2017 年 8 月 1 日《入场生猪来源登记表》中记录相关信息。丁生猪屠宰场未如实记录其屠宰的生猪来源的行为，事实清楚，证据确凿。其行为涉嫌违反了《生猪屠宰管理条例》第十二条"生猪定点屠宰厂（场）应当如实记录其屠宰的生猪来源和生猪产品流向。生猪来源和生猪产品流向记录保存期限不得少于 2 年"的规定。依照《生猪屠宰管理条例》第二十五条第二项"生猪定点屠宰厂（场）有下列情形之一的，由畜牧兽医行政主管部门责令限期改正，处 2 万元以上 5 万元以下的罚款；逾期不改正的，责令停业整顿，对其主要负责人处 5 000 元以上 1 万元以下的罚款：（二）未如实记录其屠宰的生猪来源和生猪产品流向的"之规定。同时参照《甲省生猪屠宰管理条例自由裁量指导标准》的规定，建议下达《行政处罚事先告知书》拟作出如下处罚决定：罚款 30 000.00 元。

张某（副局长）：该案调查取证过程符合《中华人民共和国行政处罚法》的规定，程序和违法主体认定准确，同意办案人员的处罚建议。

钱某（副局长）：该案件证据链条完整，事实清楚，应用法条准确，同意办案人员意见。

刘某（副局长）：同意执法人员意见。

案件处理讨论决定：经讨论，丁生猪屠宰场涉嫌未如实记录其屠宰的生猪来源一案，事实清楚，证据确凿，程序合法，主体明确，可以下达《行政处罚事先告知书》。

出席人员签字：江某　张某　钱某　刘某

甲县畜牧兽医局
行政处罚事先告知书

甲畜牧（屠宰）告〔2017〕　5　号

丁生猪屠宰场　　　　　　　：

　　经调查，你单位未如实记录屠宰的生猪来源一案，事实清楚，证据确凿，有现场检查笔录、调查笔录、照片等为证。

　　你单位违反了《生猪屠宰管理条例》第十二条"生猪定点屠宰厂（场）应当如实记录其屠宰的生猪来源和生猪产品流向。生猪来源和生猪产品流向记录保存期限不得少于 2 年"的规定。依据《生猪屠宰管理条例》第二十五条第二项"生猪定点屠宰厂（场）有下列情形之一的，由畜牧兽医行政主管部门责令限期改正，处 2 万元以上 5 万元以下的罚款；逾期不改正的，责令停业整顿，对其主要负责人处 5 000 元以上 1 万元以下的罚款：（二）未如实记录其屠宰的生猪来源和生猪产品流向的"，同时参照《甲省生猪屠宰管理条例自由裁量指导标准》的规定，本机关拟作出如下处罚决定：

　　罚款人民币叁万元（30 000.00 元）。

　　根据《中华人民共和国行政处罚法》第三十一条、三十二条之规定，你单位可在收到本告知书之日起 3 日内向本机关进行陈述申辩、申请听证，逾期不陈述申辩、申请听证的，视为你单位放弃上述权利。

甲县畜牧兽医局
2017 年 08 月 02 日

执法机关地址：　甲县×路×号

联系人：　张某　　　　　电话：　××××××××××

陈述申辩笔录

当事人：<u>丁生猪屠宰场</u>

身份证明：<u>××××××××××××××××××</u>

陈述申辩时间：<u>2017 年 8 月 2 日 15 时 10 分至 15 时 35 分</u>

陈述申辩地点：<u>甲县畜牧兽医局</u>

执法人员：<u>王某</u>　　　　执法证件号：<u>××××××</u>

　　　　　<u>张某</u>　　　　　　　　　　<u>××××××</u>

记录人：<u>张某</u>

陈述申辩内容：

　　关于我场对入场屠宰生猪未如实登记来源情况，我没有什么异议。我单位以前都按规定进行了入场登记记录，感觉罚的太多了，所以请求对我单位予以减轻处罚。

　　（以下空白）

陈述申辩人：陈某

执法人员：王某　赵某

行政处罚决定审批表

案由			未如实记录屠宰的生猪来源			
当事人	个人	姓名		/		
		性别	/	年龄	/	电话 /
		住址	/			
	单位	名称	丁生猪屠宰场	法定代表人（负责人）		陈某
		地址	甲县乙街道丙号	电话		×××××××××××
陈述申辩或听证情况		当事人丁生猪屠宰场收到《行政处罚事先告知书》〔甲畜牧（屠宰）告〔2017〕5号〕后，立即进行了陈述申辩。具体内容如下：关于我场对入场屠宰生猪未如实来源情况，我没有什么异议。我单位以前都按规定进行了入场登记记录，感觉罚的太多了，所以请求对我单位予以减轻处罚。当时人3日内未提出申请听证。				
处理意见		经审查，当事人陈述申辩要求减轻处罚的内容，不符合《中华人民共和国行政处罚法》的有关规定，不予采纳。 　　建议维持《行政处罚事先告知书》〔甲畜牧（屠宰）告〔2017〕5号〕拟作出的处理处罚决定。 　　　　　　　　　　　　　　　执法人员签名：王某　赵某 　　　　　　　　　　　　　　　　　　　2017年8月11日				
执法机构意见		同意处理意见。 　　　　　　　　　　　　　　　　　　签名：吴某 　　　　　　　　　　　　　　　　　　2017年8月11日				
法制机构意见		同意处理意见。 　　　　　　　　　　　　　　　　　　签名：郑某 　　　　　　　　　　　　　　　　　　2017年8月11日				
执法机关意见		同意处理意见。 　　　　　　　　　　　　　　　　　　签名：江某 　　　　　　　　　　　　　　　　　　2017年8月11日				

送达回证

案　　由	涉嫌未如实记录其屠宰的生猪来源案				
受送达人	丁生猪屠宰场				
送达单位	甲县畜牧兽医局				
送达文书及文号	送达地点	送达人	送达方式	收到日期	收件人签名
甲县畜牧兽医局责令改正通知书	甲县乙街道丙号丁生猪屠宰场	王某赵某	直接送达	2017 年8 月 1 日	陈某
/	/	/	/	/	/
备注					

送达回证

案　　由	涉嫌未如实记录其屠宰的生猪来源案				
受送达人	丁生猪屠宰场				
送达单位	甲县畜牧兽医局				
送达文书及文号	送达地点	送达人	送达方式	收到日期	收件人签名
《甲县畜牧兽医局行政处罚事先告知书》〔甲畜牧（屠宰）告〔2017〕5 号〕	甲县乙街道丙号丁生猪屠宰场	王某赵某	直接送达	2017 年8 月 2 日	陈某
/	/	/	/	/	/
备注					

送达回证

案　　由	未如实记录其屠宰的生猪来源案				
受送达人	丁生猪屠宰场				
送达单位	甲县畜牧兽医局				
送达文书及文号	送达地点	送达人	送达方式	收到日期	收件人签名
《甲县畜牧兽医局行政处罚决定书》〔甲畜牧（屠宰）罚〔2017〕5号〕	甲县乙街道丙号丁生猪屠宰场	王某赵某	直接送达	2017年8月15日	陈某
/	/	/	/	/	/
备注					

罚没收据存根清单

（××银行现金存款凭证）

行政处罚结案报告

案　　由	未如实记录其屠宰的生猪来源案		
当事人	丁生猪屠宰场		
立案时间	2017 年 8 月 1 日	处罚决定送达时间	2017 年 8 月 15 日

处罚决定：

　　罚款 30 000.00 元。

执行情况：

　　当事人于 2017 年 8 月 15 日执行完毕，拟结案。

执法人员签名：王某　赵某

2017 年 8 月 16 日

执法 机构 意见	同意结案。 <div align="right">签名：吴某 2017 年 8 月 16 日</div>
执法 机关 意见	同意结案。 <div align="right">签名：江某 2017 年 8 月 16 日</div>

备 考 表

本案卷包括使用的执法文书、收集的证据及罚款收据存根，共计 34 页。

立卷人：高某

2017 年 8 月 16 日

本案卷执法文书及相关证据归档完整，符合要求。

审查人：江某

2017 年 8 月 16 日

第六章
未建立或者实施肉品品质
检验制度案

案　情　概　述

　　2017 年 5 月 8 日，甲县畜牧局对甲县甲生猪定点屠宰场开展了监督检查，执法人员要查看企业各项制度时，当事人提供不出企业肉品品质检验制度，执法人员经领导批准后依法立案调查。经查，甲县甲生猪定点屠宰场自 2017 年 3 月 20 日建厂以来一直未建立肉品品质检验制度，违反了《生猪屠宰管理条例》第十三条第一款之规定。依照《生猪屠宰管理条例》第二十五条第三款之规定，参照《甲省生猪屠宰管理条例》行政处罚裁量标准，2017 年 5 月 10 日，甲县畜牧局向当事人送达了《行政处罚事先告知书》〔甲牧（屠宰）告〔2017〕6 号〕，责令当事人立即改正违法行为，并作出罚款 30 000 元的处罚决定，当事人当场放弃了陈述申辩，3 日内未提出听证申请。2017 年 5 月 17 日，甲县畜牧局向当事人送达了《行政处罚决定书》〔甲牧（屠宰）罚〔2017〕6 号〕。2017 年 5 月 19 日，当事人将 30 000 元罚款交至甲县××银行××支行，至此甲县甲生猪定点屠宰场未建立肉品品质检验制度一案结案。

甲县畜牧局

生猪屠宰行政执法案卷

甲县甲生猪定点屠宰场未建立肉品品质检验制度案

自 2017 年 5 月 8 日至 2017 年 5 月 25 日	保管期限	长期
本卷共 1 件 31 页	归档号	甲牧（屠宰）罚〔2017〕6 号

全宗号	目录号	案卷号
	2017	06 号

卷 内 目 录

序号	题 名	文书编号	文书日期	卷内页码	备注
1	甲县畜牧局行政处罚决定书	甲牧（屠宰）罚〔2017〕6号	2017年5月17日	1～2	
2	行政处罚立案审批表	甲牧（屠宰）立〔2017〕6号	2017年5月8日	3	
3	证据材料登记表		2017年5月8日	4	
4	证据材料登记表		2017年5月8日	5	
5	证据材料登记表		2017年5月8日	6	
6	现场检查（勘验）笔录		2017年5月8日	7	
7	询问笔录		2017年5月8日	8～10	
8	询问笔录		2017年5月8日	11～13	
9	证据材料登记表		2017年5月8日	14	
10	证据材料登记表		2017年5月8日	15	
11	证据材料登记表		2017年5月8日	16	
12	证据材料登记表		2017年5月8日	17	
13	甲县畜牧局责令改正通知书		2017年5月8日	18	

（续）

序号	题　名	文书编号	文书日期	卷内页码	备注
14	案件处理意见书		2017 年 5 月 9 日	19～20	
15	重大案件集体讨论记录		2017 年 5 月 9 日	21～22	
16	甲县畜牧局行政处罚事先告知书	甲牧（屠宰）告〔2017〕6 号	2017 年 5 月 10 日	23	
17	陈述申辩笔录		2017 年 5 月 10 日	24	
18	行政处罚决定审批表		2017 年 5 月 17 日	25	
19	送达回证		2017 年 5 月 8 日	26	
20	送达回证		2017 年 5 月 10 日	27	
21	送达回证		2017 年 5 月 17 日	28	
22	罚没收据存根清单		2017 年 5 月 19 日	29	
23	行政处罚结案报告		2017 年 5 月 22 日	30	
24	备考表		2017 年 5 月 25 日	31	

甲县畜牧局
行政处罚决定书

甲牧（屠宰）罚〔2017〕 6 号

当事人：甲县甲生猪定点屠宰场
法定代表人：王某
地址：甲县乙区丙街丁号

当事人未建立肉品品质检验制度一案，经本机关依法调查，现查明：

2017年5月8日，甲县畜牧局对甲县甲生猪定点屠宰场开展了监督检查，执法人员吕某和赵某要查看企业各项制度时，当事人提供不出肉品品质检验制度。经查，当事人自2017年3月20日建厂以来一直未建立肉品品质检验制度，以上违法事实主要证据如下：

1. 2017年5月8日对企业的现场勘验笔录1份，对法定代表人王某的询问笔录1份，对肉品品质检验员韩某的询问笔录1份，证明了当事人未建立肉品品质检验制度的事实。

2. 当事人提供的生猪定点屠宰资格证复印件、工商营业执照复印件，证明了本案的违法主体。

本机关认为：

当事人未建立肉品品质检验制度的行为，违反了《生猪屠宰管理条例》第十三条第一款："生猪定点屠宰厂（场）应当建立严格的肉品品质检验管理制度"之规定，2017年5月10日，本机关向当事人送达了《行政处罚事先告知书》〔甲牧（屠宰）告〔2017〕6号〕，当事人当场放弃了陈述申辩，同时在3日内未提出听证申请。

依照《生猪屠宰管理条例》第二十五条第三款："生猪定点屠宰厂（场）有下列情形之一的，由畜牧兽医行政主管部门责令限期改正，处2万元以上5万元以下的罚款；逾期不改正的，责令停业整顿，对其主要负责人处5000元以上1万元以下的罚款：（三）未建立或者实施肉品品质检验制度的"之规定，参照《甲省生猪屠宰管理条例》行政处罚裁量标准，本机关责令当事人立即改正，并做出如下处罚决定：

罚款人民币叁万元（30 000元）。

当事人必须在收到本处罚决定书之日起 15 日内持本决定书到甲县农业银行××支行缴纳罚（没）款。逾期不按规定缴纳罚款的，每日按罚款数额的 3％加处罚款，加处罚款的数额不超出罚款的数额。

　　当事人对本处罚决定不服的，可以在收到本处罚决定书之日起 60 日内向甲县人民政府或甲市畜牧局申请行政复议；或者六个月内向甲县人民法院提起行政诉讼。行政复议和行政诉讼期间，本处罚决定不停止执行。

　　当事人逾期不申请行政复议或提起行政诉讼，也不履行本行政处罚决定的，本机关将依法申请人民法院强制执行。

甲县畜牧局（印章）

2017 年 5 月 17 日

行政处罚立案审批表

甲牧（屠宰）立〔2017〕6 号

案件来源	监督检查		受案时间	2017 年 5 月 8 日	
案　由	涉嫌未建立肉品品质检验制度案				
当事人	个人	姓名	/	电话	/
		性别	/　年龄　/　身份证号		/
		住址	/		
	单位	名称	甲县甲生猪定点屠宰场	法定代表人（负责人）	王某
		地址	甲县乙区丙街丁号	电话	××××××××××
简要案情	2017 年 5 月 7 日，甲县畜牧局对甲县甲生猪定点屠宰场开展了监督检查，执法人员要查看企业各项制度时，当事人提供不出肉品品质检验制度，当事人的行为涉嫌违反了《生猪屠宰管理条例》第十三条第一款"生猪定点屠宰厂（场）应当建立严格的肉品品质检验管理制度"之规定，建议立案查处。 受案人签名：吕某　赵某 2017 年 5 月 8 日				
执法机构意见	同意立案，由吕某为案件主办人，赵某为案件协办人。 签名：张某 2017 年 5 月 8 日				
法制机构意见	同意立案查处。 签名：刘某 2017 年 5 月 8 日				
执法机关意见	同意立案查处，由吕某为案件主办人，赵某为案件协办人。 签名：方某 2017 年 5 月 8 日				
备　注					

证据材料登记表

此复印件与原件相符。

签名：王某

2017 年 5 月 8 日

证据制作说明：

1. 收 集 人：吕某、赵某。
2. 提 供 人：王某。
3. 收集时间：2017 年 5 月 8 日。
4. 收集地点：甲县甲生猪定点屠宰场。
5. 收集方式：复印。
6. 证据内容：甲县甲生猪定点屠宰场工商营业执照复印件。

证据材料登记表

此复印件与原件相符。

签名：王某

2017 年 5 月 8 日

证据制作说明：

1. 收 集 人：吕某、赵某。

2. 提 供 人：王某。

3. 收集时间：2017 年 5 月 8 日。

4. 收集地点：甲县甲生猪定点屠宰场。

5. 收集方式：复印。

6. 证据内容：甲县甲生猪定点屠宰场生猪定点屠宰证复印件。

证据材料登记表

此复印件与原件相符。

签名：王某

2017 年 5 月 8 日

证据制作说明：

1. 收 集 人：吕某、赵某。

2. 提 供 人：王某。

3. 收集时间：2017 年 5 月 8 日。

4. 收集地点：甲县甲生猪定点屠宰场。

5. 收集方式：复印。

6. 证据内容：法定代表人王某身份证复印件。

现场检查（勘验）笔录

时间：　2017　年　5　月　8　日　09　时　10　分至　09　时　50　分

检查（勘验）地点：　甲县甲生猪定点屠宰场

当事人：　甲县甲生猪定点屠宰场

检查（勘验）机关：　甲县畜牧局

检查（勘验）人员：　吕某　　　执法证件号：　××××××

　　　　　　　　　　赵某　　　　　　　　　　××××××

记录人：　赵某

现场检查（勘验）情况：2017 年 5 月 8 日，甲县畜牧局吕某、赵某两名执法人员佩戴执法标识，经出示执法证件后进入甲县甲生猪定点屠宰场进行检查，现场情况如下：该屠宰场位于甲县乙区丙街丁号路西，有两个大门，南北各有一个门，北门是生猪进场门，南门是产品和人员进出门，北门入口有一消毒池，进入北门左侧有两间房，左边一间是场方人员查验室，右边一间是官方兽医室，北门右侧是车辆清洗消毒池，正对北门前方 80 米是生猪待宰圈，待宰圈向北连着生产车间，屠宰间墙上张贴着各项规章制度，未见到肉品品质检验制度。从屠宰场南门进去向左是 2 层楼的办公区和生活区，生活区与生产区之间有一个大铁门隔开。执法人员对屠宰场整个场景、布局、生产区、生活区及屠宰间的各项规章制度进行了拍照取证。

当事人签名或盖章：王某　　　　　　　　（见证人签名或盖章：韩某）

执法人员签名或盖章：吕某　赵某

（第 1 页　共 1 页）

询问笔录

询问时间：　2017　年　5　月　8　日　14　时　45　分至　15　时　32　分
询问地点：　甲县甲生猪定点屠宰场办公室
询问机关：　甲县畜牧局
询问人：　吕某　　　　执法证件号：　××××××
　　　　　赵某　　　　　　　　　　　××××××
记录人：　赵某
被询问人：姓名　王某　　　性别　男　　年龄　45
　　　　　身份证号　××××××××××××××××××
　　　　　联系电话　×××××××××××
　　　　　工作单位　甲县甲生猪定点屠宰场　职务　法定代表人
　　　　　住址　甲县乙街丙区丁号
问：我们是甲县畜牧局　执法人员（出示执法证件），现依法向你询问调查。你应当如实回答我们的询问并协助调查，作伪证要承担法律责任，你听清楚了吗？
答：我听清楚了。
问：你申请执法人员回避吗？
答：不申请。

被询问人签名：王某（指印）
执法人员签名：吕某　赵某

（第 1 页　共 3 页）

笔 录 纸

问：请你介绍一下自己的情况？

答：我叫王某，男，45 岁，家住甲县乙街丙区丁号，身份证号是×××××××××××××××××××，手机号是××××××××××××，我是甲县甲生猪定点屠宰场的法定代表人。

问：请提供你的身份证。

答：好的，这是我的身份证。

问：请提供下甲县甲生猪定点屠宰场的生猪定点屠宰资格证和营业执照。

答：好的，马上拿过来。

问：你提供的生猪定点屠宰资格证、工商营业执照和身份证我们需要复印一份，并需要你签字确认。

答：可以。

问：这个场哪一年投产的？

答：2017 年 3 月 20 日正式投产运行，主要销售冷鲜肉、冷冻肉。

问：你厂里有几个肉品品质检验人员？

答：有 4 个，他们分别叫韩某、王某、李某和方某。

问：请提供下他们的肉品品质检验员证。

答：好的。

被询问人签名：王某（指印）

执法人员签名：吕某　赵某

(第 2 页　共 3 页)

笔 录 纸

问：你们对生猪是否开展了肉品品质检验？

答：是的。

问：请提供下你们厂里最近半年的肉品品质检验记录，我们需要复印。

答：好的，马上去拿。

问：请提供下企业的肉品品质检验制度。

答：这个没有。

问：企业需要建立肉品品质检验制度，这个你知道吗？

答：现在知道了，之前没重视这个问题。

问：企业未建立肉品品质检验制度，已经构成违法了。

答：现在明白了，我们抓紧去建立肉品品质检验制度。

问：请问你对以上情况有什么要补充的吗，没有的话请签字。

答：没有什么要补充的，以上我看过了，和我说的一样。

（以下空白）

_____

_____

_____

_____

_____

被询问人签名：王某（指印）

执法人员签名：吕某　赵某

（第 3 页　共 3 页）

询问笔录

询问时间：__2017__ 年 __5__ 月 __8__ 日 __15__ 时 __50__ 分至 __16__ 时 __22__ 分

询问地点：__甲县甲生猪定点屠宰场办公室__

询问机关：__甲县畜牧局__

询问人：__吕某__ 执法证件号：__××××××__

　　　　__赵某__ 　　　　　　　　__××××××__

记录人：__赵某__

被询问人：姓名 __韩某__ 性别 __男__ 年龄 __39 岁__

　　　　身份证号 __××××××××××××××××××__

　　　　联系电话 __×××××××××××__

　　　　工作单位 __甲县甲生猪定点屠宰场__ 职务 __肉品品质检验员__

　　　　住址 __甲县乙街丙区丁号__

问：我们是__甲县畜牧局__执法人员（出示执法证件），现依法向你询问调查。你应当如实回答我们的询问并协助调查，作伪证要承担法律责任，你听清楚了吗？

答：我听清楚了。

问：你申请执法人员回避吗？

答：不申请。

被询问人签名：韩某（指印）

执法人员签名：吕某　赵某

（第 1 页　共 3 页）

笔 录 纸

问：请你介绍一下自己的情况？

答：我叫韩某，男，39 岁，家住甲县乙街丙区丁号，身份证号是×××××
××××××××××××××，手机号是×××××××××××，我是甲县
甲生猪定点屠宰场的肉品品质检验员。

问：请提供你的身份证。

答：好的，这是我的身份证。

问：你从哪一年来这个场上班的？

答：2017 年 3 月份企业开始生产时来的。

问：你具体负责什么工作？

答：我是厂里的肉品品质检验员，主要负责内脏检疫。

问：厂里共有几个肉品品质检验员？

答：共有 4 个，除了我，其余 3 人分别叫王某、李某、方某。

问：你们屠宰的生猪是否都进行肉品品质检验了？

答：是的，我们都严格按照《生猪屠宰产品品质检验规程》对生猪进行检验。

问：请提供下你们最近半年的肉品品质检验记录，并将你负责的内脏检验记录
给我们看下。

答：好。

被询问人签名：韩某（指印）
执法人员签名：吕某　赵某

笔 录 纸

问：请提供下你们的肉品品质检验制度。

答：这个我们没有。

问：企业需要建立肉品品质检验制度，这个你知道吗？

答：现在知道了。

问：请问你对以上情况有什么要补充的吗？没有的话请签字。

答：没有什么要补充的，以上我看过了，和我说的一样。

（以下空白）

被询问人签名：韩某（指印）
执法人员签名：吕某　赵某

（第3页　共3页）

证据材料登记表

此复印件与原件相符。

签字：韩某

2017 年 5 月 8 日

证据制作说明：

1. 收 集 人：吕某、赵某。
2. 提 供 人：韩某。
3. 收集时间：2017 年 5 月 8 日。
4. 收集地点：甲县甲生猪定点屠宰场。
5. 收集方式：复印。
6. 证据内容：韩某身份证复印件。

证据材料登记表

　

　

此复印件与原件相符。

签字：韩某

2017 年 5 月 8 日

证据制作说明：

1. 收 集 人：吕某、赵某。

2. 提 供 人：韩某。

3. 收集时间：2017 年 5 月 8 日。

4. 收集地点：甲县甲生猪定点屠宰场。

5. 收集方式：复印。

6. 证据内容：韩某肉品品质检验员证复印件。

证据材料登记表

此复印件与原件相符。

签字：韩某

2017 年 5 月 8 日

证据制作说明：

1. 收 集 人：吕某、赵某。
2. 提 供 人：韩某。
3. 收集时间：2017 年 5 月 8 日。
4. 收集地点：甲县甲生猪定点屠宰场。
5. 收集方式：复印。
6. 证据内容：韩某肉品品质检验记录复印件。

证据材料登记表

证据制作说明：

1. 收　集　人：吕某、赵某。

2. 收集时间：2017 年 5 月 8 日。

3. 收集地点：甲县甲生猪定点屠宰场屠宰车间。

4. 收集方式：数码相机拍照。

5. 证据内容：现场情况（屠宰间各项规章制度）。

甲县畜牧局
责令改正通知书

甲县甲生猪定点屠宰场：

　　你单位_____未建立肉品品质检验制度_____的行为，违反了《生猪屠宰管理条例》第十三条第一款："生猪定点屠宰厂（场）应当建立严格的肉品品质检验管理制度"之规定_____，依照_____《生猪屠宰管理条例》第二十五条第三款："生猪定点屠宰厂（场）有下列情形之一的，由畜牧兽医行政主管部门责令限期改正，处2万元以上5万元以下的罚款；逾期不改正的，责令停业整顿，对其主要负责人处5 000元以上1万元以下的罚款：（三）未建立或者实施肉品品质检验制度的"_____之规定，本机关责令你单位（☐立即/☑于　2017　年　5　月　12　日之前）按下列要求改正违法行为：

　　建立肉品品质检验制度。

　　（以下空白）

甲县畜牧局（印章）

2017 年 5 月 8 日

案件处理意见书

案由	涉嫌未建立肉品品质检验制度案						
当事人	个人	姓名	/				
		性别	/	年龄	/	电话	/
		住址	/				
	单位	名称	甲县甲生猪定点屠宰场		法定代表人（负责人）		王某
		地址	甲县乙区丙街丁号		电话		××××××××××
案件调查经过	2017年5月8日，甲县畜牧局对甲县甲生猪定点屠宰场开展了监督检查，执法人员要查看企业各项制度时，当事人提供不出肉品品质检验制度，涉嫌未建立肉品品质检验制度，经领导批准后立案调查，执法人员依法调查取证，于2017年5月8日对企业制作了现场勘验笔录，对王某和韩某制作了询问笔录，对相关证据材料进行了复制，对屠宰场布局、生产区、生活区、生产车间、各项规章制度进行了拍照取证，至此，本案调查终结。						
所附证据材料	1. 现场检查笔录　　　　　　　　　　　　　　　　　　1份 2. 王某询问笔录　　　　　　　　　　　　　　　　　　1份 3. 韩某询问笔录　　　　　　　　　　　　　　　　　　1份 4. 现场照片　　　　　　　　　　　　　　　　　　　　8张 5. 甲县甲生猪定点屠宰场工商营业执照复印件　　　　　1份 6. 甲县甲生猪定点屠宰场生猪定点屠宰资格证　　　　　1份 7. 企业法定代表人王某的身份证复印件　　　　　　　　1份 8. 肉品品质检验员韩某身份证复印件　　　　　　　　　1份 9. 肉品品质检验员韩某肉品品质检验员证复印件　　　　1份 10. 肉品品质检验员韩某的肉品品质检验记录复印件　　1份						

（续）

调查结论及处理意见	调查结论：当事人自 2017 年 3 月 20 日建厂以来，虽然开展了肉品品质检验工作，但一直未建立肉品品质检验制度。主要证据如下：（1）2017 年 5 月 7 日对企业的现场勘验笔录 1 份，对王某的询问笔录 1 份，对韩某的询问笔录 1 份，证明了当事人未建立肉品品质检验制度的事实。（2）当事人提供的生猪定点屠宰证复印件、工商营业执照复印件，证明了本案的违法主体。（3）肉品品质检验员韩某的肉品品质检验员证、肉品品质检验记录复印件，证明了当事人开展肉品品质检验工作的事实。 　　当事人行为违反了《生猪屠宰管理条例》第十三条第一款："生猪定点屠宰厂（场）应当建立严格的肉品品质检验管理制度"之规定。 　　处理意见：依照《生猪屠宰管理条例》第二十五条第三款："生猪定点屠宰厂（场）有下列情形之一的，由畜牧兽医行政主管部门责令限期改正，处 2 万元以上 5 万元以下的罚款；逾期不改正的，责令停业整顿，对其主要负责人处 5 000 元以上 1 万元以下的罚款：（三）未建立或者实施肉品品质检验制度的。"之规定，参照《甲省生猪屠宰管理条例》行政处罚裁量标准，本机关责令当事人立即改正，并作出如下处罚决定： 　　罚款 30 000 元。 　　　　　　　　　　　　　　　　执法人员签名：吕某　赵某 　　　　　　　　　　　　　　　　　　　　　　2017 年 5 月 9 日
执法机构意见	同意执法人员意见。 　　　　　　　　　　　　　　　　　　　　　签名：张某 　　　　　　　　　　　　　　　　　　　　　2017 年 5 月 9 日
法制机构意见	同意执法人员意见。 　　　　　　　　　　　　　　　　　　　　　签名：刘某 　　　　　　　　　　　　　　　　　　　　　2017 年 5 月 9 日
执法机关意见	同意执法人员意见。 　　　　　　　　　　　　　　　　　　　　　签名：方某 　　　　　　　　　　　　　　　　　　　　　2017 年 5 月 9 日

重大案件集体讨论记录

案由：涉嫌未建立肉品品质检验制度

当事人：甲县甲生猪定点屠宰场

时间：2017年5月9日16时10分至16时40分

地点：甲县畜牧局会议室

主持人：宋某（局长）

记录人：王某（法制科科长）

出席人员姓名及职务：宋某（局长）、方某（副局长）、李某（副局长）、案件承办人吕某（列席）。

　　宋某：今天就当事人甲县甲生猪定点屠宰场涉嫌未建立肉品品质检验制度案进行集体讨论，下面由办案人吕某介绍简要案情和调查取证经过。

　　吕某：2017年5月8日，甲县畜牧局对甲县甲生猪定点屠宰场开展了监督检查，执法人员吕某和赵某要查看企业各项制度时，当事人提供不出肉品品质检验制度。经查，当事人自2017年3月20日建厂以来一直未建立肉品品质检验制度，执法人员依法调查取证，对企业制作了现场勘验笔录，对企业法定代表人王某和肉品品质检验员韩某制作了询问笔录，对屠宰场布局、生产区、生活区、生产车间、各项规章制度进行了拍照取。甲县甲生猪定点屠宰场未建立肉品品质检验制度一案，事实清楚，证据确凿。其行为违反了《生猪屠宰管理条例》第十三条第一款："生猪定点屠宰厂（场）应当建立严格的肉品品质检验管理制度"之规定，依照《生猪屠宰管理条例》第二十五条第三款："生猪定点屠宰厂（场）有下列情形之一的，由畜牧兽医行政主管部门责令限期改正，处2万元以上5万元以下的罚款；逾期不改正的，责令停业整顿，对其主要负责人处5 000元以上1万元以下的罚款：（三）未建立或者实施肉品品质检验制度的"之规定，参照《甲省生猪屠宰管理条例》行政处罚裁量标准，建议责令当事人立即改正违法行为，罚款30 000.00元。

讨论记录：

　　方某：该案调查取证过程符合《中华人民共和国行政处罚法》的规定，程序合法，且证据链完整，能够证实当事人的违法事实。

　　李某：我认为该案适用法律条款准确。

　　宋某：我同意以上两位同志及办案人员的意见，我认为本案事实清楚、证据确凿、程序合法、定性准确和适用法律条款正确，对当事人罚款 30 000.00 元，请大家举手表决。（举手表决，一致通过）

讨论决定：

经讨论，甲县甲生猪定点屠宰场未建立肉品品质检验制度一案事实清楚，证据确凿，其行为违反了《生猪屠宰管理条例》第十三条第一款之规定，依照《生猪屠宰管理条例》第二十五条第三款之规定，责令当事人立即改正违法行为，罚款 30 000.00 元。全体表决通过。

（以下空白）

出席人员签字：宋某　方某　李某

甲县畜牧局
行政处罚事先告知书

甲农（屠宰）告〔2017〕　6　号

甲县甲生猪定点屠宰场　　　　　　：

　　经调查，你单位　自 2017 年 3 月 20 日建厂以来，虽然开展了肉品品质检验工作，但一直未建立肉品品质检验制度。

你单位违反了　《生猪屠宰管理条例》第十三条第一款："生猪定点屠宰厂（场）应当建立严格的肉品品质检验管理制度"之规定。依据　《生猪屠宰管理条例》第二十五条第三款："生猪定点屠宰厂（场）有下列情形之一的，由畜牧兽医行政主管部门责令限期改正，处 2 万元以上 5 万元以下的罚款；逾期不改正的，责令停业整顿，对其主要负责人处 5 000 元以上 1 万元以下的罚款：（三）未建立或者实施肉品品质检验制度的"之规定，参照《甲省生猪屠宰管理条例》行政处罚裁量标准，本机关责令当事人立即改正，并作出如下处罚决定：

　　罚款人民币叁万元（30 000 元）。

　　根据《中华人民共和国行政处罚法》第三十一条、三十二条和第四十二条之规定，你单位可在收到本告知书之日起三日内向本机关进行陈述申辩、申请听证，逾期不陈述申辩、申请听证的，视为你单位放弃上述权利。

甲县畜牧局　印章
2017 年 5 月 10 日

执法机关地址：　甲县××路××号

联系人：　赵某　　　　　　　　　电话：　××××××××××

陈述申辩笔录

当事人：　　　　甲县甲生猪定点屠宰场

陈述申辩人：　王某

陈述申辩时间：　2017　年　5　月　10　日　15　时　13　分至　15　时　30　分

陈述申辩地点：　甲县畜牧局办公室

记录人：　赵某

执法人员：　　吕某　　　执法证件号：　××××××

　　　　　　　赵某　　　　　　　　　　××××××

陈述申辩内容：

　　经过你们的教育，我已经认识到自己的违法行为，以后坚决改正。我心甘情愿接受处罚，自愿放弃陈述申辩，我以后一定严格按照法律要求从事生猪屠宰活动。

　　（以下空白）

陈述申辩人签名：王某

执法人员签名：吕某　赵某

（第 1 页　共 1 页）

行政处罚决定审批表

案由			未建立肉品品质检验制度案				
当事人	个人	姓名	/				
		性别	/	年龄	/	电话	/
		住址	/				
	单位	名称	甲县甲生猪定点屠宰场	法定代表人（负责人）		王某	
		地址	甲县乙区丙街丁号	电话		××××××××××	
陈述申辩或听证情况			我局执法人员于 2017 年 5 月 10 日对当事人送达了《行政处罚事先告知书》，当事人当场放弃了陈述申辩，3 日内未提出听证申请。				
处理意见			维持行政处罚事先告知书〔甲农（屠宰）告〔2017〕6 号〕拟给予的处罚决定。 执法人员签名：吕某　赵某 2017 年 5 月 17 日				
执法机构意见			同意执法人员意见。 签名：张某 2017 年 5 月 17 日				
法制机构意见			同意执法人员意见。 签名：刘某 2017 年 5 月 17 日				
执法机关意见			同意执法人员意见。 签名：方某 2017 年 5 月 17 日				

送达回证

案　　由	涉嫌未建立肉品品质检验制度案				
受送达人	甲县甲生猪定点屠宰场				
送达单位	甲县畜牧局				
送达文书及文号	送达地点	送达人	送达方式	收到日期	收件人签名
甲县畜牧局责令改正通知书	甲县乙区丙街丁号	吕某赵某	直接送达	2017 年5 月 8 日	王某
备注					

送达回证

案　　由	涉嫌未建立肉品品质检验制度案				
受送达人	甲县甲生猪定点屠宰场				
送达单位	甲县畜牧局				
送达文书及文号	送达地点	送达人	送达方式	收到日期	收件人签名
《甲县畜牧局行政处罚事先告知书》〔甲牧（屠宰）告〔2017〕6号〕	甲县乙区丙街丁号	吕某赵某	直接送达	2017年5月10日	王某
备注					

送达回证

案　　由	未建立肉品品质检验制度案				
受送达人	甲县甲生猪定点屠宰场				
送达单位	甲县畜牧局				
送达文书及文号	送达地点	送达人	送达方式	收到日期	收件人签名
《甲县畜牧局行政处罚决定书》〔甲牧（屠宰）罚〔2017〕6号〕	甲县乙区丙街丁号	吕某赵某	直接送达	2017年5月17日	王某
备注					

罚没收据存根清单

银行现金缴款单

甲省政府非税收入票据

行政处罚结案报告

案　由	未建立肉品品质检验制度案		
当事人	甲县甲生猪定点屠宰场		
立案时间	2017 年 5 月 8 日	处罚决定送达时间	2017 年 5 月 17 日

<table>
<tr><td colspan="4">
处罚决定：罚款 30 000 元。
执行情况：当事人已将 30 000 元罚款交至甲县农业银行××支行，履行完毕，建议结案。

执法人员签名：吕某　赵某
2017 年 5 月 22 日
</td></tr>
<tr><td>执法
机构
意见</td><td colspan="3">
同意结案。

签名：张某
2017 年 5 月 22 日
</td></tr>
<tr><td>法制
机构
意见</td><td colspan="3">
同意结案。

签名：刘某
2017 年 5 月 22 日
</td></tr>
<tr><td>执法
机关
意见</td><td colspan="3">
同意结案。

签名：宋某
2017 年 5 月 22 日
</td></tr>
</table>

备 考 表

本案卷包括使用的文书，收集的证据及罚没收据清单，共 31 页。

立卷人：赵某

2017 年 5 月 25 日

本案卷执法文书及相关证据归档完整，符合要求。

审查人：赵某

2017 年 5 月 25 日

第七章
未按规定处理检验不合格的生猪
产品或者未如实记录处理情况案

案 情 概 述

2017 年 8 月 31 日，甲县畜牧兽医局执法人员在对甲县乙生猪定点屠宰场进行检查时，发现车间外墙堆放着废弃猪产品 50 千克，该猪产品为甲状腺、肾上腺、病变淋巴结和不可食用的肌肉组织。经请示机关负责人予以立案调查后，执法人员对该屠宰场负责人孙某进行了询问，制作了《询问笔录》，收集了相关证据，查明当事人甲县乙生猪定点屠宰场存在对经肉品品质检验不合格的生猪产品未按照国家有关规定处理并如实记录处理情况的违法事实。甲县畜牧兽医局执法人员于 8 月 31 日出具责令改正通知书，并监督当事人甲县乙生猪定点屠宰场依法对经肉品品质检验不合格的生猪产品在无害化处理车间进行了无害化处理。当事人的行为违反了《生猪屠宰管理条例》第十三条第二款："经肉品品质检验合格的生猪产品，生猪定点屠宰厂（场）应当加盖肉品品质检验合格验讫印章或者附具肉品品质检验合格标志。经肉品品质检验不合格的生猪产品，应当在肉品品质检验人员的监督下，按照国家有关规定处理，并如实记录处理情况；处理情况记录保存期限不得少于 2 年"之规定。依据《生猪屠宰管理条例》第二十五条第四项："生猪定点屠宰厂（场）有下列情形之一的，由畜牧兽医行政主管部门责令限期改正，处 2 万元以上 5 万元以下的罚款；逾期不改正的，责令停业整顿，对其主要负责人处 5 000 元以上 1 万元以下的罚款：（四）对经肉品品质检验不合格的生猪产品未按照国家有关规定处理并如实记录处理情况的"之规定，甲县畜牧兽医局于 2017 年 9 月 11 日作出罚款 20 000.00 元的处罚决定。9 月 11 日，当事人将罚款缴至××银行。至 9 月 12 日，本案结案。

甲县畜牧兽医局

生猪屠宰行政执法案卷

甲县乙生猪定点屠宰场对经肉品品质检验不合格的生猪产品未按照国家有关规定处理并如实记录处理情况案

自 2017 年 8 月 30 日至 2017 年 9 月 18 日	保管期限	长期
本卷共 1 件 33 页	归档号	甲畜牧（屠宰）罚〔2017〕7 号

全宗号	目录号	案卷号
	2017	07 号

卷 内 目 录

序号	题　名	文书编号	文书日期	卷内页码	备注
1	甲县畜牧兽医局行政处罚决定书	甲畜牧（屠宰）罚〔2017〕7号	2017年9月11日	1～2	
2	行政处罚立案审批表	甲畜牧（屠宰）立〔2017〕7号	2017年8月31日	3	
3	证据材料登记表		2017年8月31日	4	
4	证据材料登记表		2017年8月31日	5	
5	证据材料登记表		2017年8月31日	6	
6	现场检查（勘验）笔录		2017年8月31日	7	
7	询问笔录		2017年8月31日	8～10	
8	询问笔录		2017年8月31日	11～13	
9	证据材料登记表		2017年8月31日	14	
10	证据材料登记表		2017年8月31日	15	
11	证据材料登记表		2017年8月31日	16	
12	证据材料登记表		2017年8月31日	17	
13	证据材料登记表		2017年8月31日	18	

（续）

序号	题　名	文书编号	文书日期	卷内页码	备注
14	证据材料登记表		2017 年 8 月 31 日	19	
15	甲县畜牧兽医局责令改正通知书		2017 年 8 月 31 日	20	
16	案件处理意见书		2017 年 9 月 1 日	21～22	
17	重大案件集体讨论记录		2017 年 9 月 1 日	23～24	
18	甲县畜牧兽医局行政处罚事先告知书	甲畜牧（屠宰）告〔2017〕7 号	2017 年 9 月 1 日	25	
19	陈述申辩笔录		2017 年 9 月 2 日	26	
20	行政处罚决定审批表		2017 年 9 月 11 日	27	
21	送达回证		2017 年 8 月 31 日	28	
22	送达回证		2017 年 9 月 1 日	29	
23	送达回证		2017 年 9 月 11 日	30	
24	罚没收据存根清单		2017 年 9 月 1 日	31	
25	行政处罚结案报告		2017 年 9 月 12 日	32	
26	备考表		2017 年 9 月 20 日	33	

甲县畜牧兽医局
行政处罚决定书

甲畜牧（屠宰）罚〔2017〕 7 号

　　当事人：甲县乙生猪定点屠宰场　　　负责人：孙某

　　地址：甲县××路××号

　　当事人甲县乙生猪定点屠宰场对经肉品品质检验不合格的生猪产品未按照国家有关规定处理并如实记录处理情况一案，经本机关依法调查，现查明：

　　2017年8月31日，本机关执法人员在对甲县乙生猪定点屠宰场进行检查时，发现车间外墙堆放着废弃猪产品50千克，该猪产品为甲状腺、肾上腺、病变淋巴结和不可食用的肌肉组织。经请示机关负责人予以立案后，执法人员对该屠宰场负责人孙某进行了询问，制作了《询问笔录》，收集了相关证据，查明当事人甲县乙生猪定点屠宰场存在对经肉品品质检验不合格的生猪产品未按照国家有关规定处理并如实记录处理情况的违法事实，有下列证据为证：

　　1. 2017年8月31日《现场检查笔录》1份，证明现场检查情况，及当事人甲县乙生猪定点屠宰场对经肉品品质检验不合格的生猪产品未按照国家有关规定处理并如实记录处理情况的违法事实；

　　2.《询问笔录》2份，证明当事人甲县乙生猪定点屠宰场对经肉品品质检验不合格的生猪产品未按照国家有关规定处理并如实记录处理情况的违法情形和事实经过；

　　3.《生猪定点屠宰证书》复印件1份，证明其为定点屠宰场；

　　4. 照片2张，证明现场检查及相关物品情况；

　　5.《营业执照》复印件1份，证明当事人为企业法人，孙某为负责人，并证明其违法主体的适格性；

　　6. 负责人孙某身份证复印件1份，证明其身份；

　　7.《肉品品质检验记录》复印件1份，证明2017年8月30日当事人甲县乙生猪定点屠宰场肉品品质检验不合格的生猪产品数量为50千克；

　　8.《无害化处理记录》复印件1份，证明2017年8月30日当事人甲县乙生猪定点屠宰场对50千克肉品品质检验不合格的生猪产品未按规定无害化处理并如实记录处理情况；

9. 品质检验员齐某身份证 1 份，证明其身份；

10. 品质检验员齐某质检员证 1 份，证明其工作岗位。

本机关认为：

甲县乙生猪定点屠宰场对经肉品品质检验不合格的生猪产品未按照国家有关规定处理并如实记录处理情况一案，事实清楚，证据确凿。其行为违反了"《生猪屠宰管理条例》第十三条第二款：经肉品品质检验合格的生猪产品，生猪定点屠宰厂（场）应当加盖肉品品质检验合格验讫印章或者附具肉品品质检验合格标志。经肉品品质检验不合格的生猪产品，应当在肉品品质检验人员的监督下，按照国家有关规定处理，并如实记录处理情况；处理情况记录保存期限不得少于 2 年"之规定。本机关于 2017 年 9 月 1 日向当事人下达了《行政处罚事先告知书》〔甲畜牧（屠宰）告〔2017〕7 号〕。当事人在法定时间内提出陈述申辩，要求减轻处罚。经审查，申辩不符合《中华人民共和国行政处罚法》关于从轻或减轻处罚的有关规定，不予采纳。当事人在法定时间内未提出申请听证，视为放弃听证权。

依照《生猪屠宰管理条例》第二十五条第四项："生猪定点屠宰厂（场）有下列情形之一的，由畜牧兽医行政主管部门责令限期改正，处 2 万元以上 5 万元以下的罚款；逾期不改正的，责令停业整顿，对其主要负责人处 5 000 元以上 1 万元以下的罚款：（四）对经肉品品质检验不合格的生猪产品未按照国家有关规定处理并如实记录处理情况的"之规定，参照《甲省畜牧业行政处罚自由裁量权管理暂行办法》之规定，对当事人处以（×××～×××）幅度内的处罚，足以起到惩戒作用。本机关责令你单位立即改正违法行为，并做出如下处罚决定：

罚款人民币贰万元（20 000.00 元）。

当事人必须在收到本决定书之日起 15 日内持本决定书到××银行缴纳罚没款。逾期不按规定缴纳罚款的，每日按罚款数额的 3％加处罚款。

当事人对本处罚决定不服的，可以在收到本处罚决定书之日起 60 日内向甲县人民政府或甲市畜牧兽医局申请行政复议；或者 6 个月内向甲县人民法院提起行政诉讼。行政复议和行政诉讼期间，本处罚决定不停止执行。

当事人逾期不申请行政复议或提起行政诉讼，也不履行本行政处罚决定的，本机关将依法申请人民法院强制执行。

甲县畜牧兽医局

2017 年 9 月 11 日

行政处罚立案审批表

甲畜牧（屠宰）立〔2017〕__7__号

案件来源		检查发现		受案时间	2017 年 8 月 31 日
案 由		涉嫌对经肉品品质检验不合格的生猪产品未按照国家有关规定处理并如实记录处理情况			
当事人	个人	姓名	/	电话	/
		性别	/ / /	身份证号	/
		住址	/		
	单位	名称	甲县乙生猪定点屠宰场	法定代表人（负责人）	孙某
		地址	甲县××路××号	电话	×××××××××××
简要案情		2017 年 8 月 31 日，本机关执法人员在对甲县乙生猪定点屠宰场进行检查时，发现车间外墙堆放着废弃猪产品 50 千克，该猪产品为甲状腺、肾上腺、病变淋巴结和不可食用的肌肉组织，该猪产品应当于 8 月 30 日无害化处理而未进行无害化处理。当事人的行为涉嫌违反了《生猪屠宰管理条例》第十三条第二款之规定。建议立案调查。 　　　　　　　　　　　　　　　　受案人签名：刘某　张某 　　　　　　　　　　　　　　　　　　　　　2017 年 8 月 31 日			
执法机构意见		同意执法人员意见。 　　　　　　　　　　　　　　　　　　签名：吴某 　　　　　　　　　　　　　　　　　　2017 年 8 月 31 日			
法制机构意见		同意执法人员意见。 　　　　　　　　　　　　　　　　　　签名：郑某 　　　　　　　　　　　　　　　　　　2017 年 8 月 31 日			
执法机关意见		同意立案调查，由刘某、张某承办。 　　　　　　　　　　　　　　　　　　签名：关某 　　　　　　　　　　　　　　　　　　2017 年 8 月 31 日			
备 注					

证据材料登记表

此复印件与原件相符。

当事人签名：孙某

2017 年 8 月 31 日

证据制作说明：

1. 收 集 人：刘某、张某。

2. 提 供 人：孙某。

3. 收集时间：2017 年 8 月 31 日。

4. 收集地点：甲县乙生猪定点屠宰场。

5. 收集方式：复印。

6. 证据内容：甲县乙生猪定点屠宰场营业执照。

证据材料登记表

此复印件与原件相符。

当事人签名：孙某

2017 年 8 月 31 日

证据制作说明：

1. 收 集 人：刘某、张某。

2. 提 供 人：孙某。

3. 收集时间：2017 年 8 月 31 日。

4. 收集地点：甲县乙生猪定点屠宰场。

5. 收集方式：复印。

6. 证据内容：甲县乙生猪定点屠宰场生猪定点屠宰证书。

证据材料登记表

此复印件与原件相符。

当事人签名：孙某

2017 年 8 月 31 日

证据制作说明：

1. 收　集　人：刘某、张某。

2. 提　供　人：孙某。

3. 收集时间：2017 年 8 月 31 日。

4. 收集地点：甲县乙生猪定点屠宰场。

5. 收集方式：复印。

6. 收集内容：法定代表人孙某身份证复印件。

现场检查（勘验）笔录

时间：　2017　年　8　月　31　日　8　时　38　分至　9　时　5　分
检查（勘验）地址：　甲县××路××号（甲县乙生猪定点屠宰场）
当事人：　甲县乙生猪定点屠宰场
检查（勘验）机关：　甲县畜牧兽医局
检查（勘验）人员：　刘某　　　　执法证件号：　××××××
　　　　　　　　　　张某　　　　　　　　　　　　××××××
记录人：　刘某
现场检查（勘验）情况：　2017 年 8 月 31 日，本机关执法人员对甲县××路××号甲县乙生猪定点屠宰场进行检查时，执法人员向当事人出示执法证件并说明来意，负责人孙某在场。检查情况如下：执法人员发现该屠宰场屠宰车间东侧外墙处堆放着废弃猪产品，现场称重为 50 千克，该猪产品为甲状腺、肾上腺、病变淋巴结和不可食用的肌肉组织。该场办公室内有《生猪定点屠宰证书》《营业执照》。执法人员查阅了《肉品品质检验记录》《无害化处理记录》，对检查现场进行了拍照取证，照片 2 张。
（以下空白）

当事人签名或盖章：孙某　　　　　　　　（见证人签名或盖章：齐某）
执法人员签名或盖章：刘某　张某

（第 1 页　共 1 页）

询问笔录

时间：　2017　年　8　月　31　日　9　时　10　分至　9　时　46　分

询问地点：　甲县××路××号（甲县乙生猪定点屠宰场）

询问机关：　甲县畜牧兽医局

询问人：　刘某　　　　　执法证件号：　××××××

　　　　　张某　　　　　　　　　　　　××××××

记录人：　张某

被询问人：姓名　孙某　　　　　性别　男　　　年龄　47

　　　　　身份证号　×××××××××××××××××××

　　　　　联系电话　×××××××××××

　　　　　工作单位　甲县乙生猪定点屠宰场　职务　负责人

　　　　　住址　甲县××路××小区××楼××单元××号

问：我们是甲县畜牧兽医局执法人员（出示执法证件），现依法向你进行询问调查。你应当如实回答我们的询问并协助调查，作伪证要承担法律责任，你听清楚了吗？

答：听清楚了。

问：你有申请执法人员回避的权利，是否申请？

答：不申请。

被询问人签名或盖章：孙某

执法人员签名或盖章：刘某　张某

（第1页　共3页）

笔 录 纸

问：我们需要核实一下你的基本情况？

答：我叫孙某，今年 47 岁，家住甲县××路××小区××楼××单元××号，是甲县乙生猪定点屠宰场负责人。

问：请出示你的身份证、《营业执照》和《生猪定点屠宰证书》。

答：这是我的身份证、《营业执照》和《生猪定点屠宰证书》。

问：调查结束后，我们需要将你的身份证、《营业执照》和《生猪定点屠宰证书》复印，需要你签字确认并注明日期。

答：好的。

问：昨天屠宰场屠宰了多少头生猪？

答：135 头。

问：这 135 头生猪都经过肉品品质检验了吗？

答：都检验了。

问：经过肉品品质检验不合格的有多少？

答：其中检验不合格的猪产品 50 千克，包含甲状腺、肾上腺、病变淋巴结和不可食用的肌肉组织。

问：这些不合格的猪产品是什么时候生产的？

答：2017 年 8 月 30 日。

问：经检查你场《无害化处理记录》，发现在 2017 年 8 月 30 日没有记录检验不合格猪产品处理情况，这些不合格产品进行了怎样的处理？

被询问人签名或盖章：孙某

执法人员签名或盖章：刘某　张某

（第 2 页　共 3 页）

笔 录 纸

答：昨天我刚刚买了一条看护院子的狗，看到经检验不合格的猪产品很新鲜，我准备喂狗，所以就吩咐肉品品质检验人员齐某把肉给我留了下来，没有无害化处理。

问：检验不合格的猪产品，现在在哪里？

答：目前在屠宰车间东侧外墙堆放。

问：你还有什么补充的吗？

答：我没有了。

问：以上是你对我们陈述的内容，现在请你认真阅读，如果你认为记录有遗漏或有差错，可以进行补充和修改。

答：本记录我已阅读，内容与我陈述的一致。

（以下空白）

被询问人签名或盖章：孙某

执法人员签名或盖章：刘某　张某

询问笔录

时间： __2017__ 年 __8__ 月 __31__ 日 __9__ 时 __55__ 分至 __10__ 时 __19__ 分

询问地点： __甲县××路××号（甲县乙生猪定点屠宰场）__

询问机关： __甲县畜牧兽医局__

询问人： __刘某__ 执法证件号： __××××××__

　　　　　 __张某__ 　　　　　　　　 __××××××__

记录人： __张某__

被询问人：姓名 __齐某__ 性别 __男__ 年龄 __36__

　　　　　身份证号 __××××××××××××××××××__

　　　　　联系电话 __×××××××××××__

　　　　　工作单位 __甲县乙生猪定点屠宰场__ 职务 __质检员__

　　　　　住址 __甲县××路××小区××楼××号__

问：我们是甲县畜牧兽医局执法人员（出示执法证件），现依法向你进行询问调查。你应当如实回答我们的询问并协助调查，作伪证要承担法律责任，你听清楚了吗？

答：听清楚了。

问：你有申请执法人员回避的权利，是否申请？

答：不申请。

被询问人签名或盖章：齐某

执法人员签名或盖章：刘某　张某

（第 1 页　共 3 页）

笔　录　纸

问：我们需要核实一下你的基本情况？

答：我叫齐某，今年36岁，家住甲县××路××小区××楼××号，是甲县乙生猪定点屠宰场质检员。

问：请出示你的身份证、质检员证。

答：这是我的身份证、质检员证。

问：调查结束后，我们需要将你的身份证和质检员证复印，需要你签字确认并注明日期。

答：好的。

问：昨天屠宰场屠宰了多少头生猪？

答：135头。

问：这135头生猪都经过肉品品质检验了吗？

答：我都检验了。

问：经过肉品品质检验不合格的有多少？

答：检验不合格猪产品50千克，包含甲状腺、肾上腺、病变淋巴结和不可食用的肌肉组织。

问：经检查你场《无害化处理记录》，发现，在2017年8月30日没有记录检验不合格猪产品如何处理的，这些不合格产品进行了怎样的处理？

答：昨天我对135头生猪质量检验后，将检验不合格的50千克猪产品放在袋子里，通知孙某进行无害化处理，孙某准备将检验不合格猪产品留下来喂狗，没有无害化处理。

被询问人签名或盖章：齐某

执法人员签名或盖章：刘某　张某

笔 录 纸

问：检验不合格的猪产品，现在在哪里？

答：目前在屠宰车间东侧外墙堆放。

问：你还有什么补充的吗？

答：我没有了。

问：以上是你对我们陈述的内容，现在请你认真阅读，如果你认为记录有遗漏或有差错，可以进行补充和修改。

答：本记录我已阅读，内容与我陈述的一致。

（以下空白）

被询问人签名或盖章：齐某

执法人员签名或盖章：刘某　张某

（第 3 页　共 3 页）

证据材料登记表

此复印件与原件相符。

当事人签名：齐某

2017 年 8 月 31 日

证据制作说明：

1. 收　集　人：刘某、张某。

2. 提　供　人：齐某。

3. 收集时间：2017 年 8 月 31 日。

4. 收集地点：甲县乙生猪定点屠宰场。

5. 收集方式：复印。

6. 证据内容：品质检验员齐某身份证复印件。

证据材料登记表

此复印件与原件相符。

当事人签名：齐某

2017 年 8 月 31 日

证据制作说明：

1. 收 集 人：刘某、张某。

2. 提 供 人：齐某。

3. 收集时间：2017 年 8 月 31 日。

4. 收集地点：甲县乙生猪定点屠宰场。

5. 收集方式：复印。

6. 证据内容：品质检验员齐某质检员证复印件。

证据材料登记表

此复印件与原件相符。

当事人签名：孙某

2017 年 8 月 31 日

证据制作说明：

1. 收　集　人：刘某、张某。
2. 提　供　人：孙某。
3. 收集时间：2017 年 8 月 31 日。
4. 收集地点：甲县乙生猪定点屠宰场。
5. 收集方式：拍照。
6. 证据内容：甲县乙生猪定点屠宰场《肉品品质检验记录》复印件。

证据材料登记表

此复印件与原件相符。

当事人签名：孙某

2017 年 8 月 31 日

证据制作说明：

1. 收 集 人：刘某、张某。

2. 提 供 人：孙某。

3. 收集时间：2017 年 8 月 31 日。

4. 收集地点：甲县乙生猪定点屠宰场。

5. 收集方式：拍照。

6. 证据内容：甲县乙生猪定点屠宰场《无害化处理记录》复印件。

证据材料登记表

证据制作说明：

1. 收 集 人：刘某、张某。

2. 收集时间：2017 年 8 月 31 日。

3. 收集地点：甲县乙生猪定点屠宰场。

4. 收集方式：拍照。

5. 证据内容：现场情况（经检验不合格的猪产品照片）。

证据材料登记表

证据制作说明：

1. 收 集 人：刘某、张某。

2. 收集时间：2017 年 8 月 31 日。

3. 收集地点：甲县乙生猪定点屠宰场。

4. 收集方式：拍照。

5. 证据内容：现场情况（经检验不合格的猪产品照片）。

甲县畜牧兽医局
责令改正通知书

甲县乙生猪定点屠宰场　　　　　　　　：

　　你单位　　对经肉品品质检验不合格的生猪产品未按照国家有关规定处理并如实记录处理　　　　　　　的行为，违反了《生猪屠宰管理条例》第十三条第二款　　　　　　　，依照《生猪屠宰管理条例》第二十五条第（四）项之规定，本机关责令你单位（□立即/☑于　2017　年　8　月　31　日之前）按下列要求改正违法行为：

　　　对肉品品质检验不合格的生猪产品进行无害化处理，并如实记录处理情况。

　　（以下空白）

　　（逾期不改正的，本机关将依照《生猪屠宰管理条例》第二十五条之规定依法处理。）

甲县畜牧兽医局

2017 年 8 月 31 日

案件处理意见书

案由	涉嫌对经肉品品质检验不合格的生猪产品未按照国家有关规定处理并如实记录处理情况					
当事人	个人	姓名	/			
		性别	/	年龄	/	电话	/
		住址	/			
	单位	名称	甲县乙生猪定点屠宰场	法定代表人（负责人）		孙某
		地址	甲县××路××号	电话		××××××××××

案件调查经过	2017年8月31日，本机关执法人员在对甲县乙生猪定点屠宰场进行检查时，发现车间外墙堆放着废弃猪产品50千克，该猪产品为甲状腺、肾上腺、病变淋巴结和不可食用的肌肉组织。执法人员对现场进行了拍照取证，制作了《现场检查笔录》和《询问笔录》，调查了《肉品品质检验记录》《无害化处理记录》，收集了相关证据。

所附证据材料	1.2017年8月31日《现场检查笔录》1份，证明现场检查情况，及当事人甲县乙生猪定点屠宰场对经肉品品质检验不合格的生猪产品未按照国家有关规定处理并如实记录处理情况的违法事实，与证据2、3、7、8相互印证。 　　2.《询问笔录》1份，证明当事人甲县乙生猪定点屠宰场对经肉品品质检验不合格的生猪产品未按照国家有关规定处理并如实记录处理情况违法情形和事实经过，与证据1、3、7、8相互印证。 　　3.照片2张，证明现场检查及相关物品情况，与证据1、2、7、8相互印证。 　　4.《生猪定点屠宰证书》复印件1份，证明其为定点屠宰场。 　　5.《营业执照》复印件1份，证明当事人为企业法人，孙某为负责人，并证明其违法主体的适格性。 　　6.负责人身份证复印件1份，证明其身份。 　　7.《肉品品质检验记录》证明2017年8月30日；与证据1、2、3、8相互印证。 　　8.《无害化处理记录》复印件1份，证明2017年8月31日当事人甲县乙生猪定点屠宰场对经肉品品质检验不合格的生猪产品50千克未按规定无害化处理并如实记录处理情况。与证据1、2、3、7相互印证。

（续）

调查结论及处理意见	调查结论：执法人员依法调查取证收集的证据如下： 1.《现场检查笔录》1份，证明现场检查情况，及当事人甲县乙生猪定点屠宰场对经肉品品质检验不合格的生猪产品未按照国家有关规定处理并如实记录处理情况的违法事实。 2.《询问笔录》1份，证明当事人甲县乙生猪定点屠宰场对经肉品品质检验不合格的生猪产品未按照国家有关规定处理并如实记录处理情况的违法情形和事实经过。 3.照片2张，证明现场检查及相关物品情况。 4.《生猪定点屠宰证书》复印件1份，证明其为定点屠宰场。 5.《营业执照》复印件1份，证明当事人为企业法人，孙某为负责人，并证明其违法主体的适格性。 6.负责人身份证复印件1份，证明其身份。 7.《肉品品质检验记录》《无害化处理记录》复印件1份，证明当事人甲县乙生猪定点屠宰场对50千克经肉品品质检验不合格的生猪产品未按规定无害化处理，未如实记录处理情况。 处理意见：当事人对经肉品品质检验不合格的生猪产品未按照国家有关规定处理并如实记录处理情况案，事实清楚，证据确凿。其行为违反了《生猪屠宰管理条例》第十三条第二款之规定。依据《生猪屠宰管理条例》第二十五条第四项之规定，建议责令甲县乙生猪定点屠宰场立即改正违法行为，罚款20 000.00元。 执法人员签名：刘某　张某 2017年9月1日
执法机构意见	同意办案人员处理意见。 签名：吴某 2017年9月1日
法制机构意见	同意办案人员处理意见。 签名：郑某 2017年9月1日
执法机关意见	经执法机关负责人集体讨论，同意办案人员处理意见。 签名：关某 2017年9月1日

重大案件集体讨论记录

案由：涉嫌对经肉品品质检验不合格的生猪产品未按照国家有关规定处理并如实记录处理情况

当事人：甲县乙生猪定点屠宰场

时间：2017 年 9 月 1 日 15 时 35 分至 16 时 10 分

地点：本机关会议室

主持人：关某

记录人：吴某（法制科科长）

出席人员姓名及职务：关某（局长）、魏某（副局长）、赵某（副局长）、刘某（科长、案情介绍人、列席）

关某：今天就当事人甲县乙生猪定点屠宰场涉嫌对经肉品品质检验不合格的生猪产品未按照国家有关规定处理并如实记录处理情况案进行集体讨论，下面由办案人刘某介绍简要案情和调查取证经过。

刘某：2017 年 8 月 31 日，本机关执法人员在对甲县乙生猪定点屠宰场进行检查时，发现车间外墙堆放着废弃猪产品 50 千克，该猪产品为甲状腺、肾上腺、病变淋巴结和不可食用的肌肉组织。执法人员对现场进行了拍照取证，制作了《现场检查笔录》和《询问笔录》。甲县乙生猪定点屠宰场对经肉品品质检验不合格的生猪产品未按照国家有关规定处理并如实记录处理情况一案，事实清楚，证据确凿。其行为违反了《生猪屠宰管理条例》第十三条第二款之规定，由于当事人在案件调查中积极配合，是初犯，并未造成严重后果，依据《生猪屠宰管理条例》第二十五条第四项之规定，参照《甲省自由裁量权管理暂行办法》建议处 20 000.00 元罚款。

讨论记录：

魏某：该案调查取证过程符合《中华人民共和国行政处罚法》的规定，程序合法，且证据链完整，能够证实当事人的违法事实。

赵某：我认为该案适用法律条款准确。

关某：我同意以上两位同志及办案人员的意见，我认为本案事实清楚、证据确凿、程序合法、定性准确和适用法律条款正确，对当事人罚款 20 000.00元，请大家举手表决。（举手表决，一致通过）

讨论决定：

经讨论，甲县乙生猪定点屠宰场涉嫌对经肉品品质检验不合格的生猪产品未按照国家有关规定处理并如实记录处理情况案，事实清楚，证据确凿，其行为违反了《生猪屠宰管理条例》第十三条第二款之规定，依据《生猪屠宰管理条例》第二十五第四项之规定，处罚款 20 000.00 元，全体表决通过。

出席人员签字：关某　魏某　赵某　刘某

甲县畜牧兽医局
行政处罚事先告知书

甲畜牧（屠宰）告〔2017〕　7　号

甲县乙生猪定点屠宰场　　　　：

经调查，你单位涉嫌对经肉品品质检验不合格的生猪产品未按照国家有关规定处理并如实记录处理情况　的行为，事实清楚，证据确凿，有现场检查笔录、调查笔录、照片等为证。

你单位违反了《生猪屠宰管理条例》第十三条第二款："经肉品品质检验合格的生猪产品，生猪定点屠宰厂（场）应当加盖肉品品质检验合格验讫印章或者附具肉品品质检验合格标志。经肉品品质检验不合格的生猪产品，应当在肉品品质检验人员的监督下，按照国家有关规定处理，并如实记录处理情况；处理情况记录保存期限不得少于2年"之规定。

依据《生猪屠宰管理条例》第二十五条第四项："生猪定点屠宰厂（场）有下列情形之一的，由畜牧兽医行政主管部门责令限期改正，处2万元以上5万元以下的罚款；逾期不改正的，责令停业整顿，对其主要负责人处5 000元以上1万元以下的罚款：（四）对经肉品品质检验不合格的生猪产品未按照国家有关规定处理并如实记录处理情况的"之规定，本机关拟作出如下处罚决定：

罚款人民币贰万元（20 000.00元）。

根据《中华人民共和国行政处罚法》第三十一条、三十二条之规定，你单位可在收到本告知书之日起3日内向本机关进行陈述申辩、申请听证，逾期不陈述申辩、申请听证的，视为你放弃上述权利。

甲县畜牧兽医局
2017年9月1日

执法机关地址：　甲县××路××号
联系人：　刘某　　　　　　联系电话：　××××××××××

陈述申辩笔录

当事人：　<u>甲县乙生猪定点屠宰场</u>

陈述申辩人：　<u>孙某</u>

陈述申辩时间：　<u>2017 年 9 月 2 日 9 时 10 分至 9 时 35 分</u>

陈述申辩地点：　<u>甲县畜牧兽医局</u>

执法人员：　<u>刘某</u>　　　　执法证件号：　<u>××××××</u>

　　　　　　<u>张某</u>　　　　　　　　　　　<u>××××××</u>

记录人：　<u>张某</u>

陈述申辩内容：

　　关于我场检验不合格的猪产品未按规定进行无害化处理，未如实记录处理情况，我没有什么异议。我单位以前都按规定进行了无害化处理并如实记录了，感觉罚的太多了，所以请求对我单位予以减轻处罚。

　　（以下空白）

陈述申辩人：孙某

执法人员：刘某　张某

行政处罚决定审批表

案由	对经肉品品质检验不合格的生猪产品未按照国家有关规定处理并如实记录处理情况						
当事人	个人	姓名	/				
		性别	/	年龄	/	电话	/
		住址	/				
	单位	名称	甲县乙生猪定点屠宰场		法定代表人（负责人）		孙某
		地址	甲县××路××号		电话	××××××××××××	
陈述申辩或听证情况	当事人甲县乙生猪定点屠宰场收到《行政处罚事先告知书》后，立即进行了陈述申辩。具体内容如下：关于我场检验不合格的猪产品未按规定进行无害化处理，未如实记录处理情况，我没有什么异议。我单位以前都按规定进行无害化处理并如实记录了，感觉罚的太多了，所以请求对我单位予以减轻处罚。						
处理意见	经审查，当事人陈述申辩不符合《中华人民共和国行政处罚法》的有关规定，不予采纳。 　　建议维持《行政处罚事先告知书》拟作出的处理处罚决定。 执法人员签名：刘某　张某 2017 年 9 月 11 日						
执法机构意见	同意处理意见。 签名：吴某 2017 年 9 月 11 日						
法制机构意见	同意处理意见。 签名：郑某 2017 年 9 月 11 日						
执法机关意见	同意处理意见。 签名：关某 2017 年 9 月 11 日						

送达回证

案　　由	涉嫌对经肉品品质检验不合格的生猪产品未按照国家有关规定处理并如实记录处理情况				
受送达人名称或姓名	甲县乙生猪定点屠宰场				
送达单位	甲县畜牧兽医局				
送达文书	送达地点	送达人	送达方式	收到日期	收件人签名
甲县畜牧兽医局责令改正通知书	甲县××路××号（甲县乙生猪定点屠宰场）孙某办公室	刘某张某	直接送达	2017年8月31日	孙某
	/	/	/	/	/
备　注					

送达回证

案　　由	涉嫌对经肉品品质检验不合格的生猪产品未按照国家有关规定处理并如实记录处理情况					
受送达人名称或姓名	甲县乙生猪定点屠宰场					
送达单位	甲县畜牧兽医局					
送达文书	送达地点	送达人	送达方式	收到日期	收件人签名
《甲县畜牧兽医局行政处罚事先告知书》〔甲畜牧（屠宰）告〔2017〕7号〕	甲县××路××号（甲县乙生猪定点屠宰场）孙某办公室	刘某张某	直接送达	2017年9月1日	孙某
/	/	/	/	/	/
备　　注					

送达回证

案　　由	对经肉品品质检验不合格的生猪产品未按照国家有关规定处理并如实记录处理情况				
受送达人名称或姓名	甲县乙生猪定点屠宰场				
送达单位	甲县畜牧兽医局				
送达文书	送达地点	送达人	送达方式	收到日期	收件人签名
《甲县畜牧兽医局行政处罚决定书》〔甲畜牧（屠宰）罚〔2017〕7号〕	甲县××路××号（甲县乙生猪定点屠宰场）孙某办公室	刘某 张某	直接送达	2017年9月11日	孙某
/	/	/	/	/	/
备注					

罚没收据存根清单

（××银行现金存款凭证）

行政处罚结案报告

案　由	对经肉品品质检验不合格的生猪产品未按照国家有关规定处理并如实记录处理情况		
当事人	甲县乙生猪定点屠宰场		
立案时间	2017 年 9 月 1 日	处罚决定送达时间	2017 年 9 月 11 日

处罚决定：
　　罚款 20 000.00 元。

执行情况：
　　1. 执行方式：自动履行。
　　2. 执行时间：2017 年 9 月 12 日。

执法人员签名：刘某　张某

2017 年 9 月 12 日

执法机构意见	（如内设执法科，由执法科在此处填写意见） 　　　　　　　　　　　签名： 　　　　　　　　　　　　　年　　月　　日
执法机关意见	同意结案。 　　　　　　　　　　　签名：关某 　　　　　　　　　　　2017 年 9 月 12 日

备 考 表

本案卷包括使用的执法文书、收集的证据及罚款收据存根，共计 33 页。

立卷人：马某
2017 年 9 月 18 日

本案卷执法文书及相关证据归档完整，符合要求。

审查人：关某
2017 年 9 月 20 日

第八章
出厂经检验不合格的生猪产品案

案　情　概　述

　　2017年4月17日，接群众举报称乙县丙生猪定点屠宰厂近几日早上8时左右在屠宰厂后门将有问题的生猪产品销售给商贩。2017年4月18日，乙县畜牧兽医局派执法人员陈某、李某对该屠宰厂进行突击检查，对现场进行了拍照取证，经向乙县畜牧兽医局负责人杨某进行了电话汇报，获批准立案调查。执法人员制作了《现场检查笔录》，对现场生猪产品890千克进行了扣押，对钱某、孙某和程某等相关人员进行了调查询问，制作了《询问笔录》，收集了相关证据。当事人的行为涉嫌违反了《生猪屠宰管理条例》第十三条第三款规定。

　　经调查，当事人乙县丙生猪定点屠宰厂存在出厂经检验不合格的生猪产品违法事实。自2017年2月19日至2017年4月18日，当事人以每千克11元的价格将肉品品质检验不合格的生猪产品5 203千克销售给商贩程某，销售金额总计57 233元。

　　经乙县畜牧兽医局负责人集体讨论，依据《生猪屠宰管理条例》第二十六条、《刑法》第一百四十条、《最高人民检察院、公安部关于公安机关管辖的刑事案件立案追诉标准的规定（一）》第十六条规定，该行为已构成犯罪，乙县畜牧兽医局已于2017年4月20日移交给乙县公安局，并于2017年4月25日接到予以立案调查的《案件移送书（回执）》。

　　依据《生猪屠宰管理条例》第二十六条"生猪定点屠宰厂（场）出厂（场）未经肉品品质检验或者经检验不合格的生猪产品的，由畜牧兽医行政主管部门责令停业整顿，没收生猪产品和违法所得，并处货值金额1倍以上3倍以下的罚款，对其主要负责人处1万元以上2万元以下的罚款；货值金额难以确定的，并处5万元以上10万元以下的罚款；造成严重后果的，由设区的市级人民政府取消其生猪定点屠宰厂（场）资格；构成犯罪的，依法追究刑事责任"之规定，乙县畜牧兽医局向甲市人民政府书面提交了《关于乙县丙生猪定点屠宰厂出厂经肉品品质检验不合格的生猪产品情况的报告》，建议取消其生猪定点屠宰厂资格。至2017年4月26日，结案。

乙县畜牧兽医局		
生猪屠宰行政处罚案卷		
乙县丙生猪定点屠宰厂出厂经肉品品质检验不合格的生猪产品案		
自 2017 年 4 月 至 2017 年 4 月	保管期限	长期
本卷共 1 件 40 页	归档号	乙牧医（屠宰）移〔2017〕8 号

全宗号	目录号	案卷号
	2017	08 号

卷 内 目 录

序号	题　名	文书编号	文书日期	卷内页码	备注
1	行政处罚立案审批表	乙牧医（屠宰）立〔2017〕8 号	2017 年 4 月 18 日	1	
2	证据材料登记表		2017 年 4 月 18 日	2	
3	证据材料登记表		2017 年 4 月 18 日	3	
4	证据材料登记表		2017 年 4 月 18 日	4	
5	现场检查（勘验）笔录		2017 年 4 月 18 日	5	
6	询问笔录		2017 年 4 月 18 日	6～9	
7	询问笔录		2017 年 4 月 18 日	10～13	
8	询问笔录		2017 年 4 月 18 日	14～16	
9	查封（扣押）审批表		2017 年 4 月 18 日	17	
10	乙县畜牧兽医局查封（扣押）决定书	乙牧医（屠宰）封（扣）〔2017〕8 号	2017 年 4 月 18 日	18	
11	查封（扣押）财物清单		2017 年 4 月 18 日	19	
12	查封（扣押）现场笔录		2017 年 4 月 18 日	20	
13	证据材料登记表		2017 年 4 月 18 日	21	
14	证据材料登记表		2017 年 4 月 18 日	22	

（续）

序号	题　名	文书编号	文书日期	卷内页码	备注
15	证据材料登记表		2017 年 4 月 18 日	23	
16	证据材料登记表		2017 年 4 月 18 日	24	
17	证据材料登记表		2017 年 4 月 18 日	25	
18	证据材料登记表		2017 年 4 月 18 日	26	
19	证据材料登记表		2017 年 4 月 18 日	27	
20	案件处理意见书		2017 年 4 月 20 日	28～29	
21	乙县畜牧兽医局负责人重大案件集体讨论记录		2017 年 4 月 20 日	30～32	
22	乙县畜牧兽医局案件移送函	乙牧医（屠宰）移〔2017〕1 号	2017 年 4 月 20 日	33	
23	移送案件涉案物品清单		2017 年 4 月 20 日	34	
24	案件调查报告		2017 年 4 月 20 日	35～36	
25	乙县公安局立案告知书		2017 年 4 月 25 日	37	
26	关于乙县丙生猪定点屠宰厂出厂经肉品品质检验不合格的生猪产品情况的报告		2017 年 4 月 26 日	38	
27	行政处罚结案报告		2017 年 4 月 26 日	39	
28	备考表		2017 年 4 月 28 日	40	

行政处罚立案审批表

乙牧医（屠宰）立〔2017〕　__8__　号

案件来源	群众举报		受案时间	2017 年 4 月 18 日
案　由	涉嫌出厂经检验不合格的生猪产品案			
当事人	个人	姓名	/	电话	/
		性别	/　/　/	身份证号	/
		住址	/		
	单位	名称	乙县丙生猪定点屠宰厂	法定代表人（负责人）	钱某
		地址	乙县××路××号	电话	××××××××××

简要案情	2017 年 4 月 17 日，接群众举报称乙县丙生猪定点屠宰厂近几日疑似在早上 8 时左右将经肉品品质检验不合格的生猪产品销售给商贩。2017 年 4 月 18 日，本机关派执法人员陈某、李某对该屠宰厂进行突击检查。执法人员于 18 日清晨 7 时 35 分到达乙县丙生猪定点屠宰厂，并直奔屠宰厂后门，在后门处发现了一辆带棚三轮车和正在搬运生猪产品的程某。被搬运的生猪产品皮肤呈现弥漫性红色，皮下脂肪和体腔内脂肪呈灰红色，肌肉组织色暗，肋间血管中有血液滞留。当事人的行为涉嫌违反了《生猪屠宰管理条例》第十三条第三款规定。建议立案调查。 受案人签名：陈某　李某 2017 年 4 月 18 日
执法机构意见	建议立案调查。 签名：张某 2017 年 4 月 18 日
法制机构意见	（如内设法制科，由法制科在此处填写意见） 签名： 年　　月　　日
执法机关意见	同意立案调查。由陈某、李某承办。 签名：杨某 2017 年 4 月 18 日
备注	

证据材料登记表

此复印件与原件相符。

当事人签名：钱某

2017 年 4 月 18 日

证据制作说明：

1. 收 集 人：李某、陈某。
2. 提 供 人：钱某。
3. 收集时间：2017 年 4 月 18 日。
4. 收集地点：乙县丙生猪定点屠宰厂。
5. 收集方式：复印。
6. 证据内容：乙县丙生猪定点屠宰厂《营业执照》复印件。

证据材料登记表

此复印件与原件相符。

当事人签名：钱某

2017 年 4 月 18 日

证据制作说明：

1. 收 集 人：李某、陈某。
2. 提 供 人：钱某。
3. 收集时间：2017 年 4 月 18 日。
4. 收集地点：乙县丙生猪定点屠宰厂。
5. 收集方式：复印。
6. 证据内容：乙县丙生猪定点屠宰厂《生猪定点屠宰证书》复印件。

证据材料登记表

此复印件与原件相符。

当事人签名：钱某

2017 年 4 月 18 日

证据制作说明：

1. 收 集 人：李某、陈某。

2. 提 供 人：钱某。

3. 收集时间：2017 年 4 月 18 日。

4. 收集地点：乙县丙生猪定点屠宰厂。

5. 收集方式：复印。

6. 证据内容：法定代表人钱某身份证复印件。

现场检查（勘验）笔录

时间：　2017　年　4　月　18　日　7　时　35　分至　8　时　15　分

检查（勘验）地点：　乙县丙生猪定点屠宰厂

当事人：　乙县丙生猪定点屠宰厂

检查（勘验）机关：　乙县畜牧兽医局

检查（勘验）人员：　李某　　　　　　　执法证件号：　××××××

　　　　　　　　　　陈某　　　　　　　　　　　　　　××××××

记录人：　陈某

现场检查（勘验）情况：执法人员向当事人出示执法证件后，在屠宰厂后门发现了一辆带棚三轮车（乙县·三轮 05456）和正在搬运生猪产品的程某。车上已装有一些生猪产品，猪肉皮肤呈现弥漫性红色，皮下脂肪和体腔内脂肪呈灰红色，肌肉组织色暗，肋间血管中有血液滞留。搬运的生猪产品皮肤也呈现弥漫性红色，皮下脂肪和体腔内脂肪呈灰红色，肌肉组织色暗，肋间血管中有血液滞留。经现场称重，车上及正在搬运的生猪产品共计 890 千克。执法人员在仓库发现了销售台账，内有销售经肉品品质检验不合格生猪产品的销售记录，执法人员对现场及销售台账进行了拍照取证，共拍取照片 2 张，同时对上述生猪产品进行了扣押。

当事人签名或盖章：钱某　　　　　　　　（见证人签名或盖章：孙某）

执法人员签名或盖章：陈某　李某

（第 1 页　共 1 页）

询问笔录

询问时间：　2017　年　4　月　18　日　8　时　40　分至　9　时　19　分

询问地点：　乙县丙生猪定点屠宰厂

询问机关：　乙县畜牧兽医局

询问人：　李某　　　　　执法证件号：　××××××

　　　　　陈某　　　　　　　　　　　　××××××

记录人：　李某

被询问人：姓名　钱某　　　性别　男　　年龄　45

　　　　　身份证号　××××××××××××××××××

　　　　　联系电话　×××××××××××

　　　　　工作单位　乙县丙生猪定点屠宰厂　　职务　厂长

　　　　　住址　乙县××路××号

问：我们是乙县畜牧兽医局执法人员（出示执法证件），现依法向你进行询问调查。你应当如实回答我们的询问并协助调查，作伪证要承担法律责任，你听清楚了吗？

答：听清楚了。

问：你有申请执法人员回避的权利，是否申请？

答：不申请。

被询问人签名或盖章：钱某

执法人员签名或盖章：陈某　李某

（第 1 页　共 4 页）

笔 录 纸

问：请出示你的身份证，并说一下你的姓名、年龄、家庭住址、身份证号。

答：这是我的身份证，我叫钱某，今年 45 岁，家住乙县×××路×××号，身份证号是×××××××××××××××××××。

问：你在乙县丙生猪定点屠宰厂的身份是什么？

答：我是乙县丙生猪定点屠宰厂的法定代表人和厂长。

问：请出示屠宰厂的《营业执照》和《生猪定点屠宰证书》。

答：这是《营业执照》和《生猪定点屠宰证书》。

问：我们需要复印这两份证件以及你的身份证，并需要你签字确认。

答：好的。

问：你厂是什么时间批准为生猪定点屠宰厂的？

答：2016 年 7 月份。

问：你厂有几名肉品品质检验员？

答：有 4 名。

问：今天我们检查时看到正在后门搬到三轮车上的生猪产品是你们厂的吗？

答：是的。

被询问人签名或盖章：钱某

执法人员签名或盖章：陈某　李某

(第 2 页　共 4 页)

笔 录 纸

问：该生猪产品经过肉品品质检验了吗？

答：检验了，只是检验不合格。

问：检验员是谁？

答：孙某。

问：这批生猪是什么时候宰杀的？

答：是前天晚上，先放在冷鲜库里。

问：门口三轮车的车主是谁？

答：姓程，叫程某。

问：是刚才正在往三轮车上搬运生猪产品的那个人吗？

答：是的，穿蓝色上衣的。

问：程某是做什么的？

答：他是个商贩。

问：你知道他把这些猪肉买回去做什么吗？

答：具体不知道，应该是卖到市场或其他地方。

问：之前还卖给过他经肉品品质检验不合格的生猪产品吗？

答：没几次。

问：这些经肉品品质检验不合格的生猪产品你都是卖给程某吗？

答：是的，他前段时间来厂里联系的，谈好价钱后他隔几天过来收。

被询问人签名或盖章：钱某

执法人员签名或盖章：陈某　李某

笔 录 纸

问：我们刚才在仓库发现了你厂销售经肉品品质检验不合格生猪产品的销售记录，记录内容显示，从 2017 年 2 月 19 日开始到今天，你厂以每千克 11 元的价格一共销售了不合格生猪产品 5 203 千克，共计 57 233 元，对吗？

答：大概是这个数，都在台账上记着。

问：知道对于经肉品品质检验不合格的生猪产品应该怎么处理吗？

答：知道，应该无害化处理。但是厂里的无害化处理设备这段时间坏掉了，一直也没修好，没办法进行销毁处理，送无害化处理场又太麻烦，正好程某愿意收购，为了省事，我就卖了。

问：你作为厂长，知道销售经肉品品质检验不合格的生猪产品出厂是违法的吗？

答：知道，我是一时糊涂了。

问：我们要把这本台账和今天这些卖给程某的生猪产品进行扣押。

答：知道了。

问：你还有需要补充的吗？

答：没有了。

问：请确认以上记录的内容和你刚才所述的是否一致。

答：上述内容我已阅读，与我所述一致。

被询问人签名或盖章：钱某
执法人员签名或盖章：陈某　李某

（第 4 页　共 4 页）

询问笔录

询问时间：__2017__ 年 _4_ 月 _18_ 日 _9_ 时 _40_ 分至 _10_ 时 _7_ 分

询问地点：__乙县丙生猪定点屠宰厂__

询问机关：__乙县畜牧兽医局__

询问人：__李某__　执法证件号：__××××××__

　　　　__陈某__　　　　　　　__××××××__

记录人：__李某__

被询问人：姓名 __孙某__　　性别 __男__　年龄 _36_

　　　　身份证号 __×××××××××××××××××__

　　　　联系电话 __×××××××××××__

　　　　工作单位 __乙县丙生猪定点屠宰厂__　职务 __肉品品质检验员__

　　　　住址 __乙县××路××小区××号__

问：我们是 __乙县畜牧兽医局__ 执法人员（出示执法证件），现依法向你进行询问调查。你应当如实回答我们的询问并协助调查，作伪证要承担法律责任，你听清楚了吗？

答：听清楚了。

问：你有申请执法人员回避的权利，是否申请？

答：不申请。

被询问人签名或盖章：孙某

执法人员签名或盖章：陈某　李某

（第 1 页　共 4 页）

笔 录 纸

问：请出示您的身份证，并说一下你的姓名、年龄、家庭住址、身份证号。

答：这是我的身份证，我叫孙某，今年 36 岁，家住乙县××路××小区××号，身份证号码是××××××××××××××××××。

问：你在乙县丙生猪定点屠宰厂里做什么工作？

答：我是肉品品质检验员。

问：请出示你的相关证件。

答：好的，这个是我的《肉品检验人员资格证书》。

问：为了调查需要，我们需要你的身份证和《肉品检验人员资格证书》复印件各一份。

答：好的。

问：你们场有几名肉品品质检验员？

答：4 个。

问：你具体做哪个环节的检验？

答：我负责复验。

问：今天早上销售给程某的 890 千克生猪产品刚才你看到了吗？

答：看到了。

问：是什么时间宰杀的？

被询问人签名或盖章：孙某

执法人员签名或盖章：陈某　李某

笔 录 纸

答：最近这三四天，一共宰杀了3批猪，有这6头猪。

问：说说这6头猪的肉品品质检验情况。

答：当时检验的时候，发现这几头猪的皮肤呈现弥漫性红色，淋巴结也瘀血，皮下脂肪和体腔内呈灰红色，肌肉组织颜色很暗，肋间血管中有大量血液滞留，肾充血。按照《生猪屠宰产品品质检验规程（GB/T 17996—1999)》确定为检验不合格的。

问：你当时按照规定登记肉品品质检验结果了吗？

答：已经记录检验不合格了。

问：登记的什么内容？请把登记记录给我们看一下，之后我们会将记录复印一份，并需要你签字确认。

答：好，这个就是当时的记录。

问：你知道经肉品品质检验不合格的生猪产品应当如何处理吗？

答：应该无害化处理。

问：我们看到记录上写的处理情况一栏是空的。

答：是的，因为这几天场里的处理设施坏了，还没修好，所以先放在冷库里，就没写。

问：你知道这些生猪产品怎么处理了吗？

答：不知道。

被询问人签名或盖章：孙某

执法人员签名或盖章：陈某　李某

（第3页　共4页）

笔录纸

问：你还有需要补充的吗？

答：没有了。

问：请确认以上笔录记录的内容和你刚才所述的是否一致。

答：上述内容我已阅读，与我所述一致。

（以下空白）

被询问人签名或盖章：孙某

执法人员签名或盖章：陈某　李某

（第 4 页　共 4 页）

询问笔录

询问时间：　2017　年　4　月　18　日　10　时　15　分至　10　时　40　分

询问地点：　乙县丙生猪定点屠宰厂

询问机关：　乙县畜牧兽医局

询问人：　李某　　　　执法证件号：　××××××

　　　　　陈某　　　　　　　　　　　××××××

记录人：　李某

被询问人：姓名　程某　　性别　男　　年龄　52

　　　　　身份证号　××××××××××××××××××

　　　　　联系电话　××××××××××××

　　　　　工作单位　　　　无　　　职务　无业

　　　　　住址　　乙县××镇××村

问：我们是乙县畜牧兽医局执法人员（出示执法证件），现依法向你进行询问调查。你应当如实回答我们的询问并协助调查，作伪证要承担法律责任，你听清楚了吗？

答：听清楚了。

问：你有申请执法人员回避的权利，是否申请？

答：不申请。

被询问人签名或盖章：程某

执法人员签名或盖章：陈某　李某

（第 1 页　共 3 页）

笔 录 纸

问：请出示你的身份证，并说一下你的姓名、年龄、家庭住址和身份证号码。

答：这是我的身份证，我叫程某，今年 52 岁，家庭住址是乙县××镇××村，我的身份证号码是×××××××××××××××××××。

问：为了调查需要，我们需要你的身份证复印件一份。

答：好的。

问：今天早上我们看见你正在往后门三轮车上搬猪肉，车是你的吗？

答：是。

问：这些猪肉是你买的吗？

答：是，我向钱老板买的。

问：你知道你买的是什么猪肉吗？

答：知道，不合格的。

问：你买这些猪肉做什么用？

答：要看情况的，卖给菜场了。

问：都是卖给哪个市场哪个商户？

答：主要是××市场的刘某、王某，还有一些记不起来了。

问：以什么价格卖给他们？你有销售记录吗？

答：大概每斤 8 元钱，没有销售记录，每次都是卖完就算。

被询问人签名或盖章：程某

执法人员签名或盖章：陈某　李某

笔 录 纸

问：你从什么时间开始从这个厂购买这些猪肉？

答：大概今年2月份。

问：一共买了多少？

答：五六千斤吧，具体数字我也记不清。

问：我们看了下厂里的销售记录，从2017年2月19日开始到今天，加上今天收购的890千克生猪产品，你以每千克11元的价格购买了经肉品品质检验不合格生猪产品5 203千克，共计57 233元，对吗？

答：对。

问：你还有需要补充的吗？

答：没有了。

问：请确认以上笔录记录的内容和你刚才所述的是否一致。

答：上述内容我已阅读，与我所述一致。

（以下空白）

_____

_____

_____

_____

_____

被询问人签名或盖章：程某

执法人员签名或盖章：陈某　李某

（第3页　共3页）

查封（扣押）审批表

案　　由			涉嫌出厂经检验不合格的生猪产品案				
当事人	个人	姓名	/			电话	/
		性别	/	年龄	/	身份证号	/
		住址	/				
	单位	名称	乙县丙生猪定点屠宰厂		法定代表人（负责人）		钱某
		地址	乙县××路××号		电话		××××××××××
理由及依据			当事人涉嫌违反《生猪屠宰管理条例》第十三条第三款之规定，根据《生猪屠宰管理条例》第二十一条第二款第（四）项之规定，拟予以扣押。				
扣押物品			生猪产品890千克。				
办案人员意见			建议对以上物品进行扣押，扣押期限拟从2017年4月18日至2017年5月17日。 执法人员签名：李某　陈某 2017年4月18日				
执法机构意见			同意执法人员意见。 签名：张某 2017年4月18日				
法制机构意见			 签名： 年　　月　　日				
执法机关意见			同意扣押。 签名：杨某 2017年4月18日				

乙县畜牧兽医局
查封（扣押）决定书

乙牧医（屠宰）封（扣）〔2017〕 8 号

　　乙县丙生猪定点屠宰厂　　　：
　　因你（单位）涉嫌　　出厂经肉品品质检验不合格的生猪产品　　　　，
依据　　《生猪屠宰管理条例》第二十一条第二款第（四）项"畜牧兽医行政
主管部门依法进行监督检查，可以采取下列措施（四）查封与违法生猪屠宰活
动有关的场所、设施，扣押与违法生猪屠宰活动有关的生猪、生猪产品以及屠
宰工具和设备。"　　　之规定，本机关决定对你（单位）生猪产品 890 千
克予以查封（扣押）于　乙县××路××号乙县丙生猪定点屠宰厂冷库，期限
为　30　日（不包括对物品检测、检验和技术鉴定时间）。在扣押期间，你不
得使用、销售、转移、损毁、隐匿。本机关将于扣押期限内作出处理决定。需
要延长扣押期限的，本机关将根据《中华人民共和国行政强制法》第二十五条
之规定，另行作出决定并告知。
　　当事人对本决定不服的，可以在收到本决定书之日起 60 日内向　乙县　
人民政府或　甲市畜牧局　申请行政复议；或者 6 个月内向　乙县　人民法院
提起行政诉讼。行政复议和行政诉讼期间，本决定不停止执行。
　　附：查封（扣押）财物清单

乙县畜牧兽医局（印章）

2017 年 4 月 18 日

查封（扣押）财物清单

序号	财物名称	规格	生产日期（批号）	生产单位	数量
1	生猪产品	千克	/	/	890

当事人签名或盖章：乙县丙生猪定点屠宰厂（盖章）

执法人员签名或盖章：李某　陈某

查封（扣押）现场笔录

时间：　2017　年　4　月　18　日　8　时　00　分至　8　时　25　分

地点：　乙县××路××号乙县丙生猪定点屠宰厂院内

执法机关：　乙县畜牧兽医局

当事人：　乙县丙生猪定点屠宰厂

执法人员：　李某　　　　　　执法证件号：　××××××

　　　　　　陈某　　　　　　　　　　　　　××××××

记录人：　李某

现场情况：　1. 甲县畜牧兽医局执法人员李某、陈某对当事人乙县丙生猪定点屠宰厂法定代表人钱某宣读了《乙县畜牧兽医局查封（扣押）决定书》〔乙牧医封（扣）〔2017〕8 号〕并交付当事人，执法人员制作了扣押财物清单，并经签字后交付当事人；2. 执法人员告知当事人对扣押强制措施如有异议，可以进行陈述申辩，当事人表示无异议，放弃陈述申辩；3. 执法人员将涉案生猪产品 890 千克存放于乙县××路××号乙县丙生猪定点屠宰厂冷库内。

（以下空白）

当事人签名或盖章：钱某　　　　　　　（见证人签名或盖章：孙某）

执法人员签名或盖章：李某　　陈某

证据材料登记表

此复印件与原件相符。

当事人签名：孙某

2017 年 4 月 18 日

证据制作说明：

1. 收 集 人：李某、陈某。
2. 提 供 人：孙某。
3. 收集时间：2018 年 4 月 18 日。
4. 收集地点：乙县丙生猪定点屠宰厂。
5. 收集方式：复印。
6. 证据内容：孙某身份证复印件。

证据材料登记表

此复印件与原件相符。

当事人签名：孙某

2017 年 4 月 18 日

证据制作说明：

1. 收 集 人：李某、陈某。

2. 提 供 人：孙某。

3. 收集时间：2018 年 4 月 18 日。

4. 收集地点：乙县丙生猪定点屠宰厂。

5. 收集方式：复印。

6. 证据内容：孙某肉品品质人员资格证书复印件。

证据材料登记表

此复印件与原件相符。

当事人签名：孙某

2017 年 4 月 18 日

证据制作说明：

1. 收 集 人：李某、陈某。

2. 提 供 人：孙某。

3. 收集时间：2018 年 4 月 18 日。

4. 收集地点：乙县丙生猪定点屠宰厂。

5. 收集方式：复印。

6. 证据内容：乙县丙生猪定点屠宰厂肉品品质检验记录复印件。

证据材料登记表

此复印件与原件相符。

当事人签名：程某

2017 年 4 月 18 日

证据制作说明：

1. 收 集 人：李某、陈某。

2. 提 供 人：程某。

3. 收集时间：2017 年 4 月 18 日。

4. 收集地点：乙县丙生猪定点屠宰厂。

5. 收集方式：复印。

6. 证据内容：程某身份证复印件。

证据材料登记表

此复印件与原件相符。

当事人签名：钱某

2017 年 4 月 18 日

证据制作说明：

1. 收 集 人：李某、陈某。
2. 提 供 人：钱某。
3. 收集时间：2017 年 4 月 18 日。
4. 收集地点：乙县丙生猪定点屠宰厂。
5. 收集方式：复印。
6. 证据内容：乙县丙生猪定点屠宰厂销售记录复印件。

证据材料登记表

证据制作说明：

1. 收 集 人：李某、陈某。

2. 收集时间：2017 年 4 月 18 日。

3. 收集地点：乙县丙生猪定点屠宰厂。

4. 收集方式：数码相机拍摄。

5. 证据内容：程某收购生猪产品的三轮车及车上的生猪产品情况。

证据材料登记表

证据制作说明：

1. 收　集　人：李某、陈某。

2. 收集时间：2017 年 4 月 18 日。

3. 收集地点：乙县丙生猪定点屠宰厂。

4. 收集方式：数码相机拍摄。

5. 证据内容：现场情况。

案件处理意见书

案由	涉嫌出厂经肉品品质检验不合格的生猪产品案					
当事人	个人	姓名	/			
		性别	/	年龄 /	电话	/
		住址	/			
	单位	名称	乙县丙生猪定点屠宰厂	法定代表人（负责人）		钱某
		地址	乙县××路××号	电话		××××××××××

案件调查经过	2017 年 4 月 17 日，接群众举报称乙县丙生猪定点屠宰厂近几日疑似在早上 8 时左右将经肉品品质检验不合格的生猪产品销售给本地农民。2017 年 4 月 18 日，本机关派执法人员陈某、李某对该屠宰厂进行了突击检查，执法人员对现场进行了拍照取证，经向本机关负责人杨某进行了电话汇报，获批准立案调查。执法人员制作了《现场检查笔录》，对现场生猪产品 890 千克依行政强制程序进行了扣押。对钱某、孙某和程某进行了调查询问，制作了《询问笔录》，收集了相关证据。经调查，当事人乙县丙生猪定点屠宰厂存在出厂经肉品品质检验不合格的生猪产品违法事实。

所附证据材料	1. 现场检查笔录 1 份； 2. 钱某《询问笔录》1 份； 3. 孙某《询问笔录》1 份； 4. 程某《询问笔录》1 份； 5. 《营业执照》复印件 1 份； 6. 《生猪定点屠宰证书》复印件 1 份； 7. 钱某身份证复印件 1 份； 8. 孙某身份证复印件 1 份； 9. 孙某《肉品检验人员资格证书》复印件 1 份； 10. 孙某《肉品品质检验记录》复印件 1 份； 11. 程某身份证复印件 1 份； 12. 销售记录复印件 1 份； 13. 程某收购生猪产品的三轮车及车上的生猪产品照片； 14. 仓库及销售记录照片。

（续）

调查结论及处理意见	调查结论：上述证据中，当事人提供的证据5～7证明了本案的违法主体和法定代表人；执法人员制作的证据1～4和证据10、13、14证明了当事人出厂经肉品品质检验不合格的生猪产品的事实；证据12证明了当事人从2017年2月19日开始到2018年4月18日，以每千克11元的价格销售了经肉品品质检验不合格的生猪产品5 203千克，共计57 233元；证据8、9、11分别证明了检验员孙某和商贩程某的身份。当事人乙县丙生猪定点屠宰厂出厂经肉品品质检验不合格的生猪产品一案，事实清楚，证据确凿。其行为违反了《生猪屠宰管理条例》第十三条第三款规定。 　　依据《生猪屠宰管理条例》第二十六条、《刑法》第一百四十条、《最高人民检察院、公安部关于公安机关管辖的刑事案件立案追诉标准的规定（一）》第十六条之规定，该行为已构成犯罪，建议进行集体讨论，并依法移交公安机关，追究刑事责任。 执法人员签名：李某　陈某 2017年4月19日
执法机构意见	建议进行集体讨论，移交公安机关。 签名：张某 2017年4月20日
法制机构意见	**（如内设法制科，由法制科在此处填写意见）** 签名： 年　　月　　日
执法机关意见	**经执法机关负责人集体讨论决定依法移交公安机关，追究刑事责任。** 签名：杨某 2017年4月20日

乙县畜牧兽医局负责人
重大案件集体讨论记录

案件名称：涉嫌出厂经肉品品质检验不合格的生猪产品案

案件编号（立案编号）：乙牧医（屠宰）立〔2017〕8号

讨论时间：　2017年4月20日9时30分至10时30分

地点：乙县畜牧兽医局会议室

主持人：杨某（乙县畜牧兽医局局长）

汇报人：李某（乙县畜牧兽医局执法科科长）

列席人：陈某（乙县畜牧兽医局执法科人员）

记录人：林某（乙县畜牧兽医局执法科人员）

出席人员姓名及职务：

杨某（县畜牧兽医局局长）、孟某（县畜牧兽医局副局长）、张某（县畜牧兽医局副局长）。

讨论内容：

1. 违法事实是否清楚；2. 执法程序是否适当；3. 是否应移交公安机关。

讨论记录：

杨某：今天我们依据《中华人民共和国行政处罚法》第三十八条规定，就乙县丙生猪定点屠宰厂涉嫌出厂经肉品品质检验不合格的生猪产品案进行重大案件集体讨论，下面由办案人李某介绍简要案情和调查取证过程。

李某：2017年4月17日，接群众举报称乙县丙生猪定点屠宰厂近几日疑似在早上8时左右将经肉品品质检验不合格的生猪产品销售给商贩。2017年4月18日，本机关派执法人员陈某、李某对该屠宰厂进行突击检查。执法人员于18日清晨7时35分赶到达乙县丙生猪定点屠宰厂，并直奔屠宰厂后门，在后门处发现了一辆带棚三轮车和正在搬运生猪产品的程某。被搬运的生猪产品皮肤呈现弥漫性红色，皮下脂肪和体腔内脂肪呈灰红色，肌肉组织色暗，肋间血管中有血液滞留。当事人的行为涉嫌违反了《生猪屠宰管理条例》第十三条第三款规定。执法人员对现场进行了拍照取证，经向本机关负责人杨某进行了电话汇报，获批准立案调查。执法人员制作了《现场检查笔录》，对现场生猪产品890千克进行了扣押，在该屠宰厂对钱某、孙某和程某进行了调查询问，制作了《询问笔录》，收集了相关证据。

经调查，当事人乙县丙生猪定点屠宰厂存在出厂经肉品品质检验不合格的生猪产品违法事实。自 2017 年 2 月 19 日至 2017 年 4 月 18 日，当事人以每千克 11 元的价格将经肉品品质检验不合格的生猪产品 5 203 千克销售给商贩程某，销售金额共达 57 233 元。

证据如下：

1. 现场检查笔录 1 份；

2. 钱某《询问笔录》1 份；

3. 孙某《询问笔录》1 份；

4. 程某《询问笔录》1 份；

5. 《营业执照》复印件 1 份；

6. 《生猪定点屠宰证书》复印件 1 份；

7. 钱某身份证复印件 1 份；

8. 孙某身份证复印件 1 份；

9. 孙某《肉品检验人员资格证书》复印件 1 份；

10. 孙某《肉品品质检验记录》复印件 1 份；

11. 程某身份证复印件 1 份；

12. 销售记录复印件 1 份；

13. 程某收购生猪产品的三轮车及车上的生猪产品照片；

14. 仓库及销售记录照片。

上述证据中，证据 5～7 证明了本案的违法主体和法定代表人；执法人员制作的证据 1～4 和证据 10、13、14 证明了当事人出厂经肉品品质检验不合格的生猪产品的事实；证据 12 证明了当事人从 2017 年 2 月 19 日开始到 2018 年 4 月 18 日，以每千克 11 元的价格销售了经肉品品质检验不合格的生猪产品 5 203 千克，共计 57 233 元；证据 8、9、11 分别证明了检验员孙某和商贩程某的身份。

我们认为，当事人乙县丙生猪定点屠宰厂出厂经肉品品质检验不合格的生猪产品一案，事实清楚，证据确凿。其行为违反了《生猪屠宰管理条例》第十三条第三款"生猪定点屠宰厂（场）的生猪产品未经肉品品质检验或者经肉品品质检验不合格的，不得出厂（场）"之规定，且违法所得达到 57 233 元。依据《生猪屠宰管理条例》第二十六条、《刑法》第一百四十条、《最高人民检察院、公安部关于公安机关管辖的刑事案件立案追诉标准的规定（一）》第十六条之规定，该行为已涉嫌构成生产销售伪劣产品罪，建议依法移交公安机关，追究刑事责任。

张某：同意办案人员意见。李某、陈某收集到的证据足以确认当事人乙县丙生猪定点屠宰厂出厂经肉品品质检验不合格的生猪产品的违法行为，涉嫌违反了《生猪管理条例》第十三条第三款之规定，违法所得达到 57 233 元。依据《生猪屠宰管理条例》第二十六条、《刑法》第一百四十条、《最高人民检察院、公安部关于公安机关管辖的刑事案件立案追诉标准的规定（一）》第十六条之规定，该行为已构成犯罪，建议依法移交公安机关，追究刑事责任。

孟某：本案的证据来源合法、证据的形式要件合法，证据链条完整，能够为认定违法事实的存在提供足够的依据。案件处理程序合法，按照法定程序进行调查处理。同意办案人员意见，依法移交公安机关。

丁某：同意办案人员意见。

结论性意见：

经乙县畜牧兽医局负责人集体讨论，乙县丙生猪定点屠宰厂涉嫌出厂经肉品品质检验不合格的生猪产品一案，事实清楚，证据确凿，程序合法。同意办案人员意见，依据《生猪屠宰管理条例》第二十六条、《刑法》第一百四十条、《最高人民检察院、公安部关于公安机关管辖的刑事案件立案追诉标准的规定（一）》第十六条之规定，该行为已构成犯罪，建议依法移交公安机关，追究刑事责任。

机关负责人签名：杨某　孟某　张某

乙县畜牧兽医局
案件移送函

乙牧医（屠宰）　移〔2017〕　1　号

乙县公安局　　　：

　　乙县丙生猪定点屠宰厂出厂经肉品品质检验不合格的生猪产品案件，经本机关调查核实，认为　乙县丙生猪定点屠宰厂出厂经肉品品质检验不合格的生猪产品行为，涉嫌违反了《刑法》第一百四十条、《最高人民检察院、公安部关于公安机关管辖的刑事案件立案追诉标准的规定（一）》第十六条之规定，涉嫌生产、销售伪劣产品罪　　　　　，根据《行政执法机关移送涉嫌犯罪案件的规定》（国务院令第 310 号）第三条的规定，现将此案移送你单位处理，并请将处理结果函告本机关。

　　附：有关材料清单

乙县畜牧兽医局（印章）
2017 年 4 月 20 日

执法机关地址：乙县××路××号
联系人（案件主承办人）：李某　　　　电话：×××××××××××

—卷内 33—

移送案件涉案物品清单

名称	数量	品级	规格	型号	形态	备注
现场检查笔录	1	/	份	/	/	/
询问笔录（钱某）	1	/	份	/	/	/
询问笔录（孙某）	1	/	份	/	/	/
询问笔录（程某）	1	/	份	/	/	/
乙县丙生猪定点屠宰厂《营业执照》复印件	1	/	份	/	/	/
乙县丙生猪定点屠宰厂《生猪定点屠宰证书》复印件	1	/	份	/	/	/
钱某身份证复印件	1	/	份	/	/	/
孙某身份证复印件	1	/	份	/	/	/
孙某《肉品检验人员资格证书》复印件	1		份			
孙某《肉品品质检验记录》复印件	1		份			
程某身份证复印件	1	/	份	/	/	/
销售记录复印件	1	/	份	/	/	/
程某收购生猪产品的三轮车及车上的生猪产品照片	1	/	份	/	/	/
仓库及销售记录照片	1	/	份	/	/	/
查封（扣押）决定书	1	/	份	/	/	/
查封（扣押）审批表	1	/	份	/	/	/
查封（扣押）财物清单	1	/	份	/	/	/
查封（扣押）现场笔录	1	/	份	/	/	/
案件调查报告	1	/	份	/	/	/
生猪产品	890	/	千克	/	/	/
车辆	1		辆	乙县·三轮05456		

单位（公章）：甲县畜牧兽医局

移送案件接收人：　季某　　　　2017 年 4 月 20 日

拒绝签字情况及理由：

移送案件移送人：　李某　陈某　　2017 年 4 月 20 日

案件调查报告

乙县公安局　　　　　　　　　　：

　　2017年4月17日，接群众举报称乙县丙生猪定点屠宰厂近几日疑似在早上8时左右在厂后门将疑似有问题的生猪产品销售给商贩。2017年4月18日，本机关派执法人员陈某、李某对该屠宰厂进行突击检查。执法人员于18日清晨7时35分到达乙县丙生猪定点屠宰厂，并直奔屠宰厂后门，在后门处发现了一辆带棚三轮车和正在搬运生猪产品的程某。被搬运的生猪产品皮肤呈现弥漫性红色，皮下脂肪和体腔内脂肪呈灰红色，肌肉组织色暗，肋间血管中有血液滞留。当事人的行为涉嫌违反了《生猪屠宰管理条例》第十三条第三款规定。经本机关立案调查，执法人员制作了《现场检查笔录》，对现场生猪产品890千克进行了扣押对钱某、孙某和程某进行了调查询问，制作了《询问笔录》，收集了相关证据。

　　经调查，当事人乙县丙生猪定点屠宰厂存在出厂经肉品品质检验不合格的生猪产品违法事实。自2017年2月19日至2017年4月18日，当事人以每千克11元的价格将经肉品品质检验不合格的生猪产品5 203千克销售给商贩程某，销售金额共达57 233元。

　　证据如下：

1. 现场检查笔录1份；

2. 钱某《询问笔录》1份；

3. 孙某《询问笔录》1份；

4. 程某《询问笔录》1份；

5. 《营业执照》复印件1份；

6. 《生猪定点屠宰证书》复印件1份；

7. 钱某身份证复印件1份；

8. 孙某身份证复印件1份；

9. 孙某《肉品检验人员资格证书》复印件1份；

10. 孙某《肉品品质检验记录》复印件1份；

11. 程某身份证复印件1份；

12. 销售记录复印件1份；

13. 程某收购生猪产品的三轮车及车上的生猪产品照片；

14. 仓库及销售记录照片。

上述证据中，证据5～7证明了本案的违法主体和法定代表人；执法人员制作的证据 1～4 和证据 10、13、14 证明了当事人出厂经肉品品质检验不合格的生猪产品的事实；证据 12 证明了当事人从 2017 年 2 月 19 日开始到 2018 年 4 月 18 日，以每千克 11 元的价格销售了经肉品品质检验不合格的生猪产品 5 203 千克，共计 57 233 元；证据 8、9、11 分别证明了检验员孙某和商贩程某的身份。

我们认为，当事人乙县丙生猪定点屠宰厂出厂经肉品品质检验不合格的生猪产品一案，事实清楚，证据确凿。其行为违反了《生猪屠宰管理条例》第十三条第三款"生猪定点屠宰厂（场）的生猪产品未经肉品品质检验或者经肉品品质检验不合格的，不得出厂（场）"之规定，且违法所得达到 57 233 元，涉嫌构成生产销售伪劣产品罪，依据《生猪屠宰管理条例》第二十六条、《刑法》第一百四十条、《最高人民检察院、公安部关于公安机关管辖的刑事案件立案追诉标准的规定（一）》第十六条之规定，该行为已构成犯罪，依法移交公安机关，追究刑事责任。

乙县畜牧兽医局

2017 年 4 月 20 日

乙县公安局
立案告知书

乙公立告字〔2017〕153 号

乙县畜牧兽医局　　　　：

　　你单位于　2017　年　4　月　20　日以　《乙县畜牧兽医局案件移送函》
《乙牧医（屠宰）移〔2017〕1 号》移送的乙县丙生猪定点屠宰厂涉嫌生产销
售伪劣产品案已接收，经我局审查，认为符合刑事立案条件，根据《中华人民
共和国刑事诉讼法》第一百零七条之规定，已决定立案。

　　特此告知。

案件编号：××××××××××××××　　　办案单位：乙县公安局
地址：乙县××路××号　　　　　　　　邮编：××××××

乙县公安局（公章）
2017 年 4 月 25 日

关于乙县丙生猪定点屠宰厂出厂经肉品品质检验
不合格的生猪产品情况的报告

甲市人民政府：

2017 年 4 月 17 日，接群众举报称乙县丙生猪定点屠宰厂近几日疑似在早上 8 时左右将经肉品品质检验不合格的生猪产品销售给商贩。2017 年 4 月 18 日，本机关派执法人员陈某、李某对该屠宰厂进行突击检查。执法人员对现场进行了拍照取证，经向本机关负责人杨某进行了电话汇报，获批准立案调查。执法人员制作了《现场检查笔录》，对现场生猪产品 890 千克进行了扣押，对钱某、孙某和程某等相关当事人进行了调查询问，制作了《询问笔录》，收集了相关证据。当事人的行为涉嫌违反了《生猪屠宰管理条例》第十三条第三款规定。

经调查，当事人乙县丙生猪定点屠宰厂存在出厂经肉品品质检验不合格的生猪产品违法事实。自 2017 年 2 月 19 日至 2017 年 4 月 18 日，当事人以每千克 11 元的价格将经肉品品质检验不合格的生猪产品 5 203 千克销售给商贩程某，销售金额共达 57 233 元。

依据《生猪屠宰管理条例》第二十六条、《刑法》第一百四十条、《最高人民检察院、公安部关于公安机关管辖的刑事案件立案追诉标准的规定（一）》第十六条规定，该行为已构成犯罪，我局已于 2017 年 4 月 20 日移交给乙县公安局，并于 2017 年 4 月 25 日接到乙县公安局予以立案调查的《立案告知书》（乙公立告字〔2017〕153 号）。

依据《生猪屠宰管理条例》第二十六条"生猪定点屠宰厂（场）出厂（场）未经肉品品质检验或者经检验不合格的生猪产品的，由畜牧兽医行政主管部门责令停业整顿，没收生猪产品和违法所得，并处货值金额 1 倍以上 3 倍以下的罚款，对其主要负责人处 1 万元以上 2 万元以下的罚款；货值金额难以确定的，并处 5 万元以上 10 万元以下的罚款；造成严重后果的，由设区的市级人民政府取消其生猪定点屠宰厂（场）资格；构成犯罪的，依法追究刑事责任"之规定，建议取消其生猪定点屠宰厂营业资格。

乙县畜牧兽医局

2017 年 4 月 26 日

行政处罚结案报告

案　由	出厂经肉品品质检验不合格的生猪产品案		
当事人	乙县丙生猪定点屠宰厂		
立案时间	2017 年 4 月 18 日	处罚决定 送达时间	2017 年 4 月 24 日

处罚决定：

　　1. 未进行行政处罚；

　　2. 已移送乙县公安局立案调查。

执行情况：

　　2017 年 4 月 25 日，我局收到乙县公安局予以立案调查的《立案告知书》（乙公立告字〔2017〕153 号）。

　　拟结案。

执法人员签名：李某　陈某

2017 年 4 月 26 日

执法 机构 意见	建议结案。 <div align="right">签名：张某 2017 年 4 月 26 日</div>
执法 机关 意见	同意结案。 <div align="right">签名：杨某 2017 年 4 月 26 日</div>

备 考 表

本案卷包括使用的执法文书，收集的证据及罚没款收据共 40 页。

> 立卷人：李某
>
> 2017 年 4 月 26 日

本案卷执法文书及相关证据归档完整，符合要求。

> 审查人：杨某
>
> 2017 年 4 月 28 日

第九章
对生猪或者生猪产品注水或者注入其他物质案

案 情 概 述

2017年2月3日，丙县农业局接群众举报，反映丙县××乡××村一废院内有人对生猪注水，丙县农业局立即派出执法人员对群众举报地点进行了突击检查，当场发现当事人王某正用水管对5头生猪强行插胃注水，经领导批准后立案调查，执法人员依法调查取证，对注水现场制作了现场勘验笔录，对当事人王某和李某分别制作了询问笔录，对5头注水生猪、注水工具等采取了扣押措施，对有关证据进行了拍照取证。经查，当事人王某对收购的5头生猪进行注水，准备注水后卖给屠宰场，经称重，5头生猪共计570千克。当事人的行为违反了《生猪屠宰管理条例》第十五条第一款之规定。依照《生猪屠宰管理条例》第二十七条第一款之规定，参照《甲省生猪屠宰管理条例》行政处罚裁量标准，2017年2月6日，丙县农业局向当事人送达了《行政处罚事先告知书》〔丙农（屠宰）告〔2017〕9号〕，责令当事人立即停止对生猪注水行为，并作出以下处罚决定：1.没收注水生猪5头；2.没收注水工具；3.罚款47 424元（货值金额4倍，11 856元×4）。当事人当场进行了陈述申辩，要求从轻处理，当事人的陈述申辩意见不符合法定的从轻处罚规定，丙县农业局维持行政处罚事先告知书拟给予的处罚决定。当事人3日内未提出听证申请。2017年2月13日，丙县农业局向当事人送达了《行政处罚决定书》〔丙农（屠宰）罚〔2017〕9号〕。2017年2月13日，当事人将47 424元罚款交至丙县××银行××支行。2017年2月15日，丙县农业局将注水工具等罚没物品在丙县××垃圾处理厂进行了销毁处理。5头注水生猪经官方兽医检疫合格后，进行了拍卖处理，拍卖款上缴国库。至此案件终结。

丙县农业局

生猪屠宰行政执法案卷

王某对生猪注水案

自 2017 年 2 月 3 日至 2017 年 2 月 15 日	保管期限	长期
本卷共 1 件 38 页	归档号	丙农（屠宰）罚〔2017〕9 号

全宗号	目录号	案卷号
	2017	09 号

卷　内　目　录

序号	题　名	文书编号	文书日期	卷内页码	备注
1	丙县农业局行政处罚决定书	丙农（屠宰）罚〔2017〕9号	2017 年 2 月 13 日	1～2	
2	行政处罚立案审批表	丙农（屠宰）立〔2017〕9号	2017 年 2 月 3 日	3	
3	证据材料登记表		2017 年 2 月 3 日	4	
4	现场检查（勘验）笔录		2017 年 2 月 3 日	5～6	
5	询问笔录		2017 年 2 月 3 日	7～11	
6	询问笔录		2017 年 2 月 3 日	12～14	
7	丙县农业局查封（扣押）审批表		2017 年 2 月 3 日	15	
8	丙县农业局查封（扣押）决定书	丙农（屠宰）封（扣）〔2017〕9号	2017 年 2 月 3 日	16	
9	查封（扣押）财物清单		2017 年 2 月 3 日	17	
10	查封（扣押）现场笔录		2017 年 2 月 3 日	18	
11	证据材料登记表		2017 年 2 月 3 日	19	
12	证据材料登记表		2017 年 2 月 3 日	20	
13	证据材料登记表		2017 年 2 月 3 日	21	
14	证据材料登记表		2017 年 2 月 3 日	22	

（续）

序号	题　名	文书编号	文书日期	卷内页码	备注
15	证据材料登记表		2017 年 2 月 3 日	23	
16	案件处理意见书		2017 年 2 月 6 日	24～25	
17	重大案件集体讨论记录		2017 年 2 月 6 日	26～27	
18	丙县农业局行政处罚事先告知书	丙农（屠宰）告〔2017〕9 号	2017 年 2 月 6 日	28	
19	陈述申辩笔录		2017 年 2 月 7 日	29	
20	行政处罚决定审批表		2017 年 2 月 13 日	30	
21	送达回证		2017 年 2 月 3 日	31	
22	送达回证		2017 年 2 月 6 日	32	
23	送达回证		2017 年 2 月 13 日	33	
24	罚没收据存根清单			34	
25	罚没物品处理记录		2017 年 2 月 15 日	35	
26	罚没物品处理记录		2017 年 2 月 15 日	36	
27	行政处罚结案报告		2017 年 2 月 15 日	37	
28	备考表		2017 年 2 月 15 日	38	

丙县农业局
行政处罚决定书

丙农（屠宰）罚〔2017〕　9　号

当事人：王某，男，39 岁，地址：丙县××街××小区××号。

当事人对生猪注水一案，经本机关依法调查，现查明：

2017 年 2 月 3 日，丙县农业局接群众举报，反映丙县××乡××村一废院内有人对生猪注水，丙县农业局立即派出执法人员对群众举报地点进行了突击检查，当场发现当事人王某正用水管对 5 头生猪强行插胃注水，经领导批准后立案调查。经查，当事人当日对收购的 5 头生猪进行注水，准备注水后卖给屠宰场，经称重，5 头生猪共计 570 千克。当事人违法行为的主要证据如下：1. 2017 年 2 月 3 日对注水现场的现场勘验笔录 1 份，对王某的询问笔录 1 份，对李某的询问笔录 1 份，现场照片 6 张，扣押生猪、注水工具等清单 1 份，证明了当事人王某注水的事实。2. 当事人提供的身份证复印件，证明了本案的违法主体是王某。3. 丙县物价局出具的生猪价格证明 1 份（2 月 3 日市场生猪价格为 20.8 元/千克），证明当事人王某经营的猪肉货值金额共 11 856 元（5 头生猪共计 570 千克×20.8 元＝11 856 元）。

本机关认为：

当事人对生猪注水的违法行为事实清楚，证据确凿，其行为违反了《生猪屠宰管理条例》第十五条第一款："生猪定点屠宰厂（场）以及其他任何单位和个人不得对生猪或者生猪产品注水或者注入其他物质"之规定，2017 年 2 月 4 日，本机关向当事人送达了《行政处罚事先告知书》〔丙农（屠宰）告〔2017〕9 号〕，当事人当场进行了陈述申辩，要求从轻处罚，经核查，陈述申辩理由不符合法定的从轻处罚条件，本机关不予采纳。当事人 3 日内未提出听证申请。

依照《生猪屠宰管理条例》第二十七条第一款："生猪定点屠宰厂（场）、其他单位或者个人对生猪、生猪产品注水或者注入其他物质的，由畜牧兽医行政主管部门没收注水或者注入其他物质的生猪、生猪产品、注水工具和设备以及违法所得，并处货值金额 3 倍以上 5 倍以下的罚款，对生猪定点屠宰厂（场）或者其他单位的主要负责人处 1 万元以上 2 万元以下的罚款；货值金额难以确定的，对生猪定点屠宰厂（场）或者其他单位并处 5 万元以上 10 万元以下的罚款，对个人并处 1 万元以上 2 万元以下的罚款；构成犯罪的，依法追究刑事责任。"之规定，参照《甲省生猪屠宰管理条例》行政处罚裁量标准，本机关做出如下处罚决定：

1. 没收注水生猪 5 头；

2. 没收红色水桶 2 个，皮管 2 条，蓝色塑料漏斗 1 个，白色塑料瓢 2 个，保定绳 2 根，开口器 3 个；

3. 处以货值金额 4 倍罚款，罚款人民币肆万柒仟肆佰贰拾肆元（47 424 元）。

当事人必须在收到本处罚决定书之日起 15 日内持本决定书到 丙县××支行缴纳罚（没）款。逾期不按规定缴纳罚款的，每日按罚款数额的 3‰加处罚款，加处罚款的数额不超出罚款的数额。

当事人对本处罚决定不服的，可以在收到本处罚决定书之日起 60 日内向丙县人民政府或乙市农业局申请行政复议；或者 6 个月内向丙县人民法院提起行政诉讼。行政复议和行政诉讼期间，本处罚决定不停止执行。

当事人逾期不申请行政复议或提起行政诉讼，也不履行本行政处罚决定的，本机关将依法申请人民法院强制执行。

丙县农业局（印章）

2017 年 2 月 13 日

—卷内 2—

行政处罚立案审批表

丙农（屠宰）立〔2017〕9 号

案件来源	群众举报				受案时间	2017 年 2 月 3 日	
案　由	涉嫌对生猪注水案						
当事人	个人	姓名	王某			电话	××××××××××
		性别	男	年龄 46 岁	身份证号		××××××××××××××××
		住址	丙县××街××小区××号				
	单位	名称	/			法定代表人（负责人）	/
		地址	/			电话	/
简要案情	2017 年 2 月 3 日，我局接群众举报，反映丙县××乡××村一废院内有人对生猪注水，我局立即派出执法人员对群众举报地点进行了突击检查，当场发现王某等人正在用水管对 5 头生猪强行插胃注水，王某的行为涉嫌违反了《生猪屠宰管理条例》第十五条第一款"生猪定点屠宰（厂）场以及其他任何单位和个人不得对生猪或者生猪产品注水或注入其他物质"之规定，建议立案查处。 　　　　　　　　　　　　　　　　　　　受案人签：吴某　宋某 　　　　　　　　　　　　　　　　　　　　　　2017 年 2 月 3 日						
执法机构意见	同意立案，由吴某为案件主办人，宋某为案件协办人。 　　　　　　　　　　　　　　　　　　　　　　签名：张某 　　　　　　　　　　　　　　　　　　　　　　2017 年 2 月 3 日						
法制机构意见	同意立案查处。 　　　　　　　　　　　　　　　　　　　　　　签名：刘某 　　　　　　　　　　　　　　　　　　　　　　2017 年 2 月 3 日						
执法机关意见	同意立案查处，由吴某为案件主办人，宋某为案件协办人。 　　　　　　　　　　　　　　　　　　　　　　签名：方某 　　　　　　　　　　　　　　　　　　　　　　2017 年 2 月 3 日						
备　注							

证据材料登记表

复印件由当事人确认无异后，签字确认。

签名：王某

2017 年 2 月 3 日

证据制作说明：

1. 收 集 人：吴某、宋某。

2. 提 供 人：王某。

3. 收集时间：2017 年 2 月 3 日。

4. 收集地点：丙县××乡××村××号院内。

5. 收集方式：复印。

6. 证据内容：当事人王某身份证复印件。

现场检查（勘验）笔录

时间：　2017　年　2　月　3　日　11　时　45　分至　12　时　28　分

检查（勘验）地点：　丙县××乡××村××号院内

当事人：　王某

检查（勘验）机关：　丙县畜牧局

检查（勘验）人员：　吴某　　　　执法证件号：　×××××

　　　　　　　　　　宋某　　　　　　　　　　　×××××

记录人：　宋某

现场检查（勘验）情况：2017年2月3日，丙县畜牧局吴某、宋某两名执法人员佩戴执法标识，经出示执法证件后进入丙县××乡××村××号院内当场发现王某和李某两人正对5头生猪注水，李某用铁钩保定生猪，王某用注水皮管强行插入猪胃内注水，执法人员进行了现场检查，经查：该院位于丙县××乡××村××乡道与××路交叉口向西500米路北，坐北朝南，有一朝南的蓝色铁门，进入院内靠北有2间瓦房，院内西侧有一钢管焊制的蓝色铁皮围栏做成的猪圈，离地1米，面积15米²左右，圈内有5头生猪，均100千克左右，均有耳标，5头生猪均精神委顿、卧地不起，站立困难、四肢肿大、后肢肌肉震颤、腹部呈不同程度的对称性膨大并向两侧扩展下沉。猪圈内西北角有两个大红桶，桶内有水，水上漂有白色塑料瓢两个，蓝色塑料漏斗一个，

当事人签名或盖章：王某　　　　　　　　　　（见证人签名或盖章：李某）

执法人员签名或盖章：吴某　宋某

笔 录 纸

西边桶上有一水管，水管通向圈北 2 米左右的一机井内，地上有皮管 2 条，保定钩 3 个，开口器 3 个。执法人员对当事人、注水工具、注水生猪、场所等进行了拍照取证。

（以下空白）

当事人签名或盖章：王某　　　　　　　　（见证人签名或盖章：李某）

执法人员签名或盖章：吴某　宋某

（第 2 页　共 2 页）

询问笔录

询问时间：　2017　年　2　月　3　日　12　时　40　分至　13　时　26　分

询问地点：　丙县××乡××村××号院内

询问机关：　丙县农业局

询问人：　吴某　　　　　执法证件号：　××××××

　　　　　宋某　　　　　　　　　　　　××××××

记录人：　宋某

被询问人：姓名　王某　　　性别　男　年龄　　46 岁

　　　　　身份证号　××××××××××××××××××

　　　　　联系电话　×××××××××××

　　　　　工作单位　　　无　　　　　职务　　　无

　　　　　住址　　丙县××街××小区××号

问：我们是丙县农业局执法人员（出示执法证件），现依法向你进行询问调查。你应当如实回答我们的询问并协助调查，作伪证要承担法律责任，你听清楚了吗？

答：我听清楚了。

问：你有申请执法人员回避的权利，是否需要执法人员回避？

答：不需要。

被询问人签名：王某

执法人员签名：吴某　　宋某

（第 1 页　共 5 页）

笔 录 纸

问：请你介绍一下自己的情况。

答：我叫王某，男，46岁，家住丙县××街××小区××号，身份证号是×××××××××××××××××，手机号是×××××××××××，现在从事生猪收购贩运。

问：请提供你的身份证。

答：好的，这是我的身份证。

问：你的身份证我们需要复印一份，并需要你签字确认。

答：可以。

问：你从事生猪贩运多长时间了？

答：有4年了，从2013年9月开始贩运生猪。

问：你都是从什么地方收购生猪？

答：基本都是从我们乡及周边乡的生猪养殖场收购生猪，有时候也会从邻县收购。

问：收购的生猪都卖到什么地方？

答：一般都卖到乙市的生猪定点屠宰场，有时也会卖到丁市的生猪定点屠宰场，哪里收的贵就卖到哪。

问：你之前收购的生猪是否经过检疫？

答：是的，我贩运的生猪都经过检疫且有检疫证明。

问：这批生猪的货主是谁？

被询问人签名：王某

执法人员签名：吴某　宋某

(第2页　共5页)

笔 录 纸

答：是我。

问：你圈里这 5 头猪是从什么地方收购的？

答：从丙县的××生猪养殖场收购，准备送到乙市的生猪定点屠宰场。

问：你为什么拉到这个院子里，不直接送往屠宰场。

答：你们现场也抓住我注水了，其实就是为了注水增重，卖个好价钱。

问：这个院子是谁的？

答：是我父母的，我父母去年搬到我县城的家里了，这个院子暂时没人住了。

问：你能提供下这批猪的产地检疫证和"瘦肉精"抽检证明吗？

答：可以，这是产地检疫证和"瘦肉精"抽检证明。

问：我们需要复印下产地检疫证和"瘦肉精"抽检证明。

答：好的。

问：一会我们会对生猪尿液做个"瘦肉精"快速检测。

答：好的，我积极配合。

问：你以什么价收购的这批猪？

答：这 5 头生猪平均每头 114 千克左右，共计 570 千克，每千克收购价 20 元，货值 11 400 元。

问：今天我们进入你们院里的时候，你和李某在做什么？

被询问人签名：王某
执法人员签名：吴某　宋某

（第 3 页　共 5 页）

生猪屠宰行政执法操作指南

笔 录 纸

答：在对生猪进行注水。

问：李某和你是什么关系？

答：他是我的朋友，之前都是我开车，今天临时让他过来帮忙开车。

问：他知道你在注水吗？

答：他不清楚，只是过来帮忙，我今天给他 200 元让他搭把手。

问：你知道注水是违法的吗？

答：知道。

问：你对生猪注水多久了？

答：今天是第一次，就被你们逮住了。

问：你们今天从什么时间开始注水的？

答：从早上 10 时左右开始的。

问：今天注过几头猪了？

答：5 头生猪都注过第 3 遍了，你们来的时候，第 5 头猪也快注完了。

问：注水要注几遍？

答：准备注 5 遍。

问：你们怎么注水的？

答：先用保定绳固定住生猪，然后用开口器撬开猪嘴，再用注水皮管插入猪胃内，通过漏斗灌水。

被询问人签名：王某
执法人员签名：吴某　宋某

(第 4 页　共 5 页)

• 354 •　　　　　　　　　　　　　　　　　—卷内 10—

笔 录 纸

问：一头猪灌多少水？

答：这个没具体算过，一般一头猪一遍灌 3 瓢水，共灌 5 遍，这种情况下猪不会被灌死。

问：我们要对现场进行拍照取证，一些照片等证据材料需要你签字确认。

答：好的。

问：请问你对以上情况有什么要补充的吗？没有的话请签字。

答：没有什么要补充的，以上我看过了，和我说的一样。

（以下空白）

被询问人签名：王某

执法人员签名：吴某　宋某

（第 5 页　共 5 页）

询问笔录

询问时间：__2017__ 年 _2_ 月 _3_ 日 _13_ 时 _40_ 分至 _14_ 时 _20_ 分

询问地点：__丙县××乡××村××号院内__

询问机关：__丙县农业局__

询问人：__吴某__　　　执法证件号：__××××××__

　　　　__宋某__　　　　　　　　　　__××××××__

记录人：__宋某__

被询问人：姓名__李某__　性别__男__　年龄__42 岁__

　　　　身份证号　__××××××××××××××××××__

　　　　联系电话　__×××××××××××__

　　　　工作单位　__无__　　　　　职务　__无__

　　　　住址　__丙县××乡××村×号__

问：我们是丙县农业局执法人员（出示执法证件），现依法向你进行询问调查。你应当如实回答我们的询问并协助调查，作伪证要承担法律责任，你听清楚了吗？

答：我听清楚了。

问：你有申请执法人员回避的权利，是否需要执法人员回避？

答：不需要。

被询问人签名：李某

执法人员签名：吴某　宋某

笔 录 纸

问：请你介绍一下自己的情况。

答：我叫李某，男，42岁，家住丙县××乡××村×号，身份证号是×××
×××××××××××××××，手机号是×××××××××××，现暂
时无固定工作。

问：请提供你的身份证。

答：好的，这是我的身份证。

问：你的身份证我们需要复印一份，并需要你签字确认。

答：可以。

问：你和王某什么关系？

答：朋友关系，他今天找我让帮他临时开车，说给我200元工钱。

问：你之前帮他开过车吗？

答：没有，今天是第一次，我在家闲着没事，他找我帮忙我就去了。

问：圈里这5头猪是从什么地方收购的？

答：我和王某一块从丙县的××生猪养殖场收购，王某说要运往乙市屠宰场。

问：为什么中途要拉到这个院子里？

答：王某说要给生猪增重，能多挣钱，让我帮忙搭把手，我也没多想。

问：你知道王某是在对生猪注水吗？

被询问人签名：李某

执法人员签名：吴某　宋某

（第2页　共3页）

笔 录 纸

答：开始不知道，后来知道了。

问：王某对生猪注水属于违法行为，你知道吗？

答：现在知道了。

问：王某是怎么注水的？

答：我用保定绳帮他钩住猪嘴，用开口器撬开猪嘴，然后王某将注水皮管插入猪胃内，再用塑料瓢和漏斗进行灌水。

问：王某今天从什么时间开始注水的？

答：从早上 10 时左右开始的。

问：今天注过几头猪了？

答：5 头生猪都被注过 3 遍了，王某说一共要注 5 遍。

问：请问你对以上情况有什么要补充的吗？没有的话请签字。

答：没有什么要补充的，以上我看过了，和我说的一样。

（以下空白）

被询问人签名：李某

执法人员签名：吴某　宋某

丙县农业局
查封（扣押）审批表

案　　由			涉嫌对生猪注水案				
当事人	个人	姓名	王某		电话	×××××××××	
		性别	男	年龄	46岁	身份证号	××××××××××××
		住址	丙县××街××小区××号				
	单位	名称	/		法定代表人（负责人）	/	
		地址	/		电话	/	
理由及依据		当事人涉嫌违反《生猪屠宰管理条例》第十五条第一款之规定，根据《生猪屠宰管理条例》第二十一条第四款之规定，拟予以扣押。					
扣押物品		注水生猪5头，红色水桶2个，皮管2条，蓝色塑料漏斗1个，白色塑料瓢2个，保定绳2根，开口器3个。					
办案人员意见		建议对以上物品进行扣押，扣押期限拟从2017年2月3日至2017年3月4日。 执法人员签名：吴某　宋某 2017年2月3日					
执法机构意见		同意执法人员意见。 签名：张某 2017年2月3日					
法制机构意见		同意执法人员意见。 签名：刘某 2017年2月3日					
执法机关意见		同意执法人员意见。 签名：方某 2017年2月3日					

丙县农业局
查封（扣押）决定书

<u>丙农（屠宰）封（扣）〔2017〕　9　号</u>

王某　　　：

　　因你涉嫌对生猪注水，依据《生猪屠宰管理条例》第二十一条第四款："畜牧兽医行政主管部门依法进行监督检查，可以采取下列措施：（四）查封与违法生猪屠宰活动有关的场所、设施，扣押与违法生猪屠宰活动有关的生猪、生猪产品以及屠宰工具和设备"之规定，本机关决定对你　丙县××乡××村××号院内的5头生猪、注水工具等涉案物品予以查封（扣押）于　丙县农业局仓库内和隔离圈内，期限为　30　日（不包括对物品检测、检验和技术鉴定时间）。在查封（扣押）期间，你不得使用、销售、转移、损毁、隐匿。本机关将于扣押期限内作出处理决定。需要延长扣押期限的，本机关将根据《中华人民共和国行政强制法》第二十五条之规定，另行作出决定并告知。

　　当事人对本决定不服的，可以在收到本决定书之日起60日内向　丙县　人民政府或　乙市农业局申请行政复议；或者6个月内向　丙县　人民法院提起行政诉讼。行政复议和行政诉讼期间，本决定不停止执行。

　　附：查封（扣押）财物清单

丙县农业局（印章）

2017年2月3日

查封（扣押）财物清单

序号	财物名称	规格	生产日期 （批号）	生产单位	数量
1	生猪	头	/	/	5
2	红色水桶	100 升/个	/	/	2
3	皮管	2 米/个	/	/	2
4	蓝色塑料漏斗	个	/	/	1
5	白色塑料瓢	个	/	/	2
6	保定绳	0.5 米/个	/	/	2
7	开口器	0.8 米/个	/	/	3

当事人签名或盖章：王某

执法人员签名或盖章：吴某　宋某

查封（扣押）现场笔录

时间：___2017___年___2___月___3___日___15___时___20___分至___15___时___45___分

地点：___丙县××乡××村××号院内___

执法机关：___丙县农业局___

当事人：___王某___

执法人员：___吴某___　　执法证件号：___××××××___
　　　　　___宋某___　　　　　　　　　___××××××___

记录人：___宋某___

现场情况：___1. 丙县农业局执法人员吴某、宋某对当事人王某宣读了《丙县农业局查封（扣押）决定书》〔丙农（屠宰）封（扣）〔2017〕9号〕并交付当事人，执法人员制作了查封（扣押）财物清单，并经签字后交付当事人；2. 执法人员告知当事人对查封（扣押）强制措施如有异议，可以进行陈述申辩，当事人表示无异议，放弃陈述申辩；3. 执法人员将扣押物品装车运回丙县农业局仓库保管，5头生猪暂时存放在丙县农业局临时隔离圈保管。___

（以下空白）

当事人签名或盖章：王某　　　　　　（见证人签名或盖章：李某）

执法人员签名或盖章：吴某　宋某

证据材料登记表

复印件由当事人确认无异后，签字确认。

签名：李某

2017 年 2 月 3 日

证据制作说明：

1. 收 集 人：吴某、宋某。
2. 提 供 人：李某。
3. 收集时间：2017 年 2 月 3 日。
4. 收集地点：丙县××乡××村××号院内。
5. 收集方式：复印。
6. 证据内容：李某身份证复印件。

证据材料登记表

<blockquote>

照片由当事人确认无异后，签字确认。

签名：王某

2017 年 2 月 3 日

</blockquote>

证据制作说明：

1. 收 集 人：吴某、宋某。

2. 收集时间：2017 年 2 月 3 日。

3. 收集地点：丙县××乡××村××号院。

4. 收集方式：用数码相机拍照。

5. 证据内容：生猪注水场所丙县××乡××村××号院整体布局。

证据材料登记表

照片由当事人确认无异后，签字确认。

签名：王某

2017 年 2 月 3 日

证据制作说明：

1. 收集人：吴某、宋某。

2. 收集时间：2017 年 2 月 3 日。

3. 收集地点：丙县××乡××村××号院。

4. 收集方式：用数码相机拍照。

5. 证据内容：现场照片（注水生猪）。

证据材料登记表

照片由当事人确认无异后，签字确认。

签名：王某

2017 年 2 月 3 日

证据制作说明：

1. 收 集 人：吴某、宋某。

2. 收集时间：2017 年 2 月 3 日。

3. 收集地点：丙县××乡××村××号院。

4. 收集方式：用数码相机拍照。

5. 证据内容：现场照片（生猪注水工具）。

证据材料登记表

（2017 年 2 月 3 日生猪市场价格为 20.8 元/千克）

证据制作说明：

1. 收　集　人：吴某、宋某。

2. 提　供　人：丙县物价局。

3. 收集时间：2017 年 2 月 4 日。

4. 收集地点：丙县物价局。

5. 收集方式：原件。

6. 证据内容：丙县物价局市场价格证明。

案件处理意见书

案由	涉嫌对生猪注水案					
当事人	个人	姓名	王某			
		性别	男	年龄	46岁	电话 ××××××××××
		住址	丙县××街××小区××号			
	单位	名称	/		法定代表人（负责人）	/
		地址	/		电话	/
案件调查经过	2017年2月3日，丙县农业局接群众举报，反映丙县××乡××村××号院内有人对生猪注水。丙县农业局立即派出执法人员吴某、宋某对群众举报地点进行了突击检查，当场发现当事人王某正用水管对5头生猪强行插胃注水，经领导批准后立案调查。执法人员依法调查取证，于2017年2月3日制作了现场检查笔录，对当事人王某和李某制作了询问笔录，对5头生猪、注水工具、场所等进行了拍照取证，对生猪、注水工具等采取了扣押措施；2017年2月4日到丙县物价局取得了2月3日丙县生猪市场价格证明。至此，本案调查终结。					
所附证据材料	1. 现场检查笔录　　　　　　　　1份 2. 对当事人王某的询问笔录　　　1份 3. 对李某的询问笔录　　　　　　1份 4. 注水生猪、注水工具等证据照片　10张 5. 丙县物价局价格证明　　　　　1份 6. 当事人王某的身份证复印件　　1份 7. 李某的身份证复印件　　　　　1份					

（续）

调查 结论 及 处理 意见	调查结论：执法人员依法调查取证收集的证据如下： 　　1.2017年2月3日对王某的询问笔录1份，对李某的询问笔录1份，现场勘验笔录1份，照片10张，查封扣押生猪、注水工具等清单1份，证明了当事人王某对生猪注水的事实。2.当事人提供的身份证复印件，证明了本案的违法主体是王某。3.丙县物价局出具的生猪价格证明1份（2月3日生猪市场价格为20.8元/千克），证明当事人王某注水的生猪货值金额共11 856元（5头生猪共计570千克×20.8元＝11 856元）。综合以上证据证明，王某在丙县××乡××村××号院对5头生猪注水，货值11 856元，事实清楚，证据确凿。 　　其行为违反了《生猪屠宰管理条例》第十五条第一款："生猪定点屠宰厂（场）以及其他任何单位和个人不得对生猪或者生猪产品注水或者注入其他物质"之规定。 　　处理意见：依照《生猪屠宰管理条例》第二十七条第一款："生猪定点屠宰厂（场）、其他单位或者个人对生猪、生猪产品注水或者注入其他物质的，由畜牧兽医行政主管部门没收注水或者注入其他物质的生猪、生猪产品、注水工具和设备以及违法所得，并处货值金额3倍以上5倍以下的罚款，对生猪定点屠宰厂（场）或者其他单位的主要负责处1万元以上2万元以下的罚款；货值金额难以确定的，对生猪定点屠宰厂（场）或者其他单位并处5万元以上10万元以下的罚款，对个人并处1万元以上2万元以下的罚款；构成犯罪的，依法追究刑事责任"之规定，参照《甲省生猪屠宰管理条例》行政处罚裁量标准，建议给予以下处罚：1.没收注水生猪5头。2.没收红色水桶2个，皮管2条、蓝色塑料漏斗1个，白色塑料瓢2个，保定绳2根、开口器3个。3.罚款47 424元（货值金额4倍，11 856元×4）。 　　　　　　　　　　　　　　　　　　执法人员签名：吴某　宋某 　　　　　　　　　　　　　　　　　　　　　　　2017年2月6日
执法 机构 意见	同意执法人员意见。 　　　　　　　　　　　　　　　　　　　　　　签名：张某 　　　　　　　　　　　　　　　　　　　　　　2017年2月6日
法制 机构 意见	同意执法人员意见。 　　　　　　　　　　　　　　　　　　　　　　签名：刘某 　　　　　　　　　　　　　　　　　　　　　　2017年2月6日
执法 机关 意见	经执法机关负责人集体讨论，同意执法人员意见。 　　　　　　　　　　　　　　　　　　　　　　签名：方某 　　　　　　　　　　　　　　　　　　　　　　2017年2月6日

重大案件集体讨论记录

案由：涉嫌对生猪注水案

当事人：王某

时间：2017 年 2 月 6 日 16 时 15 分至 16 时 45 分

地点：丙县农业局会议室

主持人：宋某

记录人：王某

出席人员姓名及职务：宋某（局长）、方某（副局长）、李某（副局长）、案件承办人吴某（列席）。

　　宋某：今天就当事人王某涉嫌对生猪注水案进行集体讨论，下面由办案人吴某介绍简要案情和调查取证经过。

　　吴某：2017 年 2 月 3 日，我局接群众举报，反映丙县××乡××村××号院内有人对生猪注水。执法人员吴某和宋某立即对群众举报地点进行了突击检查，当场发现当事人王某正用水管对 5 头生猪强行插胃注水，经领导批准后立案调查。执法人员依法调查取证，制作了现场检查笔录，对当事人王某和李某（王某的朋友）制作了询问笔录，对 5 头生猪、注水工具和场所等进行了拍照取证，对生猪、注水工具等采取了扣押措施。2017 年 2 月 4 日，到丙县物价局取得了 2 月 3 日丙县生猪市场价格证明。现有证据如下：1. 2017 年 2 月 3 日对王某的询问笔录 1 份，对李某的询问笔录 1 份，现场勘验笔录 1 份，照片 10 张，查封扣押生猪、注水工具等清单 1 份，证明了当事人王某对生猪注水的事实。2. 当事人提供的身份证复印件，证明了本案的违法主体是王某。3. 丙县物价局出具的生猪价格证明 1 份（2 月 3 日生猪市场价格为 20.8 元/千克），证明当事人王某注水的生猪货值金额共 11 856 元（5 头生猪共计 570 千克×20.8 元＝11 856 元）。综合以上证据证明，王某在丙县××乡××村××号院对 5 头生猪注水，货值 11 856 元。王某对生猪注水的行为，事实清楚，证据确凿。其行为违反了《生猪屠宰管理条例》第十五条第一款："生猪定点屠宰厂（场）以及其他任何单位和个人不得对生猪或者生猪产品注水或者注入其他物质"之规定。依照《生猪屠宰管理条例》第二十七条第一款之规定，参照《甲省生猪屠宰管理条例》行政处罚裁量标准，建议给予以下处罚：1. 没收注水生猪 5 头；2. 没收红色水桶 2 个，皮管 2 条，蓝色塑料漏斗 1 个，白色塑料瓢 2 个，保定绳 2 根，开口器 3 个。3. 处货值金额

4 倍，罚款 47 424 元。

讨论记录：

方某：该案调查取证过程符合《中华人民共和国行政处罚法》的规定，程序合法，且证据链完整，能够证实当事人的违法事实。

李某：我认为该案适用法律条款准确。

宋某：我同意以上两位同志及办案人员的意见，我认为本案事实清楚、证据确凿、程序合法、定性准确和适用法律条款正确，对当事人罚款 47 424.00 元，请大家举手表决。（举手表决，一致通过）

讨论决定：

经讨论，当事人王某涉嫌对生猪注水一案事实清楚，证据确凿，其行为违反了《生猪屠宰管理条例》第十五条第一款之规定。依照《生猪屠宰管理条例》第二十七条第一款之规定，参照《甲省生猪屠宰管理条例》行政处罚裁量标准，给予以下处罚：1. 没收注水生猪 5 头。2. 没收红色水桶 2 个，皮管 2 条，蓝色塑料漏斗 1 个，白色塑料瓢 2 个，保定绳 2 根，开口器 3 个。3. 罚款 47 424 元（货值金额 4 倍，11 856 元×4）。全体表决通过。

出席人员签字：宋某　　方某　　李某　　吴某

丙县农业局
行政处罚事先告知书

丙农（屠宰）告〔2017〕 9 号

王某　　　　：

经调查，你于 2017 年 2 月 3 日在丙县××乡××村××号院对收购的 5 头生猪注水，准备注水后卖给屠宰场，生猪共计 570 千克，货值 11 856 元。

你违反了《生猪屠宰管理条例》第十五条第一款："生猪定点屠宰厂（场）以及其他任何单位和个人不得对生猪或者生猪产品注水或者注入其他物质"之规定。

依据《生猪屠宰管理条例》第二十七条第一款："生猪定点屠宰厂（场）、其他单位或者个人对生猪、生猪产品注水或者注入其他物质的，由畜牧兽医行政主管部门没收注水或者注入其他物质的生猪、生猪产品、注水工具和设备以及违法所得，并处货值金额 3 倍以上 5 倍以下的罚款，对生猪定点屠宰厂（场）或者其他单位的主要负责人处 1 万元以上 2 万元以下的罚款；货值金额难以确定的，对生猪定点屠宰厂（场）或者其他单位并处 5 万元以上 10 万元以下的罚款，对个人并处 1 万元以上 2 万元以下的罚款；构成犯罪的，依法追究刑事责任"之规定，参照《甲省生猪屠宰管理条例》行政处罚裁量标准，本机关拟作出如下处罚决定：

1. 没收注水生猪 5 头。

2. 没收红色水桶 2 个，皮管 2 条，蓝色塑料漏斗 1 个，白色塑料瓢 2 个，保定绳 2 根，开口器 3 个。

3. 处货值金额 4 倍罚款，罚款人民币肆万柒仟肆佰贰拾肆元（47 424.00元）。

根据《中华人民共和国行政处罚法》第三十一条、三十二条和第四十二条之规定，你可在收到本告知书之日起 3 日内向本机关进行陈述申辩、申请听证，逾期不陈述申辩、申请听证的，视为你放弃上述权利。

丙县农业局印章

2017 年 2 月 6 日

陈述申辩笔录

当事人：　　　王某

陈述申辩人：　王某

陈述申辩时间：　2017　年　2　月　7　日　09　时　13　分至　09　时　30　分

陈述申辩地点：　丙县农业局办公室

记录人：　宋某

执法人员：　　吴某　　　执法证件号：　　××××××

执法人员：　　　宋某　　执法证件号：　　××××××

陈述申辩内容：

　　经过你们的教育，我已经认识到自己的违法行为，以后坚决改正。我心甘情愿接受处罚。我以后一定严格按照法律要求从事生猪贩运活动。念在我是初犯，不懂法律知识，家庭经济困难，家里还有两个孩子在上学，请从轻处理。

　　（以下空白）

陈述申辩人签名：王某

记录人签名：宋某

执法人员签名：吴某　　宋某

行政处罚决定审批表

案由			对生猪注水案				
当事人	个人	姓名	王某				
		性别	男	年龄	46 岁	电话	××××××××××
		住址	丙县××街××小区××号				
	单位	名称	/		法定代表人（负责人）		/
		地址	/		电话		/
陈述申辩或听证情况			丙县农业局执法人员于 2017 年 2 月 7 日对王某送达了《行政处罚事先告知书》〔丙农（屠宰）告〔2017〕9 号〕，王某进行了陈述申辩，内容如下：经过你们的教育，我已经认识到自己的违法行为，以后坚决改正。我心甘情愿接受处罚。我以后一定严格按照法律要求从事生猪贩运活动。念在我是初犯，不懂法律知识，家庭经济困难，家里还有两个孩子在上学，请从轻处理。王某在 3 日内未提出听证申请。					
处理意见			当事人的陈述申辩意见不符合法定从轻处罚规定，建议维持《行政处罚事先告知书》〔丙农（屠宰）告〔2017〕9 号〕拟给予的处罚决定。 执法人员签名：吴某　宋某 2017 年 2 月 13 日				
执法机构意见			同意。 签名：张某 2017 年 2 月 13 日				
法制机构意见			同意。 签名：刘某 2017 年 2 月 13 日				
执法机关意见			同意。 签名：方某 2017 年 2 月 13 日				

送达回证

案　　由	涉嫌对生猪注水案				
受送达人	王某				
送达单位	丙县农业局				
送达文书及文号	送达地点	送达人	送达方式	收到日期	收件人签名
《丙县农业局查封（扣押）决定书》〔丙农（屠宰）封（扣）〔2017〕9号〕	丙县××乡××村××号院	吴某宋某	直接送达	2017年2月3日	王某
/	/	/	/	/	/
备注					

送达回证

案　　由	涉嫌对生猪注水案				
受送达人	王某				
送达单位	丙县农业局				
送达文书及文号	送达地点	送达人	送达方式	收到日期	收件人签名
《丙县农业局行政处罚事先告知书》〔丙农（屠宰）告〔2017〕9号〕	丙县××乡××村××号院	吴某宋某	直接送达	2017年2月6日	王某
/	/	/	/	/	/
备注					

送达回证

案　　由	对生猪注水案				
受送达人	王某				
送达单位	丙县农业局				
送达文书及文号	送达地点	送达人	送达方式	收到日期	收件人签名
《丙县农业局行政处罚决定书》〔甲农（屠宰）罚〔2017〕9号〕	丙县××乡××村××号院	吴某 宋某	直接送达	2017年2月13日	王某
/	/	/	/	/	/
备注					

罚没收据存根清单

银行现金缴款单

甲省政府非税收入票据

罚没物品处理记录

时间：　2017 年 2 月 15 日

地点：　丙县××垃圾处理厂

处理物品及处理方式：

　　2017 年 2 月 15 日上午 9 时 00 分，丙县农业局执法人员吴某、宋某，在丙县××垃圾处理厂将当事人王某没收的物品做如下处理：

　　1. 将用于生猪注水的 2 个红色水桶、2 条皮管、1 个蓝色塑料漏斗、2 个白色塑料瓢、2 根保定绳、3 个开口器等注水工具予以焚烧、深埋处理。

　　（附现场照片）

　　2. 对没收的 5 头注水生猪经 "瘦肉精" 尿样快速检测结果为阴性，经过静养观察，由官方兽医检疫合格后作拍卖处理。

　　执法人员用数码相机对上述情况进行了拍照。

　　（以下空白）

执法人员签名：吴某　宋某

执法机构负责人签名：方某

罚没物品处理记录

时间：　2017 年 2 月 15 日

地点：丙县病死畜禽无害化处理厂

处理物品及处理方式：

　　2017 年 2 月 15 日下午 15 时，在丙县农业局执法人员吴某、宋某监督下，在丙县病死畜禽无害化处理厂对没收的 5 头生猪进行湿化法处理。

　　（附现场照片）

执法人员签名：吴某　宋某

执法机构负责人签名：方某

行政处罚结案报告

案　由	对生猪注水案		
当事人	王某		
立案时间	2017 年 2 月 3 日	处罚决定送达时间	2017 年 2 月 13 日

处罚决定：

　　1. 没收注水生猪 5 头；2. 没收注水工具；3. 罚款 47 424 元。

执行情况：

　　1.5 头注水生猪已全部无害化处理。

　　2. 没收的 2 个红色水桶、2 条皮管、1 个蓝色塑料漏斗、2 个白色塑料瓢、2 根保定绳、3 个开口器已全部销毁处理。

　　3.47 424 元的罚款，当事人已于 2017 年 2 月 13 日交至丙县农业银行某支行，履行完毕，建议结案。

执法人员签名：吴某　宋某

2017 年 2 月 15 日

执法机构意见	同意结案。<div align="right">签名：张某 2017 年 2 月 15 日</div>
法制机构意见	同意结案。<div align="right">签名：刘某 2017 年 2 月 15 日</div>
执法机关意见	同意结案。<div align="right">签名：方某 2017 年 2 月 15 日</div>

备 考 表

本案卷包括使用的文书，收集的证据及罚没收据清单，共 38 页。

立卷人：赵某

2017 年 2 月 15 日

本案卷执法文书及相关证据归档完整，符合要求。

审查人：赵某

2017 年 2 月 15 日

第十章
屠宰注水或者注入其他物质的生猪案

案 情 概 述

2017 年 7 月 2 日，甲省农业局在监督巡查时，在丙县肉类食品有限公司冷库中抽检了 5 份猪肉样品，经甲省质量检测检验中心检验，有 2 份猪肉样品水分含量分别达到 77.9% 和 78.6%，不符合畜禽肉水分限量（GB 18394—2001）国家标准，甲省农业局立即责成丙县农业局展开调查。2017 年 7 月 5 日，丙县农业局经领导批准立案后，依法调查取证。执法人员制作了现场勘验笔录 1 份，对叶某制作了询问笔录 1 份，对 600 千克猪肉进行了查封，对冷库、过磅单、产品销售记录等证据进行了拍照取证。经查，丙县肉类食品有限公司在明知道张某贩卖的 7 头生猪是注水生猪的情况下，仍然收购并进行屠宰，7 头生猪重 840 千克，21 元/千克，货值共计 17 640 元；已经销售的两头生猪胴体 200 千克，违法所得为 4 150 元。当事人屠宰注水生猪的行为，违反了《生猪屠宰管理条例》第十五条第二款之规定，依照《生猪屠宰管理条例》第二十八条之规定，参照《甲省生猪屠宰管理条例》行政处罚裁量标准，2017 年 7 月 6 日，丙县农业局向当事人送达了《行政处罚事先告知书》〔丙农（屠宰）告〔2017〕10 号〕，当事人进行了陈述申辩，要求从轻处理，本机关认为当事人的陈述申辩意见不符合法定从轻处罚规定，维持行政处罚事先告知书拟给予的处罚决定。当事人 3 日内未提出听证申请。2017 年 7 月 12 日，丙县农业局向当事人送达了《行政处罚决定书》〔丙农（屠宰）罚〔2017〕10 号〕。2017 年 7 月 15 日，当事人将 59 430 元罚（没）款交至丙县××银行。2017 年 7 月 16 日，丙县农业局将没收的 800 千克猪肉在丙县××无害化处理厂进行了高温化制处理。至此案件终结。

丙县农业局

生猪屠宰行政执法案卷

丙县肉类食品有限公司屠宰注水生猪案

自 2017 年 7 月 5 日至 2017 年 7 月 20 日	保管期限	长期
本卷共 1 件 38 页	归档号	丙农（屠宰）罚〔2017〕10 号

全宗号	目录号	案卷号
	2017	10 号

卷　内　目　录

序号	题　名	文书编号	文书日期	卷内页码	备注
1	丙县农业局行政处罚决定书	丙农（屠宰）罚〔2017〕10号	2017年7月12日	1～2	
2	行政处罚立案审批表	丙农（屠宰）立〔2017〕10号	2017年7月5日	3	
3	证据材料登记表		2017年7月5日	4	
4	证据材料登记表		2017年7月5日	5	
5	证据材料登记表		2017年7月5日	6	
6	现场检查（勘验）笔录		2017年7月5日	7～8	
7	询问笔录		2017年7月5日	9～12	
8	查封（扣押）审批表		2017年7月5日	13	
9	丙县农业局查封（扣押）财物决定书	丙农（屠宰）封（扣）〔2017〕10号	2017年7月5日	14	
10	查封（扣押）财物清单		2017年7月5日	15	
11	查封（扣押）现场笔录		2017年7月5日	16	
12	证据材料登记表		2017年7月5日	17	
13	证据材料登记表		2017年7月5日	18	

（续）

序号	题 名	文书编号	文书日期	卷内页码	备注
14	证据材料登记表		2017 年 7 月 5 日	19	
15	证据材料登记表		2017 年 7 月 5 日	20	
16	证据材料登记表		2017 年 7 月 5 日	21	
17	证据材料登记表		2017 年 7 月 5 日	22	
18	证据材料登记表		2017 年 7 月 6 日	23	
19	丙县农业局责令改正通知书		2017 年 7 月 5 日	24	
20	案件处理意见书		2017 年 7 月 6 日	25～26	
21	重大案件集体讨论记录		2017 年 7 月 6 日	27～28	
22	丙县农业局行政处罚事先告知书	丙农（屠宰）告〔2017〕10 号	2017 年 7 月 6 日	29	
23	陈述申辩笔录		2017 年 7 月 6 日	30	
24	行政处罚决定审批表		2017 年 7 月 12 日	31	
25	送达回证		2017 年 7 月 5 日	32	
26	送达回证		2017 年 7 月 6 日	33	
27	送达回证		2017 年 7 月 12 日	34	
28	罚没物品处理记录		2017 年 7 月 16 日	35	
29	罚没收据存根清单			36	
30	行政处罚结案报告		2017 年 7 月 20 日	37	
31	备考表		2017 年 7 月 25 日	38	

丙县农业局
行政处罚决定书

丙农（屠宰）罚〔2017〕 10 号

当事人：丙县肉类食品有限公司

法定代表人：叶某

地址：丙县××区×××街××号

当事人屠宰注水生猪一案，经本机关依法调查，现查明：2017 年 7 月 2 日，甲省农业局在监督巡查时，对丙县肉类食品有限公司冷库中抽检的 5 份猪肉样品，经省质量检测检验中心检验有 2 份猪肉样品水分含量分别达到 77.9％和 78.6％，不符合畜禽肉水分限量（GB 18394—2001）国家标准，甲省农业局立即责成丙县农业局展开调查。经查，2017 年 7 月 1 日，丙县肉类食品有限公司在明知道张某贩卖的 7 头生猪是注水生猪的情况下，仍然收购并进行屠宰，7 头生猪重 840 千克，21 元/千克，货值共计 17 640 元；已经销售的两头生猪胴体 200 千克，违法所得为 4 150 元，剩余的 5 头生猪胴体重 600 千克。当事人屠宰注水生猪的行为，主要证据如下：1.2017 年 7 月 5 日执法人员制作的现场勘验笔录 1 份，对叶某的询问笔录 1 份，甲省质量检测检验中心出具的水分含量检验报告，证明了当事人屠宰注水生猪的事实。2. 当事人提供的生猪定点屠宰资格证复印件、工商营业执照复印件、法定代表人叶某的身份证复印件，证明了本案的违法主体和负责人。3. 丙县物价局出具的生猪收购价格证明 1 份（2017 年 7 月 3 日生猪市场收购价格为 21 元/千克）、当日的生猪入厂查验记录、检疫证明、生猪来源记录和过磅记录，证明当事人屠宰的生猪货值金额共 17 640 元（7 头生猪共计 840 千克×21 元＝17 640 元）。4. 公司的生猪产品去向记录、产品销售单复印件及收款票据，证明了当事人的违法所得共计 4 150 元。

本机关认为：当事人屠宰注水生猪的行为，违反了《生猪屠宰管理条例》第十五条第二款："生猪定点屠宰厂（场）不得屠宰注水生猪或者注入其他物质的生猪"之规定。2017 年 7 月 6 日，本机关向当事人送达了《行政处罚事先告知书》〔丙农（屠宰）告〔2017〕10 号〕，当事人当场进行了陈述申辩，要求从轻处罚。经核查其陈述申辩理由不符合法定的从轻处罚条件，本机关不予采纳。当事人 3 日内未提出听证申请。

依据《生猪屠宰管理条例》第二十八条："生猪定点屠宰厂（场）屠宰注水或者注入其他物质的生猪，由畜牧兽医行政主管部门责令改正，没收注水或者注入其他物质的生猪、生猪产品以及违法所得，并处货值金额 1 倍以上 3 倍以下的罚款，对其主要负责人处 1 万元以上 2 万元以下的罚款；货值金额难以确定的，并处 2 万元以上 5 万元以下的罚款；拒不改正的，责令停业整顿；造成严重后果的，由设区的市级人民政府取消其生猪定点屠宰厂（场）资格"之规定，参照《甲省生猪屠宰管理条例》行政处罚裁量标准，本机关责令当事人立即停止屠宰注水生猪，并作出如下处罚决定：

1. 没收生猪产品陆佰千克（600 千克）；

2. 没收违法所得人民币肆仟壹佰伍拾元（4 150 元）；

3. 处货值金额 2 倍罚款，罚款人民币叁万伍仟贰佰捌拾元（35 280 元）；

4. 对主要负责人叶某罚款人民币贰万元（20 000 元）。

当事人必须在收到本处罚决定书之日起 15 日内持本决定书到丙县××银行缴纳罚（没）款。逾期不按规定缴纳罚款的，每日按罚款数额的 3‰加处罚款，加处罚款的数额不超出罚款的数额。

当事人对本处罚决定不服的，可以在收到本处罚决定书之日起 60 日内向丙县人民政府或乙市农业局申请行政复议；或者 6 个月内向丙县人民法院提起行政诉讼。行政复议和行政诉讼期间，本处罚决定不停止执行。

当事人逾期不申请行政复议或提起行政诉讼，也不履行本行政处罚决定的，本机关将依法申请人民法院强制执行。

丙县农业局（印章）

2017 年 7 月 12 日

行政处罚立案审批表

丙农（屠宰）立〔2017〕10 号

案件来源		上级机关交办	受案时间	2017 年 7 月 5 日	
案　由		涉嫌屠宰注水生猪案			
当事人	个人	姓名	/	电话	/
		性别	/ 年龄 / 身份证号		/
		住址	/		
	单位	名称	丙县肉类食品有限公司	法定代表人	叶某
		地址	丙县××乡×路××号	电话	××××××××××
简要案情		2017 年 7 月 2 日，甲省农业局在监督巡查时，在丙县肉类食品有限公司冷库中抽检了 5 份猪肉样品，经省质量检测检验中心检验其中有两份猪肉样品，水分含量分别达到 77.9% 和 78.6%，不符合畜禽肉水分限量（GB 18394—2001）国家标准，经初步调查，当事人的行为涉嫌违反了《生猪屠宰管理条例》第十五条第二款"生猪定点屠宰厂（场）不得屠宰注水生猪或注入其他物质的生猪"之规定，建议立案查处。 　　　　　　　　　　　　　　　　　　　　受案人签名：韩某　刘某 　　　　　　　　　　　　　　　　　　　　　　　　2017 年 7 月 5 日				
执法机构意见		同意立案，由韩某为案件主办人，刘某为案件协办人。 　　　　　　　　　　　　　　　　　　　　　　　　签名：张某 　　　　　　　　　　　　　　　　　　　　　　　　2017 年 7 月 5 日				
法制机构意见		同意立案。 　　　　　　　　　　　　　　　　　　　　　　　　签名：田某 　　　　　　　　　　　　　　　　　　　　　　　　2017 年 7 月 5 日				
执法机关意见		同意立案。 　　　　　　　　　　　　　　　　　　　　　　　　签名：方某 　　　　　　　　　　　　　　　　　　　　　　　　2017 年 7 月 5 日				
备注					

证据材料登记表

复印件由当事人确认无异后，签字确认。

签名：叶某

2017 年 7 月 5 日

证据制作说明：

1. 收 集 人：韩某、刘某。

2. 提 供 人：叶某。

3. 收集时间：2017 年 7 月 5 日。

4. 收集地点：丙县肉类食品有限公司。

5. 收集方式：复印。

6. 证据内容：丙县肉类食品有限公司工商营业执照复印件。

证据材料登记表

复印件由当事人确认无异后，签字确认。

签名：叶某

2017 年 7 月 5 日

证据制作说明：

1. 收 集 人：韩某、刘某。

2. 提 供 人：叶某。

3. 收集时间：2017 年 7 月 5 日。

4. 收集地点：丙县肉类食品有限公司。

5. 收集方式：复印。

6. 证据内容：丙县肉类食品有限公司生猪定点屠宰证复印件。

证据材料登记表

复印件由当事人确认无异后，签字确认。

签名：叶某

2017 年 7 月 5 日

证据制作说明：

1. 收 集 人：韩某、刘某。

2. 提 供 人：叶某。

3. 收集时间：2017 年 7 月 5 日。

4. 收集地点：丙县肉类食品有限公司。

5. 收集方式：复印。

6. 证据内容：丙县肉类食品有限公司法定代表人叶某身份证复印件。

现场检查（勘验）笔录

时间：＿2017＿年＿7＿月＿5＿日＿08＿时＿10＿分至＿09＿时＿12＿分

检查（勘验）地点：＿丙县肉类食品有限公司冷库＿

当事人：＿丙县肉类食品有限公司＿

检查（勘验）机关：＿丙县农业局＿

检查（勘验）人员：＿韩某＿　　执法证件号：＿×××××＿

　　　　　　　　　＿刘某＿　　　　　　　　　＿×××××＿

记录人：＿刘某＿

现场检查（勘验）情况：＿2017年7月5日，丙县农业局韩某、刘某两名执法人员佩戴执法标识，经出示执法证件后在叶某的带领下进入丙县肉类食品有限公司冷库进行检查。现场情况如下：该公司位于丙县××乡××路××号，坐东朝西，电子伸缩门朝西，大门处有长4米的入场消毒池，正对大门有一条100米的水泥道路，道路尽头是生产区大门，进入生产区大门后沿着道路向前50米路左边就是该公司的冷库，冷库台阶高1米，共有2个冷库间，从左向右依次是预冷间、速冻间，速冻间处于空置状态，预冷间约100米^2，共有5排滑道吊钩，其中左边第一道挂有30头猪胴体，均加盖有生猪检疫印章和品质检验印章，该批猪肉眼观正常，猪肉呈淡红色，脂肪呈白色或乳色，有光泽、手指轻压有弹性，表面略显湿润不黏手，近闻有鲜、香气味。第

当事人签名或盖章：叶某　　　　　　　　（见证人签名或盖章：王某）

执法人员签名或盖章：韩某　刘某

（第1页　共2页）

笔 录 纸

三道挂有 5 头生猪胴体，加盖了生猪检疫印章和品质检验印章，该批猪肉肌肉色泽呈淡灰红色，有一头偏黄，肌肉轻微肿胀，弹性较低，指压后恢复较慢，有湿润感，按压时有多余水分流出，近闻有轻微酸味，执法人员对该 5 头生猪胴体进行了称重，共计 600 千克，并对冷库、猪肉胴体等进行了拍照取证。
（以下空白）

当事人签名或盖章：叶某　　　　　　　　（见证人签名或盖章：王某）
执法人员签名或盖章：韩某　刘某

（第 2 页　共 2 页）

询问笔录

询问时间：　2017　年　7　月　5　日　9　时　45　分至　10　时　36　分
询问地点：　丙县肉类食品有限公司办公室
询问机关：　丙县农业局
询问人：　韩某　　　　　执法证件号：　××××××
　　　　　刘某　　　　　　　　　　　　××××××
记录人：　刘某
被询问人：姓名　叶某　　性别　男　　年龄　45 岁
　　　　　身份证号　××××××××××××××××××
　　　　　联系电话　×××××××××××
　　　　　工作单位　丙县肉类食品有限公司　职务　法定代表人
　　　　　住址　丙县××街××小区××号
问：我们是　丙县农业局　执法人员（出示执法证件），现依法向你进行询问调查，你应当如实回答我们的询问并协助调查，作伪证要承担法律责任，你听清楚了吗？
答：我看过了。
问：你有申请执法人员回避的权利，是否需要执法人员回避？
答：不需要。

被询问人签名或盖章：叶某
执法人员签名或盖章：韩某　刘某

（第 1 页　共 4 页）

笔 录 纸

问：请你介绍一下自己的情况。

答：我叫叶某，男，45岁，家住丙县××街××小区××号，身份证号是×××××××××××××××××，手机号是×××××××××××，我是丙县肉类食品有限公司的法定代表人。

问：你公司是哪一年成立的？

答：2015年成立，当年2月28日正式投产运行，主要销售冷鲜肉、冷冻肉。

问：都销往哪个地区？

答：主要销往周边县区，也有部分销往乙市的几个县。

问：屠宰的生猪从哪收购的？

答：主要从周边县区收购。

问：2017年7月2日，甲省农业局在你厂冷库抽检了5份猪肉样，这个你知道吧？

答：知道，当时我在。

问：经甲省质量检测检验中心检验，其中有2份猪肉水分超标，这是检验报告，你看一下。

答：好的。

问：这两个肉样是来自于同一个《动物检疫合格证明》吗？

被询问人签名或盖章：叶某

执法人员签名或盖章：韩某　刘某

笔 录 纸

答：是的。

问：你对这个检验报告有异议吗？

答：没有异议，其实你们 7 月 2 日抽检之后我就预料到结果了。

问：你知道你场的猪肉水分含量为什么超标吗？

答：知道，7 月 1 日上午，有一猪贩子拉过来 7 头猪，当时我看到该批猪精神不正常，卧地不起，站立困难，四肢肿大，我不愿意收。

问：后来收了吗？

答：后来收了，当时那个猪贩子也对我说了实话，这车猪确实注过水，但是可以便宜卖给我，于是我图便宜就把这车猪收了。

问：这 7 头生猪多重？

答：我过磅时称重 840 千克。

问：你多少钱收购的？

答：最近的毛猪价一般是每斤 9.8 元，那个猪贩子按每斤 8.5 元卖给我，我买这 7 头生猪共花了 14 280 元。

问：你有这个猪贩子的联系电话吗？

答：没有，当时没有记他的电话。

问：拉猪车车牌号是多少？

答：也没有记。

被询问人签名或盖章：叶某
执法人员签名或盖章：韩某　刘某

笔 录 纸

问：请将涉案生猪的检疫证给我们提供下。

答：好的。

问：这 7 头生猪你们卖出去了几头？

答：卖出去 2 头，还剩 5 头，就是你们在冷库内看到的那 5 头胴体。

问：卖给谁了？

答：两个小商贩。

问：有联系方式吗？

答：到我们这拉肉的，有好多都是小商贩，量比较小，拉了就走，没有记过联系方式。

问：2 头生猪胴体卖了多少钱？

答：2 头生猪胴体共计 200 千克，一头卖了 2 000 元，一头卖了 2 150 元，共 4 150元。

问：请提供下你们当日的收购生猪过磅单、产品销售记录、收款票据，我们需要复印件下。

答：好的。

问：请问你对以上情况有什么要补充的吗？如果没有，请签字。

答：没有什么要补充的，以上我看过了，和我说的一样。

（以下空白）

被询问人签名或盖章：叶某
执法人员签名或盖章：韩某　刘某

（第 4 页　共 4 页）

查封（扣押）审批表

案　　　由	涉嫌屠宰注水生猪案					
当事人	个人	姓名	/		电话	/
		性别	/	年龄	/	身份证号	/
		住址	/			
	单位	名称	丙县肉类食品有限公司		法定代表人（负责人）	叶某
		地址	丙县××乡××路××号		电话	××××××××××
理由及依据	当事人涉嫌违反《生猪屠宰管理条例》第十五条第二款之规定，根据《生猪屠宰管理条例》第二十一条第四款之规定，拟予以扣押。					
扣押物品	猪肉 600 千克。					
办案人员意见	建议对以上物品进行扣押，扣押期限拟从 2017 年 7 月 5 日至 2017 年 8 月 4 日。 执法人员签名：吴某　宋某 2017 年 7 月 5 日					
执法机构意见	同意。 签名：张某 2017 年 7 月 5 日					
法制机构意见	同意。 签名：田某 2017 年 7 月 5 日					
执法机关意见	同意。 签名：方某 2017 年 7 月 5 日					

丙县农业局
查封（扣押）财物决定书

丙农（屠宰）封（扣）〔2017〕 10 号

丙县肉类食品有限公司 ：

　　因你单位涉嫌屠宰注水生猪，依据《生猪屠宰管理条例》第二十一条第四款："畜牧兽医行政主管部门依法进行监督检查，可以采取下列措施：（四）查封与违法生猪屠宰活动有关的场所、设施，扣押与违法生猪屠宰活动有关的生猪、生猪产品以及屠宰工具和设备"之规定，本机关决定对你单位 冷库内的 600 千克猪肉予以查封（扣押）于丙县肉类食品有限公司冷库内，期限为 30 日（不包括对物品检测、检验和技术鉴定时间）。在查封（扣押）期间，你单位不得使用、销售、转移、损毁、隐匿。本机关将于扣押期限内作出处理决定。需要延长扣押期限的，本机关将根据《中华人民共和国行政强制法》第二十五条之规定，另行作出决定并告知。

　　当事人对本决定不服的，可以在收到本决定书之日起 60 日内向丙县人民政府或乙市农业局 申请行政复议；或者 6 个月内向 丙县 人民法院提起行政诉讼。行政复议和行政诉讼期间，本决定不停止执行。

　　附：查封（扣押）财物清单

丙县农业局（印章）

2017 年 7 月 5 日

查封（扣押）财物清单

序号	物品名称	规格	生产日期（批号）	生产单位	数量
1	猪肉	千克	/	丙县肉类食品有限公司	600
/	/	/	/	/	/
/	/	/	/	/	/
/	/	/	/	/	/
/	/	/	/	/	/
/	/	/	/	/	/
/	/	/	/	/	/
/	/	/	/	/	/
/	/	/	/	/	/
/	/	/	/	/	/
/	/	/	/	/	/
/	/	/	/	/	/
/	/	/	/	/	/
/	/	/	/	/	/
/	/	/	/	/	/

当事人签名或盖章：叶某

执法人员签名或盖章：韩某　刘某

查封（扣押）现场笔录

时间：　2017　年　7　月　5　日　14　时　25　分至　14　时　50　分

地点：　丙县肉类食品有限公司

执法机关：　丙县农业局

当事人：　丙县肉类食品有限公司

执法人员：　韩某　　　　　执法证件号：　××××××

　　　　　　刘某　　　　　　　　　　　　××××××

记录人：　宋某

现场情况：　1. 丙县农业局执法人员对叶某宣读了《丙县农业局查封决定书》〔丙农（屠宰）封（扣）〔2017〕6号〕并交付当事人，执法人员制作了查封财物清单，并经签字后交付当事人；2. 执法人员告知当事人对扣押强制措施如有异议，可以进行陈述申辩，当事人表示无异议，当场放弃申述申辩；3. 执法人员将600千克猪肉查封（扣押）于丙县肉类食品有限公司冷库内。

（以下空白）

当事人签名或盖章：叶某　　　　　　　　（见证人签名或盖章：王某）

执法人员签名或盖章：韩某　刘某

证据材料登记表

照片由当事人确认无异后，签字确认。

签名：叶某

2017 年 7 月 5 日

证据制作说明：

1. 收 集 人：韩某、刘某。

2. 收集时间：2017 年 7 月 5 日。

3. 收集地点：丙县肉类食品有限公司冷库。

4. 收集方式：用数码相机拍照。

5. 证据内容：注水生猪产品储存场所（冷库）。

证据材料登记表

照片由当事人确认无异后，签字确认。

签名：叶某

2017 年 7 月 5 日

证据制作说明：

1. 收 集 人：韩某、刘某。

2. 收集时间：2017 年 7 月 5 日。

3. 收集地点：丙县肉类食品有限公司冷库。

4. 收集方式：用数码相机拍照。

5. 证据内容：涉案物品。

证据材料登记表

报告原件由当事人确认无异后，签字确认。

签名：叶某

2017 年 7 月 5 日

证据制作说明：

1. 收 集 人：韩某、刘某。
2. 提 供 人：甲省质量检测检验中心。
3. 收集时间：2017 年 7 月 5 日。
4. 收集地点：甲省质量检测检验中心。
5. 收集方式：原件。
6. 证据内容：甲省质量检测检验中心检测报告。

证据材料登记表

复印件由当事人确认无异后，签字确认。

签名：叶某

2017 年 7 月 5 日

证据制作说明：

1. 收 集 人：韩某、刘某。

2. 提 供 人：叶某。

3. 收集时间：2017 年 7 月 5 日。

4. 收集地点：丙县肉类食品有限公司。

5. 收集方式：复印。

6. 证据内容：该批注水生猪产地检疫合格证明复印件。

证据材料登记表

复印件由当事人确认无异后，签字确认。

签名：叶某

2017 年 7 月 5 日

证据制作说明：

1. 收 集 人：韩某、刘某。
2. 提 供 人：叶某。
3. 收集时间：2017 年 7 月 5 日。
4. 收集地点：丙县肉类食品有限公司。
5. 收集方式：复印。
6. 证据内容：注水生猪入场记录及过磅单。

证据材料登记表

复印件由当事人确认无异后，签字确认。

签名：叶某

2017 年 7 月 5 日

证据制作说明：

1. 收 集 人：韩某、刘某。
2. 提 供 人：叶某。
3. 收集时间：2017 年 7 月 5 日。
4. 收集地点：丙县肉类食品有限公司。
5. 收集方式：复印。
6. 证据内容：已销售猪肉胴体出厂记录、销售单、收款票据复印件。

证据材料登记表

证据制作说明：

1. 收　集　人：韩某、刘某。

2. 提　供　人：丙县物价局。

3. 收集时间：2017 年 7 月 6 日。

4. 收集地点：丙县物价局。

5. 收集方式：原件。

6. 证据内容：丙县物价局出具的生猪价格证明。

丙县农业局
责令改正通知书

丙县肉类食品有限公司：

  你单位屠宰注水生猪的行为，违反了《生猪屠宰管理条例》第十五条第二款："生猪定点屠宰厂（场）不得屠宰注水生猪或者注入其他物质的生猪"之规定。

  依照 《生猪屠宰管理条例》第二十八条："生猪定点屠宰厂（场）屠宰注水生猪或者注入其他物质的生猪，由畜牧兽医行政主管部门责令改正，没收注水或者注入其他物质的生猪、生猪产品以及违法所得，并处货值金额 1 倍以上 3 倍以下的罚款，对其主要负责人处 1 万元以上 2 万元以下的罚款；货值金额难以确定的，并处 2 万元以上 5 万元以下的罚款；拒不改正的，责令停业整顿；造成严重后果的，由设区的市级人民政府取消其生猪定点屠宰厂（场）资格。"之规定，本机关责令你单位（☑立即 / □于___年___月___日之前）按下列要求改正违法行为：

  停止屠宰注水生猪行为，立即召回已销售的 200 千克猪肉，并进行销毁处理。

  （以下空白）

丙县农业局（印章）

2017 年 7 月 5 日

案件处理意见书

案由	涉嫌屠宰注水生猪案					
当事人	个人	姓名	/			
		性别	/	年龄	/	电话 /
		住址	/			
	单位	名称	丙县肉类食品有限公司	法定代表人（负责人）		叶某
		地址	丙县××乡××路××号	电话		××××××××××

案件调查经过	2017 年 7 月 2 日，甲省农业局在监督巡查时，在丙县肉类食品有限公司冷库中抽检了 5 份猪肉样品，经省质量检测检验中心检验，其中有两份猪肉样品水分含量分别达到 77.9％和 78.6％，不符合畜禽肉水分限量（GB 18394—2001）国家标准，甲省农业局立即责成丙县农业局展开调查，经领导批准后立案，执法人员依法调查取证，经查，2017 年 7 月 1 日，丙县肉类食品有限公司在明知道张某贩卖的 7 头生猪是注水生猪的情况下，仍然收购并进行屠宰，执法人员于 2017 年 7 月 5 日制作了现场检查笔录，对叶某制作了询问笔录，对 600 千克注水生猪产品、场所等进行拍照取证，对生猪产品采取了扣押措施。2017 年 7 月 6 日，到丙县物价局取得了 7 月 3 日的生猪价格证明。至此，本案调查终结。

所附证据材料	1. 现场检查笔录　　　　　　　　　　　　　1 份 2. 询问笔录　　　　　　　　　　　　　　　1 份 3. 照片　　　　　　　　　　　　　　　　　9 张 4. 物价局出具的生猪价格证明　　　　　　　1 份 5. 丙县肉类食品有限公司的定点屠宰资格证　1 份 6. 丙县肉类食品有限公司的工商营业执照复印件　1 份 7. 叶某的身份证复印件　　　　　　　　　　1 份 8. 猪肉水分检验报告　　　　　　　　　　　2 份 9. 入厂查验记录和生猪来源记录　　　　　　1 份 10. 7 头生猪的产地检疫证明　　　　　　　　1 份

（续）

调查 结论 及 处理 意见	**调查结论：**执法人员依法调查取证收集的证据如下： 1. 2017 年 7 月 5 日执法人员制作的现场勘验笔录 1 份，对叶某的询问笔录 1 份，甲省质量检测检验中心出具的水分含量检验报告，证明了当事人屠宰注水生猪的事实。2. 当事人提供的生猪定点屠宰资格证复印件、工商营业执照复印件、法定代表人叶某的身份证复印件，证明了本案的违法主体和负责人。3. 丙县物价局出具的生猪收购价格证明 1 份（2017 年 7 月 3 日生猪市场收购价格为 21 元/千克）。4. 当日的生猪入厂查验记录、检疫证明、生猪来源记录和过磅记录，证明当事人屠宰的生猪货值金额共 17 640 元（7 头生猪共计 840 千克×21 元＝17 640元）。5. 公司的生猪产品去向记录、产品销售单复印件及收款票据，证明了当事人的违法所得共计 4 150 元。其行为属于屠宰注水生猪的违法行为，事实清楚，证据确凿，违反了《生猪屠宰管理条例》第十五条第二款："生猪定点屠宰厂（场）不得屠宰注水生猪或者注入其他物质的生猪"之规定。 **处理意见：**依据《生猪屠宰管理条例》第二十八条："生猪定点屠宰厂（场）屠宰注水生猪或者注入其他物质的生猪，由畜牧兽医行政主管部门责令改正，没收注水或者注入其他物质的生猪、生猪产品以及违法所得，并处货值金额 1 倍以上 3 倍以下的罚款，对其主要负责人处 1 万元以上 2 万元以下的罚款；货值金额难以确定的，并处 2 万元以上 5 万元以下的罚款；拒不改正的，责令停业整顿；造成严重后果的，由设区的市级人民政府取消其生猪定点屠宰厂（场）资格"之规定，参照《甲省生猪屠宰管理条例》行政处罚裁量标准，建议责令当事人立即停止屠宰注水生猪，并作出如下处罚决定：1. 没收生猪产品 600 千克；2. 没收违法所得 4 150 元；3. 罚款 35 280 元（货值金额 2 倍，17 640 元×2）。4. 对主要负责人叶某罚款 20 000 元。 <div align="right">执法人员签名：韩某　刘某 2017 年 7 月 6 日</div>
执法 机构 意见	同意执法人员意见。 <div align="right">签名：张某 2017 年 7 月 6 日</div>
法制 机构 意见	同意执法人员意见。 <div align="right">签名：田某 2017 年 7 月 6 日</div>
执法 机关 意见	经执法机关负责人集体讨论，同意执法人员意见。 <div align="right">签名：方某 2017 年 7 月 6 日</div>

重大案件集体讨论记录

案由：<u>丙县肉类食品有限公司涉嫌屠宰注水生猪案</u>
当事人：<u>丙县肉类食品有限公司</u>
时间：<u>2017 年 7 月 6 日 16 时 20 分至 16 时 50 分</u>
地点：<u>丙县农业局会议室</u>
主持人：<u>宋某</u>
记录人：<u>王某</u>
出席人员姓名及职务：<u>宋某（局长）、方某（副局长）、李某（副局长）、案件</u>
<u>承办人韩某（列席）。</u>

　　宋某：今天就当事人——丙县肉类食品有限公司涉嫌屠宰注水生猪案进行集体讨论，下面由办案人韩某介绍简要案情和调查取证经过。
　　韩某：2017 年 7 月 2 日，甲省农业局在监督巡查时，在丙县肉类食品有限公司冷库中抽检了 5 份猪肉样品，经省质量检测检验中心检验其中有两份猪肉样品水分含量分别达到 77.9％和 78.6％，不符合畜禽肉水分限量（GB 18394—2001）国家标准，甲省农业局立即责成我局展开调查，经领导批准后，我局执法人员韩某和刘某依法调查。经查，2017 年 7 月 1 日，丙县肉类食品有限公司在明知道张某贩卖的 7 头生猪是注水生猪的情况下，仍然收购并进行屠宰。执法人员于 2017 年 7 月 5 日制作了现场检查笔录，对叶某制作了询问笔录，对 600 千克注水生猪产品、场所等进行拍照取证，对生猪产品采取了扣押措施；2017 年 7 月 6 日，到丙县物价局取得了 7 月 3 日的生猪价格证明。取得证据如下：1. 2017 年 7 月 5 日执法人员制作的现场勘验笔录 1 份，对叶某的询问笔录 1 份，甲省质量检测检验中心出具的水分含量检验报告，证明了当事人屠宰注水生猪的事实。2. 当事人提供的生猪定点屠宰证复印件、工商营业执照复印件、法定代表人叶某的身份证复印件，证明了本案的违法主体和负责人。3. 丙县物价局出具的生猪收购价格证明 1 份（2017 年 7 月 3 日生猪市场收购价格为 21 元/千克）。4. 当日的生猪入厂查验记录、检疫证明、生猪来源记录和过磅记录，证明当事人屠宰的生猪货值金额共 17 640 元（7 头生猪共计 840 千克×21 元＝17 640 元）。5. 公司的生猪产品去向记录、产品销售单复印件及收款票据，证明了当事人的违法所得共计 4 150 元。其行为属于屠宰注水生猪的违法行为，我局于 2017 年 7 月 5 日，将当事人——丙县肉类食品有限公司涉嫌屠宰注水生猪案移送丙县公安局，丙县公安局认为不构成刑事犯罪，移交回我局处理。当事人丙县肉类食品有限公司屠宰注水生猪的违法行为，事实清楚，证据确凿。其违反了《生猪屠宰管理条例》第十五条第二款："生猪定点屠宰厂（场）不得屠宰注水生猪或者注入其他物质的生猪"之规定。依据《生猪屠宰管理条例》第二十八条之规定，参照《甲省生猪屠宰管理条例》行政处罚裁量标准，建议责令当事人立即停止屠宰注水生猪，并作出如下处罚决定：1. 没收生猪产品 600 千克。2. 没收违法所得 4 150 元。3. 罚款35 280 元（货值金额 2 倍，17 640 元×2）。4. 对主要负责人叶某罚款 20 000 元。

讨论记录：

　　方某：该案调查取证过程符合《中华人民共和国行政处罚法》的规定，程序合法，且证据链完整，能够证实当事人的违法事实。

　　李某：我认为该案适用法律条款准确。

　　宋某：我同意以上两位同志及办案人员的意见，我认为本案事实清楚、证据确凿、程序合法、定性准确和适用法律条款正确，对当事人罚款 35 280 元，对主要负责人叶某罚款 20 000 元。请大家举手表决。（举手表决，一致通过）

讨论决定：

　　经讨论，当事人屠宰注水生猪的行为违反了《生猪屠宰管理条例》第十五条第二款之规定。依据《生猪屠宰管理条例》第二十八条之规定，给予以下处罚：1. 没收生猪产品 600 千克。2. 没收违法所得 4 150 元。3. 罚款 35 280 元（货值金额 2 倍，17 640 元×2）。4. 对主要负责人叶某罚款 20 000 元。全体表决通过。

出席人员签字：宋某　方某　李某　韩某

丙县农业局
行政处罚事先告知书

丙农（屠宰）告〔2017〕　10　号

丙县肉类食品有限公司：

　　经调查，你单位于 2017 年 7 月 1 日上午收购 7 头注水生猪后进行屠宰。7 头生猪重 840 千克，21 元/千克、货值共计 17 640 元。销售两头生猪产品 200 千克，违法所得为 4 150 元。你屠宰注水生猪的行为，违反了《生猪屠宰管理条例》第十五条第二款："生猪定点屠宰厂（场）不得屠宰注水生猪或者注入其他物质的生猪"之规定。

　　依据《生猪屠宰管理条例》第二十八条："生猪定点屠宰厂（场）屠宰注水或者注入其他物质的生猪，由畜牧兽医行政主管部门责令改正，没收注水或者注入其他物质的生猪、生猪产品以及违法所得，并处货值金额 1 倍以上 3 倍以下的罚款，对其主要负责人处 1 万元以上 2 万元以下的罚款；货值金额难以确定的，并处 2 万元以上 5 万元以下的罚款；拒不改正的，责令停业整顿；造成严重后果的，由设区的市级人民政府取消其生猪定点屠宰厂（场）资格"之规定，参照《甲省生猪屠宰管理条例》行政处罚裁量标准，本机关责令当事人立即停止屠宰注水生猪，并做出如下处罚决定：

　　1. 没收生猪产品陆佰千克（600 千克）；

　　2. 没收违法所得人民币肆仟壹佰伍拾元（4 150 元）；

　　3. 处货值金额 2 倍罚款，罚款人民币叁万伍仟贰佰捌拾元（35 280 元）；

　　4. 对主要负责人叶某罚款人民币贰万元（20 000 元）。

　　根据《中华人民共和国行政处罚法》第三十一条、三十二条和第四十二条之规定，你单位可在收到本告知书之日起三日内向本机关进行陈述申辩、申请听证，逾期不陈述申辩、申请听证的，视为你放弃上述权利。

丙县农业局印章

2017 年 7 月 6 日

陈述申辩笔录

当事人：丙县肉类食品有限公司

陈述申辩人：叶某

陈述申辩时间：2017 年 7 月 6 日 15 时 13 分至 15 时 30 分

陈述申辩地点：丙县农业局办公室

记 录 人：刘某

执法人员：韩某　　　　执法证件号：××××××

　　　　刘某　　　　　　　　　　××××××

陈述申辩内容：

　　经过你们的教育，我已经认识到自己的违法行为，以后坚决改正。我心甘情愿接受处罚，我以后一定严格按照法律要求从事生猪屠宰活动。念在我法律意识淡薄，没有认识到屠宰注水生猪的危害性，我认为对我处罚过重，请从轻处理。

（以下空白）

陈述申辩人签名：叶某（法定代表人）

记录人签名：刘某

执法人员签名：韩某　　刘某

行政处罚决定审批表

案由			屠宰注水生猪案				
当事人	个人	姓名	/				
		性别	/	年龄	/	电话	/
		住址	/				
	单位	名称	丙县肉类食品有限公司		法定代表人（负责人）		叶某
		地址	丙县××乡××路××号		电话		××××××××××
陈述申辩或听证情况			丙县农业局于2017年7月6日对当事人送达了《行政处罚事先告知书》〔丙（屠宰）告〔2017〕10号〕，叶某于当日进行了陈述申辩，内容如下：经过你们的教育，我已经认识到自己的违法行为，以后坚决改正。我心甘情愿接受处罚，自愿放弃听证。我以后一定严格按照法律要求从事生猪屠宰活动。念在我法律意识淡薄，没有认识到屠宰注水生猪的危害性，我认为对我处罚过重，请从轻处理。当事人3日内未提出听证申请。				
处理意见			当事人的陈述申辩意见不符合法定从轻处罚规定，建议维持《行政处罚事先告知书》〔甲农（屠宰）告〔2017〕10号〕拟给予的处罚决定。 执法人员签名：韩某　刘某 2017年7月12日				
执法机构意见			同意执法人员意见。 签名：张某 2017年7月12日				
法制机构意见			同意执法人员意见。 签名：田某 2017年7月12日				
执法机关意见			同意执法人员意见。 签名：方某 2017年7月12日				

送达回证

案　　由	涉嫌屠宰注水生猪案				
受送达人	丙县肉类食品有限公司				
送达单位	丙县农业局				
送达文书及文号	送达地点	送达人	送达方式	收到日期	收件人签名
《丙县农业局查封（扣押）决定书》〔丙农（屠宰）封（扣）〔2017〕10 号〕	丙县××乡××路××号	韩某刘某	直接送达	2017 年7 月 5 日	叶某
丙县农业局责令改正通知书	丙县××乡××路××号	韩某刘某	直接送达	2017 年7 月 5 日	叶某
/	/	/	/	/	/
备注					

送达回证

案　　由	涉嫌屠宰注水生猪案				
受送达人	丙县肉类食品有限公司				
送达单位	丙县农业局				
送达文书及文号	送达地点	送达人	送达方式	收到日期	收件人签名
《丙县农业局行政处罚事先告知书》〔丙农（屠宰）告〔2017〕10号〕	丙县××乡××路××号	韩某刘某	直接送达	2017年7月6日	叶某
/	/	/	/	/	/
备注					

送达回证

案　　由	屠宰注水生猪案				
受送达人	丙县肉类食品有限公司				
送达单位	丙县农业局				
送达文书及文号	送达地点	送达人	送达方式	收到日期	收件人签名
《丙县农业局行政处罚决定书》〔丙农（屠宰）罚〔2017〕10号〕	丙县××乡××路××号	韩某刘某	直接送达	2017年7月12日	叶某
/	/	/	/	/	/
备注					

罚没物品处理记录

时间：　2017 年 7 月 16 日

地点：　丙县××无害化处理厂

处理物品及处理方式：

　　2017 年 7 月 16 日上午 10 时 23 分，丙县农业局执法人员韩某执法证号为××××××，刘某执法证号为××××××，在丙县××无害化处理厂将对当事人没收的物品做如下处理：

　　将 600 千克注水生猪产品作高温化制处理。

　　执法人员用数码相机对上述情况进行了拍照。

（附现场照片）

（以下空白）

执法人员签名：韩某　刘某

执法机构负责人签名：方某

罚没收据存根清单

银行现金缴款单

甲省政府非税收入票据

行政处罚结案报告

案　由	屠宰注水生猪案		
当事人	丙县肉类食品有限公司		
立案时间	2017 年 7 月 5 日	处罚决定送达时间	2017 年 7 月 12 日
处罚决定： 　　1. 没收生猪产品 600 千克。2. 没收违法所得 4 150 元。3. 罚款 35 280 元（货值金额 2 倍，17 640 元×2）。4. 对主要负责人叶某罚款 20 000 元。罚没款共计59 430元。 执行情况： 　　1.600 千克生猪产品丙县××无害化处理厂进行了高温化制处理。2.59 430 元罚没款已交至丙县××银行，建议结案。 　　　　　　　　　　　　　　　执法人员签名：韩某　刘某 　　　　　　　　　　　　　　　　　　　　　　2017 年 7 月 20 日			
执法机构意见	同意结案。 　　　　　　　　　　　签名：张某 　　　　　　　　　　　2017 年 7 月 20 日		
法制机构意见	同意结案。 　　　　　　　　　　　签名：田某 　　　　　　　　　　　2017 年 7 月 20 日		
执法机关意见	同意结案。 　　　　　　　　　　　签名：方某 　　　　　　　　　　　2017 年 7 月 20 日		

备 考 表

本案卷包括使用的文书，收集的证据及罚没收据清单，共 38 页。

立卷人：刘某

2017 年 7 月 25 日

本案卷执法文书及相关证据归档完整，符合要求。

审查人：刘某

2017 年 7 月 25 日

第十一章
为违法从事生猪屠宰提供
屠宰场所案

案　情　概　述

　　2017年9月5日22时许，甲市乙区农业委员会接到群众电话举报：乙区丙镇××村××组王某家有人在违法屠宰生猪。9月5日23时许，乙区农委派出执法人员对王某家院落和生猪圈舍进行检查，发现张某和李某在租用的王某家院落屠宰了生猪10头，另有2头在圈舍中尚未屠宰，张某准备屠宰后将猪肉销售到乙区丁镇一些餐馆。

　　王某涉嫌违反《生猪屠宰管理条例》第十七条之规定，2017年9月16日，甲市乙区农业委员会责令王某立即改正违法行为，并作出"没收出租场所的违法所得500元，罚款6000元"的行政处罚决定。过程中，王某放弃听证。

　　本案张某和李某由于情节较轻、涉案金额较少，未移送公安机关，甲市乙区农业委员会依据《生猪屠宰管理条例》第二十四条之规定对其另案查处。

乙区农业委员会

生猪屠宰行政执法案卷

王某为未经定点违法从事生猪屠宰活动的个人提供生猪屠宰场所案

自 2017 年 9 月 5 日至 2017 年 9 月 25 日	保管期限	长期
本卷共 1 件 37 页	归档号	乙农（屠宰）罚〔2017〕11 号

全宗号	目录号	案卷号
	2017	11 号

卷　内　目　录

序号	题　名	文书编号	文书日期	卷内页码	备注
1	乙区农业委员会行政处罚决定书	乙农（屠）罚〔2017〕11号	2017年9月16日	1～3	
2	行政处罚立案审批表	乙农（屠）立〔2017〕11号	2017年9月5日	4	
3	证据材料登记表		2017年9月6日	5	
4	现场检查（勘验）笔录		2017年9月5日	6	
5	询问笔录		2017年9月6日	7～9	
6	询问笔录		2017年9月6日	10～12	
7	询问笔录		2017年9月6日	13～16	
8	证据材料登记表		2017年9月6日	17	
9	证据材料登记表		2017年9月6日	18	
10	证据材料登记表		2017年9月6日	19	
11	证据材料登记表		2017年9月6日	20	
12	证据材料登记表		2017年9月6日	21	

（续）

序号	题　名	文书编号	文书日期	卷内页码	备注
13	证据材料登记表		2017 年 9 月 6 日	22	
14	乙区农业委员会责令改正通知书		2017 年 9 月 6 日	23	
15	案件处理意见书		2017 年 9 月 7 日	24～25	
16	乙区农业委员会重大案件集体讨论记录		2017 年 9 月 7 日	26～28	
17	乙区农业委员会行政处罚事先告知书	乙农（屠）告〔2017〕11 号	2017 年 9 月 7 日	29	
18	陈述申辩笔录		2017 年 9 月 7 日	30	
19	行政处罚决定审批表		2017 年 9 月 16 日	31	
20	送达回证		2017 年 9 月 6 日	32	
21	送达回证		2017 年 9 月 7 日	33	
22	送达回证		2017 年 9 月 16 日	34	
23	罚没收据存根清单			35	
24	行政处罚结案报告		2017 年 9 月 22 日	36	
25	备考表		2017 年 9 月 25 日	37	

乙区农业委员会
行政处罚决定书

乙农（屠）罚〔2017〕11 号

当事人：王某　性别：男　年龄：53 岁
身份证号码：×××××××××××××××××××
住址：甲市乙区××镇××村××组

当事人王某为未经定点从事生猪屠宰活动的个人提供生猪屠宰场所一案，经本机关依法调查，现查明：

2017 年 9 月 5 日 22 时许，甲市乙区农业委员会接到群众电话举报：乙区丙镇××村××组王某家有人在违法屠宰生猪。乙区农委立即派出执法人员对王某家进行检查，发现王某家的院落一钢架上挂有 10 头生猪胴体，张某、李某在宰杀生猪，王某站在一旁观看，院落旁的圈舍内关有 2 头生猪。经本机关领导批准立案调查后，执法人员进行了现场检查勘验和照相取证，查明：2017 年 9 月 1 日，当事人王某将其位于乙区丙镇××村××组住房的院落和一猪圈出租给张某、李某夫妻二人从事违法屠宰活动，出租时间半年，从 2017 年 9 月 1 日起至 2018 年 3 月 1 日止，每月收取 500 元租金，现已收取 9 月份租金 500 元。2017 年 9 月 5 日张某从农村收购 12 头生猪后于当晚开始屠宰，准备屠宰后将猪肉销售到乙区丁镇一些餐馆，当日 23 时许，执法人员查获时已屠宰 10 头。

上述违法事实有下列证据予以证实：

证据 1：对王某位于乙区丙镇××村××组的院落和猪圈进行现场检查并制作《现场检查（勘验）笔录》1 份，证明了张某在王某的院落和猪圈屠宰生猪的事实。

证据 2：对张某作的《询问笔录》复印件 1 份，佐证王某将院落和猪圈出租给张某从事生猪屠宰活动的事实。

证据 3：对李某作的《询问笔录》复印件 1 份，证明李某的丈夫张某租用王某院落和猪圈从事生猪屠宰活动的事实。

证据 4：对王某作的《询问笔录》1 份。证明王某将其院落和猪圈出租给张某从事生猪屠宰活动的事实。

证据 5：圈舍、生猪胴体现场照片 5 张。佐证王某出租院落和猪圈给张某从事生猪屠宰的事实。

证据 6：王某的身份证复印件 1 张。证明王某的个人身份。

证据 7：张某的身份证复印件 1 张。证明张某的个人身份。

证据 8：李某的身份证复印件 1 张。证明李某的个人身份。

证据 9：张某、李某结婚证复印件 1 张。证明张某和李某是夫妻关系。

证据 10：房屋租赁合同复印件 1 份。佐证王某将其院落、猪圈出租给张某使用。

证据 11：房租费的收据复印件 1 份。佐证王某收取张某租用院落和猪圈的租金 500 元。

证据 12：房屋所有权证复印件 1 份。证明院落、圈舍等场所为王某所有。

本机关认为：

王某为未经定点违法从事生猪屠宰活动的张某提供生猪屠宰场所的行为事实确凿，证据充分，其行为违反了《生猪屠宰管理条例》第十七条"任何单位和个人不得为未经定点违法从事生猪屠宰活动的单位或者个人提供生猪屠宰场所或者生猪产品储存设施，不得为对生猪或者生猪产品注水或者注入其他物质的单位或者个人提供场所"之规定；

本机关于 2017 年 9 月 7 日向当事人王某送达了《甲市乙区农业委员会行政处罚事先告知书》〔乙农（屠）告〔2017〕6 号〕，告知了当事人拟作出行政处罚的事实、理由、依据及当事人依法享有陈述申辩或申请听证的权利。当事人于当日收到该告知书，在规定时间内当事人进行了陈述申辩，当事人服从处罚。依据《生猪屠宰管理条例》第三十条"为未经定点违法从事生猪屠宰活动的单位或者个人提供生猪屠宰场所或者生猪产品储存设施，或者为对生猪、生猪产品注水或者注入其他物质的单位或者个人提供场所的，由畜牧兽医行政主管部门责令改正，没收违法所得，对单位并处 2 万元以上 5 万元以下的罚款，对个人并处 5 000 元以上 1 万元以下的罚款"之规定。同时参照《甲市农业行政处罚自由裁量权标准》之规定，本机构作出如下处罚决定：

1. 没收出租场所的违法所得人民币伍佰元（500 元）。

2. 处罚款人民币陆仟元（6 000 元）。

当事人必须在收到本处罚决定书之日起 15 日内持本决定书到甲市乙区××银行缴纳罚款。逾期不按规定缴纳罚款的，每日按罚款数额的 3% 加处罚款。

当事人对本处罚决定不服的，可以在收到本处罚决定书之日起 60 日内向甲市农业委员会或甲市乙区人民政府申请行政复议；或者 6 个月内向甲市乙区人民法院提起行政诉讼。行政复议和行政诉讼期间，本处罚决定不停止执行。

当事人逾期不申请行政复议或提起行政诉讼，也不履行本行政处罚决定的，本机关将依法申请人民法院强制执行。

乙区农业委员会

2017 年 9 月 16 日

行政处罚立案审批表

乙农（屠）立〔2017〕号 11 号

案件来源	群众举报				受案时间	2017 年 9 月 5 日	
案　由	涉嫌为未经定点违法从事生猪屠宰活动的个人提供生猪屠宰场所案						
当事人	个人	姓名	王某			电话	××××××××××
		性别	男	年龄	43	身份证号	××××××××××××××
		住址	甲市乙区丙镇××村××组				
	单位	名称				法定代表人（负责人）	
		地址				电话	
简要案情	2017 年 9 月 5 日 22 时许，甲市乙区农业委员会接到市民电话举报称，本区丙镇××村××组王某家有人在违法屠宰生猪。当晚 23 时许，乙区农业执法人员对王某住所进行检查，发现王某家的院落一钢架上挂有 10 头生猪胴体，张某在分割生猪胴体，现场猪头、猪蹄、内脏、猪毛等散落在地面，李某在整理内脏，王某站在一旁观看，院落旁的圈舍内关有 2 头生猪。王某涉嫌为未经定点违法从事生猪屠宰活动的张某提供生猪屠宰场所，涉嫌违反了《生猪屠宰管理条例》第十七条"任何单位和个人不得为未经定点违法从事生猪屠宰活动的单位或者个人提供生猪屠宰场所或者生猪产品储存设施，不得为对生猪或者生猪产品注水或者注入其他物质的单位或者个人提供场所"之规定，建议立案调查。 　　　　　　　　　　　　　　受案人签名：丁某　赵某 　　　　　　　　　　　　　　　　　2017 年 9 月 5 日						
执法机构意见	同意。 　　　　　　　　　　　　　　　　签名：白某 　　　　　　　　　　　　　　　　2017 年 9 月 5 日						
法制机构意见	同意。 　　　　　　　　　　　　　　　　签名：李某 　　　　　　　　　　　　　　　　2017 年 9 月 5 日						
执法机关意见	同意立案调查。 　　　　　　　　　　　　　　　　签名：欧某 　　　　　　　　　　　　　　　　2017 年 9 月 5 日						
备注							

证据材料登记表

此复印件与原件一致。

当事人签名：王某

2017 年 9 月 6 日

证据制作说明：

1. 收 集 人：丁某、杨某。

2. 提 供 人：王某。

3. 收集时间：2017 年 9 月 6 日。

4. 收集地点：甲市乙区丙镇××村××组。

5. 收集方式：复印。

6. 证据内容：王某身份证复印件。

现场检查（勘验）笔录

时间：<u>2017</u> 年 <u>9</u> 月 <u>5</u> 日 <u>23</u> 时 <u>06</u> 分至 <u>23</u> 时 <u>56</u> 分

检查（勘验）地点：<u>甲市乙区丙镇××村××组</u>

当事人：<u>王某</u>

检查（勘验）机构：<u>甲市乙区农业委员会</u>

检查（勘验）人员：<u>丁某</u>　　执法证件号：<u>××××××</u>

　　　　　　　　　<u>杨某</u>　　　　　　　　　<u>××××××</u>

记录人（签名）：<u>赵某</u>

现场检查（勘验）情况：乙区农业委员会执法人员丁某、杨某在出示执法证件后，在乙区丙镇××村××组××号王某的住所进行现场检查。现场有一栋平房，面积约为 90 米²，房屋外有一院落，院落有围墙，围墙长约 18 米，高 2 米，围墙有一铁门，院落面积约为 40 米²。院落中有一钢架，钢架挂有 10 头生猪胴体，张某在分割生猪胴体，现场猪头、内脏、猪毛、血污等散落在地面，李某在整理内脏，王某站在一旁观看，院落中有分割刀、剔骨刀、木凳、木盆以及钢架等工具，院落旁的圈舍内关有 2 头生猪。10 头生猪胴体重 1 532 千克，10 套猪内脏重 65 千克，10 个猪头重 60 千克，耳标号为××××××××0013116、××××××××0013116120、××××××××0013116120128，2 头活猪重 340 千克，耳标号为××××××××0013117、××××××××0013117118。现场未见 12 头猪的《动物检疫合格证明》。执法人员随即对现场进行了照相、摄像取证，对王某、张某以及李某的身份证、房屋所有权证进行了复印，制作了现场平面图。

当事人签名或盖章：王某　　　　　　　（见证人签名或盖章：李某）

执法人员签名或盖章：丁某　杨某

（第 1 页　共 1 页）

询问笔录

询问时间：__2017__年__9__月__6__日__02__时__17__分至__02__时__46__分
询问地点：__甲市乙区丙镇××村××组__
询问机构：__甲市乙区农业委员会__
询问人：__丁某__　　　执法证件号：__××××××__
　　　　__杨某__　　　　　　　　　　__××××××__
记录人：__赵某__
被询问人：姓名__王某__　性别__男__　年龄__53周岁__
　　　　　身份证号　__××××××××××××××××××__
　　　　　联系电话　__×××××××××××·__
　　　　　工作单位　__无__　　　　职务　__无__
　　　　　住址　__甲市乙区丙镇××村××组__
问：我们是甲市乙区农业委员会执法人员（出示执法证件），现依法向你进行询问调查。你应当如实回答我们的询问并协助调查，作伪证要承担法律责任，你听清楚了吗？
答：听清楚了。
问：请说一下你的基本情况。
答：我叫王某，男，汉族，53周岁，身份证号码是××××××××××××××××××××，家住甲市乙区丙镇××村××组和身份证一样，主要在家务农。

被询问人签名或盖章：王某
执法人员签名或盖章：丁某　杨某

（第1页　共3页）

笔 录 纸

问：请说一下这所房子的基本情况。

答：这个房子是我 2010 年盖的，包括前面这个院落。

问：甲市乙区丙镇村××组 1-15 号房子的户主是谁？

答：我是这房子的主人。

问：该房子有无房屋所有权证？

答：有，2010 年修建好后办理的。

问：调查结束后我们要复印你的房屋所有权证和身份证，你是否听清楚了？

答：行，我听清楚了。

问：这个圈舍是谁的？

答：圈舍是我 2012 年建来喂猪的。

问：圈中的 2 头生猪和院落中的 10 头生猪胴体是谁的？

答：是张某、李某夫妻的。

问：今天张某和李某在你的院落做什么？

答：杀猪。张某和李某是夫妻关系，李某协助张某杀猪。

问：张某和李某为何在你的院落屠宰生猪？

答：张某租用我的院落和猪圈来杀猪和关猪。

问：怎么收取费用？

被询问人签名或盖章：王某

执法人员签名或盖章：丁某　杨某

（第 2 页　共 3 页）

笔 录 纸

答：暂出租给他半年，按月收取出租费。

问：出租费用多少元？

答：每个月 500 元，包括用水、用电等费用。

问：什么时间开始出租给张某的？

答：2017 年 9 月 1 日开始出租的，租用时间半年。

问：是否收取了 9 月的出租费？

答：收取了，500 元。

问：是否有租赁合同和收据？

答：有租赁合同和收据，2017 年 9 月 1 日签的合同。

问：调查结束后我们要复印租赁合同和收据，你是否听清楚了？

答：行，我听清楚了。

问：张某什么时间开始屠宰生猪的？

答：前几天在做准备工作，今天刚开始屠宰。

问：你是张某屠宰生猪的合伙人吗？

答：我不是张某屠宰生猪的合伙人，我只将场地租给他。

问：你还有需要补充的内容吗？

答：没有了。

问：现请你阅看以上记录与你陈述内容是否一致，如一致请签字确认。

答：以上记录我已看过，内容与我陈述的一致。

被询问人签名或盖章：王某

执法人员签名或盖章：丁某　杨某

（第 3 页　共 3 页）

询问笔录

询问时间：__2017__ 年 __9__ 月 __6__ 日 __01__ 时 __38__ 分至 __01__ 时 __58__ 分

询问地点：__甲市乙区丙镇××村××组__

询问机构：__甲市乙区农业委员会__

询问人：__丁某__　　　执法证件号：__××××××__

　　　　　__杨某__　　　　　　　　　　__××××××__

记录人：__赵某__

被询问人：姓名 __李某__　　性别 __女__　　年龄 __40周岁__

　　　　　身份证号 __××××××××××××××××××__

　　　　　联系电话 __××××××××××××__

　　　　　工作单位 __无__　　　职务 __无__

　　　　　住址 __甲市乙区丙镇××村×××组__

问：我们是甲市乙区农业委员会执法人员（出示执法证件），现依法向你进行询问调查。你应当如实回答我们的询问并协助调查，作伪证要承担法律责任，你听清楚了吗？

答：听清楚了。

问：请说一下你的基本情况。

答：我叫李某，女，汉族，40周岁，身份证号码是××××××××××××××××××，居住地址和身份证地址都是甲市乙区丙镇××村×××组，在家务农。

被询问人签名或盖章：李某

执法人员签名或盖章：丁某　杨某

（第1页　共3页）

笔 录 纸

问：今天你在王某家的院落做什么？

答：协助张某杀猪。

问：你和张某是什么关系？

答：我们是夫妻关系。

问：调查结束后我们要复印你的结婚证，你是否听清楚了？

答：行，我听清楚了。

问：你和张某为何在王某家的院落屠宰生猪？

答：我丈夫张某租用王某的院落和猪圈来杀猪和放猪。

问：圈中的 2 头生猪和院落中的 10 头生猪胴体是谁的？

答：这 12 头猪是我们收购来的，10 头生猪胴体是我们刚屠宰的。

问：钢架上的 10 头生猪胴体是你协助你丈夫张某屠宰的吗？

答：是我协助他屠宰的，本来还要屠宰圈里的 2 头生猪，结果你们来检查了。

问：你们夫妻准备如何处理屠宰加工的生猪产品？

答：准备卖到乙区丁镇一些餐馆。

问：你丈夫张某租用王某的院落和猪圈怎么付费？

答：按月支付出租费。

问：什么时间开始租的？

被询问人签名或盖章：李某
执法人员签名或盖章：丁某　杨某

（第 2 页　共 3 页）

笔 录 纸

答：2017 年 9 月 1 日开始租的，租用时间半年。

问：租用费多少元？

答：含水、电等费用每个月 500 元。

问：9 月的出租费是否已支付给王某？

答：已经支付了，500 元。

问：是否有租赁合同和收条？

答：有租赁合同和收条。

问：2017 年 9 月 1 日至 9 月 4 日，你们是否屠宰了生猪？

答：没有，前几天在做准备 。

问：现请你看以上记录与你的陈述内容是否一致，如一致请签字确认。

答：以上记录我已看过，内容与我陈述的一致。

（以下空白）

_____

_____

_____

_____

_____

_____

_____

被询问人签名或盖章：李某

执法人员签名或盖章：丁某　杨某

（第 3 页　共 3 页）

询问笔录

询问时间：　2017　年　9　月　6　日　01　时　03　分至　01　时　33　分
询问地点：　甲市乙区丙镇××村××组
询问机构：　甲市乙区农业委员会
询问人：　丁某　　　　　　执法证件号：　××××××
　　　　　杨某　　　　　　　　　　　　　××××××
记录人：　赵某
被询问人：姓名　张某　　性别　男　　年龄　41 周岁
　　　　　身份证号　×××××××××××××××××××
　　　　　联系电话　××××××××××××
　　　　　工作单位　无　　　　　职务　无
　　　　　住址　甲市乙区丙镇××村×××组

问：我们是甲市乙区农业委员会执法人员（出示执法证件），现依法向你进行询问调查。你应当如实回答我们的询问并协助调查，作伪证要承担法律责任，你听清楚了吗？

答：听清楚了。

问：请说一下你的基本情况。

答：我叫张某，男，汉族，41 周岁，身份证号码是×××××××××××××××××××，居住地址和身份证地址都是甲市乙区丙镇××村×××组，从事个体屠工 15 年。

被询问人签名或盖章：张某
执法人员签名或盖章：丁某　杨某

（第 1 页　共 4 页）

笔 录 纸

问：这所住宅和院落是谁的？

答：是王某的。

问：今天你在王某家的院落做什么？

答：杀猪。

问：圈中的 2 头生猪和院落中的 10 头生猪胴体是谁的？

答：生猪是我收购来的，生猪胴体是我刚屠宰的。

问：这些生猪从哪里收购的？有检疫合格证明吗？

答：从本市甲区收购的。检疫合格的，这些就是检疫证明。

问：我们要对这些检疫证明进行复印。

答：好的。

问：你为何在王某家的院落屠宰生猪？

答：我租用他的院落和猪圈来杀猪和关猪。

问：租了多久？

答：2017 年 9 月 1 日日开始租的，租了半年。

问：租用费多少？

答：每个月 500 元，水电等费用包含在内。每月 3 号前将租用费支付给王某。

问：9 月的出租费是否已支付给王某？

被询问人签名或盖章：张某

执法人员签名或盖章：丁某　杨某

笔 录 纸

答：已经支付了，500 元。

问：是否有租赁合同和收条？

答：有租赁合同和收条，2017 年 9 月 1 日签的合同。

问：调查结束后我们要复印租赁合同和收据。

答：行。

问：你租用王某院落屠宰生猪有其他合伙人吗？

答：没有。就我自己收购猪，自己屠宰。

问：李某你认识吗？

答：李某是我妻子。

问：你妻子在这做什么？

答：协助我杀猪。

问：院落内的分割刀、剔骨刀、木凳、木盆以及钢架等工具是谁的？

答：都是我的，钢架是我 9 月 4 日自己搭的。

问：钢架上的 10 头生猪胴体是你屠宰的吗？

答：是我屠宰的，本来还要屠宰圈里的 2 头生猪，结果你们来检查了。

问：你准备如何处理屠宰加工的生猪产品？

答：准备卖给乙区丁镇的一些餐馆。

问：2017 年 9 月 1 日至 9 月 4 日，你是否屠宰了生猪？

答：没有，前几天在做准备工作，今天刚开始屠宰就被你们发现了。

被询问人签名或盖章：赵某

执法人员签名或盖章：丁某　杨某

（第 3 页　共 4 页）

笔 录 纸

问：现请你看以上记录与你的陈述内容是否一致，如一致请签字确认。

答：以上记录我已看过，内容与我陈述的一致，属实。

（以下空白）

被询问人签名或盖章：张某

执法人员签名或盖章：丁某　杨某

（第 4 页　共 4 页）

证据材料登记表

此复印件与原件一致。

当事人签名：李某

2017 年 9 月 6 日

证据制作说明：

1. 收 集 人：丁某、杨某。
2. 提 供 人：李某。
3. 收集时间：2017 年 9 月 6 日。
4. 收集地点：甲市乙区丙镇××村××组。
5. 收集方式：复印。
6. 证据内容：李某身份证复印件。

证据材料登记表

此复印件与原件一致。

当事人签名：张某

2017 年 9 月 6 日

证据制作说明：

1. 收 集 人：丁某、杨某。

2. 提 供 人：张某。

3. 收集时间：2017 年 9 月 6 日。

4. 收集地点：甲市乙区丙镇××村××组。

5. 收集方式：复印。

6. 证据内容：张某身份证复印件。

证据材料登记表

此复印件与原件一致。

当事人签名：李某

2017 年 9 月 6 日

证据制作说明：

1. 收 集 人：丁某、杨某。
2. 提 供 人：李某。
3. 收集时间：2017 年 9 月 6 日。
4. 收集地点：甲市乙区丙镇××村××组。
5. 收集方式：复印。
6. 证据内容：张某、李某结婚证复印件。

生猪屠宰行政执法操作指南

证据材料登记表

此复印件与原件一致。

当事人签名：王某

2017 年 9 月 6 日

证据制作说明：

1. 收 集 人：丁某、杨某。

2. 提 供 人：王某。

3. 收集时间：2017 年 9 月 6 日。

4. 收集地点：甲市乙区丙镇××村××组。

5. 收集方式：复印。

6. 证据内容：房屋租赁合同、房租收据、房屋所有权证复印件。

• 448 •　　　　　　　　—卷内 20—

证据材料登记表

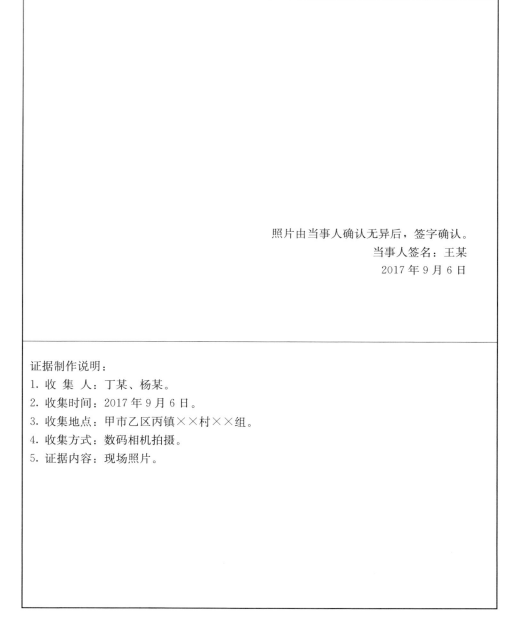

照片由当事人确认无异后，签字确认。

当事人签名：王某

2017 年 9 月 6 日

证据制作说明：

1. 收　集　人：丁某、杨某。

2. 收集时间：2017 年 9 月 6 日。

3. 收集地点：甲市乙区丙镇××村××组。

4. 收集方式：数码相机拍摄。

5. 证据内容：现场照片。

证据材料登记表

此复印件与原件一致。

当事人签名：张某

2017 年 9 月 6 日

证据制作说明：

1. 收 集 人：丁某、杨某。

2. 提 供 人：张某。

3. 收集时间：2017 年 9 月 6 日。

4. 收集地点：甲市乙区丙镇××村××组。

5. 收集方式：复印。

6. 证据内容：《动物检疫合格证明》复印件。

乙区农业委员会
责令改正通知书

王某　　：

　　你为未经定点违法从事生猪屠宰活动的个人提供生猪屠宰场所的行为，违反了《生猪屠宰管理条例》第十七条："任何单位和个人不得为未经定点违法从事生猪屠宰活动的单位或者个人提供生猪屠宰场所或者生猪产品储存设施，不得为对生猪或者生猪产品注水或者注入其他物质的单位或者个人提供场所。"之规定。

　　依照《生猪屠宰管理条例》第三十条："为未经定点违法从事生猪屠宰活动的单位或者个人提供生猪屠宰场所或者生猪产品储存设施，或者为对生猪、生猪产品注水或者注入其他物质的单位或者个人提供场所的，由畜牧兽医行政主管部门责令改正，没收违法所得，对单位并处 2 万元以上 5 万元以下的罚款，对个人并处 5 000 元以上 1 万元以下的罚款。"之规定，本机关责令你单位（☑立即 / □于　/　年　/　月　/　日之前）按下列要求改正违法行为：

　　停止为未经定点违法从事生猪屠宰活动的个人提供生猪屠宰场所。

　　（以下空白）

乙区农业委员会（印章）

2017 年 9 月 6 日

案件处理意见书

案由	涉嫌为未经定点违法从事生猪屠宰活动的个人提供生猪屠宰场所案						
当事人	个人	姓名	王某				
		性别	男	年龄	53 岁	电话	××××××××××
		住址	甲市乙区丙镇××村××组				
	单位	名称			法定代表人（负责人）		
		地址			电话		
案件调查经过	2017 年 9 月 5 日 22 时许，甲市乙区农业委员会接到群众电话举报：乙区丙镇××村××组王某家有人在违法屠宰生猪。9 月 5 日 23 时许，乙区农业执法人员对王某家院落和生猪圈舍进行检查，经查，张某涉嫌未经定点违法屠宰生猪，王某为未经定点违法从事生猪屠宰活动的张某提供生猪屠宰场所的行为，涉嫌违反《生猪屠宰管理条例》第十七条之规定，张某未经定点违法从事生猪屠宰活动涉嫌违反《生猪屠宰管理条例》第二十四条之规定。经电话请示甲市乙区农业委员会立案后，由执法人员丁某、杨某、赵某负责调查取证。执法人员对现场进行检查并制作了《现场检查笔录》1 份，对现场进行了照相、摄像取证，分别对当事人王某、张某和李某进行了询问，制作了《询问笔录》3 份；复印了当事人王某、张某以及李某的身份证；复印了王某将院落租给张某的租赁合同；复印了王某收取房租费的收据；复印了张某、李某的结婚证；复印了王某的房屋所有权证，绘制了现场平面图。						
所附证据材料	证据 1：对王某位于乙区丙镇××村××组的院落和猪圈进行现场检查并制作的《现场检查笔录》1 份。 　　证据 2：对张某作的《询问笔录》1 份。 　　证据 3：对李某作的《询问笔录》1 份。 　　证据 4：对王某作的《询问笔录》1 份。 　　证据 5：圈舍、生猪胴体现场照片 5 张。 　　证据 6：王某的身份证复印件 1 张。 　　证据 7：张某的身份证复印件 1 张。 　　证据 8：李某的身份证复印件 1 张。 　　证据 9：张某、李某结婚证复印件 1 张。 　　证据 10：房屋租赁合同复印件 1 份。 　　证据 11：房租费的收据复印件 1 份。 　　证据 12：房屋所有权证复印件 1 份。 　　证据 13：12 张《动物检疫合格证明》复印件 1 份。						

（续）

调查结论及处理意见	**调查结论：** 证据 6、12 证明本案当事人王某身份，证据 1～5、7～9、10、11、13 证明王某将院落和猪圈出租给张某从事生猪屠宰活动的事实。 **处理意见：** 2017 年 9 月 5 日张某租用当事人王某院落进行生猪屠宰活动，当事人王某为未经定点违法从事生猪屠宰活动的张某提供生猪屠宰场所的行为，涉嫌违反《生猪屠宰管理条例》十七条"任何单位和个人不得为未经定点违法从事生猪屠宰活动的单位或者个人提供生猪屠宰场所或者生猪产品储存设施，不得为对生猪或者生猪产品注水或者注入其他物质的单位或者个人提供场所"之规定。 根据《生猪屠宰管理条例》第三十条"为未经定点违法从事生猪屠宰活动的单位或者个人提供生猪屠宰场所或者生猪产品储存设施，或者为对生猪、生猪产品注水或者注入其他物质的单位或者个人提供场所的，由畜牧兽医行政主管部门责令改正，没收违法所得，对单位并处 2 万元以上 5 万元以下的罚款，对个人并处 5 000 元以上 1 万元以下的罚款"之规定，鉴于当事人积极配合，此前无违反《中华人民共和国动物防疫法》《生猪屠宰管理条例》等法律法规的行为，且涉案数量较少，参照《甲市农业行政处罚自由裁量权标准》，建议对当事人王某作出如下处罚： 1. 没收出租场所违法所得 500 元。 2. 罚款 6 000 元。 因该案件对个人罚款数额超过 5 000 元，依据《甲市农业委员会行政处罚案件集体讨论制度》规定，建议进行重大案件集体讨论。 对张某涉嫌未经定点违法屠宰生猪且经营屠宰依法应当检疫而未经检疫生猪的两项违法行为，建议分别另案查处。 执法人员签名：丁某 杨某 2017 年 9 月 7 日
执法机构意见	同意办案人员意见，建议集体讨论。 签名：白某 2017 年 9 月 7 日
法制机构意见	同意办案人员意见。 签名：李某 2017 年 9 月 7 日
执法机关意见	经执法机关负责人集体讨论，同意办案人员意见。 签名：欧某 2017 年 9 月 7 日

乙区农业委员会
重大案件集体讨论记录

案件名称：涉嫌为未经定点违法从事生猪屠宰活动的个人提供生猪屠宰场所案

案件编号（立案编号）：乙农（屠）立〔2017〕6 号

讨论时间：　2017 年 9 月 7 日 10 时 30 分至 11 时 30 分

地点：甲市乙区农业委员会会议室

主持人：欧某（甲市乙区农业委员会主任）

汇报人：丁某（案件承办人）

记录人：林某

列席人员：杨某（案件承办人）

出席人员姓名及职务：

　　白某（乙区农业委员会副主任）、李某（乙区农业委员会副主任）

讨论内容：

　　1. 违法事实是否清楚；2. 证据是否合法、充分和确凿；3. 案件处理程序是否合法；4. 处罚依据是否合法以及处罚内容是否明确。

讨论记录：

　　欧某：今天我们依据《中华人民共和国行政处罚法》第三十八条规定，就王某涉嫌为未经定点违法从事生猪屠宰活动提供生猪屠宰场所案进行重大案件集体讨论，下面由办案人丁某介绍简要案情和调查取证过程。

　　丁某：2017 年 9 月 5 日 22 时许，本单位接到群众电话举报：乙区丙镇××村××组王某家有人在违法屠宰生猪。9 月 5 日 23 时许，经领导安排，我和杨某对王某家进行检查，发现王某家的院落一钢架上挂有 10 头生猪胴体，张某在分割生猪胴体，现场猪头、猪蹄、内脏、猪毛等散落在地面，李某在整理内脏，王某站在一旁观看，院落旁的圈舍内关有 2 头生猪。我执法人员对王某的院落和猪圈进行了现场检查勘验并制作了《现场检查（勘验）笔录》，对圈舍、生猪胴体进行了拍照；对当事人王某、张某和李某进行了询问，制作了《询问笔录》3 份；复印了当事人王某、张某以及李某的身份证，王某将院落租给张某的租赁合同，王某收取出租费的收据，张某、李某的结婚证，王某的房屋所有权证；绘制了现场平面图。2017 年 9 月 5 日，我们对屠宰的 10 头猪胴体及副产品进行了称重：10 头生猪胴体重 1 532 千克，猪内脏 10 套重 65 千

克，10 个猪头重 60 千克，2 头活猪重 340 千克，耳标号为××××××××
0013116、××××××××0013116120～128。经查明，2017 年 9 月 1 日，
当事人王某将其位于乙区丙镇××村××组住房的院落和一猪圈出租给张某、
李某夫妻二人从事违法屠宰活动，出租时间半年，从 2017 年 9 月 1 日起至
2018 年 3 月 1 日止，每月收取 500 元租金，现已收取 9 月份租金 500 元。2017
年 9 月 5 日张某从农村收购 12 头生猪后于当晚开始屠宰，准备屠宰后将猪肉
销售到乙区丁镇一些餐馆，当日 23 时许我区执法人员查获时已屠宰 10 头。

证据如下：

证据 1：对王某位于乙区丙镇××村××组的院落和猪圈进行现场检查并
制作的《现场检查笔录》1 份。

证据 2：对张某作的《询问笔录》1 份。

证据 3：对李某作的《询问笔录》1 份。

证据 4：对王某作的《询问笔录》1 份。

证据 5：圈舍、生猪胴体现场照片 5 张。

证据 6：王某的身份证复印件 1 张。

证据 7：张某的身份证复印件 1 张。

证据 8：李某的身份证复印件 1 张。

证据 9：张某、李某结婚证复印件 1 张。

证据 10：房屋租赁合同复印件 1 份。

证据 11：房租费的收据复印件 1 份。

证据 12：房屋所有权证复印件 1 份。

证据 13：12 张《动物检疫合格证明》复印件。

证据 6、12 证明本案当事人王某身份，证据 1～5、7～9、10、11、13 证
明王某将院落和猪圈出租给张某从事生猪屠宰活动的事实。

我们认为，王某为未经定点违法从事生猪屠宰活动的张某提供生猪屠宰场
所的行为事实确凿，证据充分，其行为违反了《生猪屠宰管理条例》第十七条
"任何单位和个人不得为未经定点违法从事生猪屠宰活动的单位或者个人提供生
猪屠宰场所或者生猪产品储存设施，不得为对生猪或者生猪产品注水或者注入其
他物质的单位或者个人提供场所"之规定；依据《生猪屠宰管理条例》第三十条
"为未经定点违法从事生猪屠宰活动的单位或者个人提供生猪屠宰场所或者生猪
产品储存设施，或者为对生猪、生猪产品注水或者注入其他物质的单位或者个人
提供场所的，由畜牧兽医行政主管部门责令改正，没收违法所得，对单位并处 2
万元以上 5 万元以下的罚款，对个人并处 5 000 元以上 1 万元以下的罚款"之规
定。参照《甲市农业行政处罚自由裁量权标准》的规定，拟责令当事人立即改正
违法行为，没收出租场所的违法所得 500 元，罚款 6 000 元。

白某：丁某、杨某收集到的证据足以确认当事人王某有为未经定点违法从事生猪屠宰活动提供生猪屠宰场所的违法行为，涉嫌违反了《生猪管理条例》第十七条规定，依据《生猪管理条例》第三十条进行处罚，依据合法，处罚内容准确具体，自由裁量权使用适当。同意办案人员意见。

李某：本案的证据来源合法、证据的形式要件合法，证据链条完整，能够为认定违法事实的存在提供足够的依据。案件处理程序合法，按照法定程序进行调查处理。同意办案人员意见。

欧某：同意办案人员意见。

结论性意见：

经甲市乙区农业委员会负责人集体讨论，王某涉嫌为未经定点违法从事生猪屠宰活动提供生猪屠宰场所一案，事实清楚，证据确凿，程序合法，处罚内容明确，同意办案人员意见，可以下达《行政处罚事先告知书》。

机关负责人签名：欧某　白某　李某

乙区农业委员会
行政处罚事先告知书

乙农（屠）告〔2017〕11号

王某：

经调查，你涉嫌为未经定点违法从事生猪屠宰活动的张某提供生猪屠宰场所的行为，违反了《生猪屠宰管理条例》第十七条"任何单位和个人不得为未经定点违法从事生猪屠宰活动的单位或者个人提供生猪屠宰场所或者生猪产品储存设施，不得为对生猪或者生猪产品注水或者注入其他物质的单位或者个人提供场所"之规定，依据《生猪屠宰管理条例》第三十条"为未经定点违法从事生猪屠宰活动的单位或者个人提供生猪屠宰场所或者生猪产品储存设施，或者为对生猪、生猪产品注水或者注入其他物质的单位或者个人提供场所的，由畜牧兽医行政主管部门责令改正，没收违法所得，对单位并处2万元以上5万元以下的罚款，对个人并处5 000元以上1万元以下的罚款"，参照《甲市农业行政处罚自由裁量权标准》的规定。

本机关拟对你作出如下处罚决定：

1. 没收出租场所的违法所得人民币伍佰元（500元）。

2. 处罚款人民币陆仟元（6 000元）。

根据《中华人民共和国行政处罚法》第三十一条、第三十二条和四十二条之规定，你可以在收到本告知书之日起三日内向本机关进行陈述申辩、申请听证，逾期不陈述申辩、申请听证的，视为你放弃上述权利。

甲市乙区农业委员会

2017年9月7日

执法机构地址： 甲市乙区××街道××街××号

联系人： 熊某　　　　　电话： ×××-××××××××

陈述申辩笔录

当事人： 王某

陈述申辩时间： 2017 年 9 月 7 日 16 时 50 分至 16 时 57 分

陈述申辩地点： 甲市乙区丙 镇××村××组

记录人： 赵某

陈述申辩内容：

    我收到你们送的《行政处罚事先告知书》，得知要没收我出租场所的违法所得 500 元，罚款 6 000 元。我服从处罚，愿意立即改正违法行为，今后不再违法。

    （以下空白）

陈述申辩人签名或盖章：王某

执法人员签名或盖章：丁某　杨某

行政处罚决定审批表

案由	为未经定点违法从事生猪屠宰活动提供生猪屠宰场所案					
当事人	个人	姓名	王某			
		性别	男	年龄	53	电话	××××××××××
		住址	甲市乙区丙镇××村××组			
	单位	名称	/	法定代表人（负责人）	/	
		地址	/	电话	/	
陈述申辩或听证情况	当事人在 2017 年 9 月 7 日收到《行政处罚事先告知书》〔乙农（屠）告〔2017〕11 号〕后，于 9 月 7 日进行了陈述申辩，表示要立即改正违法行为，今后不再违法，服从处罚。三日内未提出听证申请。					
处理意见	当事人王某积极配合调查，主动改正违法行为，且此前无违反《中华人民共和国动物防疫法》《生猪屠宰管理条例》等法律法规行为，参照《甲市农业行政处罚自由裁量权标准》，建议执行〔乙（屠）告〔2017〕11 号〕对当事人王某拟作出没收出租场所的违法所得 500 元，罚款 6 000 元的行政处罚。 办案人员签名：丁某　杨某 2017 年 9 月 16 日					
执法机构意见	同意办案人员意见。 签名：白某 2017 年 9 月 16 日					
法制机构意见	同意办案人员意见。 签名：李某 2017 年 9 月 16 日					
执法机关意见	同意。 签名：欧某 2017 年 9 月 16 日					

送达回证

案　　由	涉嫌为未经定点违法从事生猪屠宰活动提供生猪屠宰场所案				
受送达人	王某				
送达单位	甲市乙区农业委员会				
送达文书及文号	送达地点	送达人	送达方式	收到日期	收件人签名
乙区农业委员会责令改正通知书	甲市乙区丙镇××村××组	丁某杨某	直接送达	2017 年9 月 6 日	王某
（以下空白）					
备注					

送达回证

案　　由	涉嫌为未经定点违法从事生猪屠宰活动提供生猪屠宰场所案				
受送达人	王某				
送达单位	甲市乙区农业委员会				
送达文书及文号	送达地点	送达人	送达方式	收到日期	收件人签名
《乙区农业委员会行政处罚事先告知书》〔乙农（屠）告〔2017〕11号〕	甲市乙区丙镇××村××组	丁某杨某	直接送达	2017年9月7日	王某
（以下空白）					
备注					

送达回证

案　由	涉嫌为未经定点违法从事生猪屠宰活动提供生猪屠宰场所案				
受送达人	王某				
送达单位	甲市乙区农业委员会				
送达文书及文号	送达地点	送达人	送达方式	收到日期	收件人签名
《乙区农业委员会行政处罚决定书》〔乙农（屠）罚〔2017〕11 号〕	甲市乙区丙镇××村××组	丁某 杨某	直接送达	2017 年 9 月 16 日	王某
（以下空白）					
备注					

罚没收据存根清单

（罚没收据存根清单）

行政处罚结案报告

案　　由	为未经定点违法从事生猪屠宰活动提供生猪屠宰场所		
当事人	王某		
立案时间	2017 年 9 月 5 日	处罚决定送达时间	2017 年 9 月 16 日

处罚决定及执行情况：

当事人已依法履行处罚决定，将罚款按时缴纳至指定银行，建议结案。

办案人员签名：丁某　杨某

2017 年 9 月 22 日

执法机构意见	同意结案。 签名：白某 2017 年 9 月 22 日
法制机构意见	同意结案。 签名：李某 2017 年 9 月 22 日
执法机关意见	同意结案。 签名：欧某 2017 年 9 月 22 日

备 考 表

本案卷包括使用的执法文书及罚没收据存根清单，共 37 页。

立卷人：

2017 年 9 月 25 日

本案卷执法文书及相关证据归档完整，符合要求。

检查人：

2017 年 9 月 25 日

第十二章
为对生猪注水的个人提供场所案

案 情 概 述

    2017年9月23日，甲市乙区农业委员会执法人员对丙食品有限公司生猪定点屠宰场3号屠宰车间进行现场检查，发现车间地面上摆放有已被宰杀的1头生猪和未被宰杀的9头生猪。罗某正在对已被宰杀生猪进行剖腹，张某整理地面上1副内脏；已被宰杀生猪的胃肠呈现高度扩张，有大量水样液体充盈现象。经领导批准立案后，查明：2017年9月9日，丙食品有限公司与罗某签订合同，将该公司3号屠宰车间和19号圈舍出租给罗某使用，租用时间为2017年9月9日至2018年3月8日，租金为每月6 000元，按月收取租金。罗某在屠宰车间内对生猪进行注水后宰杀，丙食品有限公司为对生猪注水的个人提供场所的行为违反了《生猪屠宰管理条例》第十七条之规定，依据《生猪屠宰管理条例》第三十条之规定，依法做出没收6 000元违法所得、罚款人民币30 000元的行政处罚。因当事人不具备《甲市农业行政处罚自由裁量权标准》第×条第（×）项之规定的减轻处罚条件，对其减轻处罚陈述申辩不予采纳。2017年10月16日，向当事人送达了《行政处罚决定书》。2017年10月19日当事人上缴了罚没款。2017年10月20日结案。

乙区农业委员会

生猪屠宰行政执法案卷

丙食品有限公司为对生猪注水的个人提供场所案

自 2017 年 9 月 23 日至 2017 年 10 月 20 日	保管期限	长期
本卷共 1 件 40 页	归档号	乙农（屠宰）罚〔2017〕12 号

全宗号	目录号	案卷号
	2017	12 号

卷 内 目 录

序号	题 名	文书编号	文书日期	卷内页码	备注
1	乙区农业委员会行政处罚决定书	乙农（屠）罚〔2017〕12号	2017年10月16日	1～3	
2	行政处罚立案审批表	乙农（屠）立〔2017〕12号	2017年9月23日	4	
3	证据材料登记表		2017年9月23日	5	
4	证据材料登记表		2017年9月23日	6	
5	证据材料登记表		2017年9月23日	7	
6	现场检查（勘验）笔录		2017年9月23日	8～9	
7	询问笔录		2017年9月23日	10～13	
8	证据材料登记表		2017年9月23日	14	
9	证据材料登记表		2017年9月23日	15	
10	证据材料登记表		2017年9月23日	16	
11	证据材料登记表		2017年9月23日	17	
12	证据材料登记表		2017年9月23日	18	
13	证据材料登记表		2017年9月23日	19	
14	证据材料登记表		2017年9月23日	20	

（续）

序号	题名	文书编号	文书日期	卷内页码	备注
15	证据材料登记表		2017 年 9 月 23 日	21	
16	证据材料登记表		2017 年 9 月 24 日	22	
17	证据材料登记表		2017 年 9 月 24 日	23	
18	证据材料登记表		2017 年 9 月 25 日	24	
19	乙区农业委员会责令改正通知书		2017 年 9 月 23 日	25	
20	案件处理意见书		2017 年 10 月 9 日	26～28	
21	乙区农业委员会重大案件集体讨论记录		2017 年 10 月 9 日	29～31	
22	乙区农业委员会行政处罚事先告知书	乙农（屠）告〔2017〕12 号	2017 年 10 月 10 日	32	
23	陈述申辩笔录		2017 年 10 月 10 日	33	
24	行政处罚决定审批表		2017 年 10 月 16 日	34	
25	送达回证		2017 年 9 月 23 日	35	
26	送达回证		2017 年 10 月 10 日	36	
27	送达回证		2017 年 10 月 16 日	37	
28	罚没收据存根清单		2017 年 10 月 19 日	38	
29	行政处罚结案报告		2017 年 10 月 20 日	39	
30	备考表		2017 年 10 月 20 日	40	

乙区农业委员会
行政处罚决定书

乙农（屠）罚〔2017〕12 号

当事人：丙食品有限公司
地址：甲市乙区××镇××街××号
法定代表人：陈某　职务：经理（法定代表人）
联系电话：×××××××××××

当事人丙食品有限公司为对生猪注水的个人提供场所一案，经本机关依法调查，现查明：

2017 年 9 月 23 日，本机关执法人员曾某、何某对丙食品有限公司 3 号屠宰车间现场检查，发现车间地面上摆放有已被宰杀的 1 头生猪和未被宰杀的 9 头生猪。罗某正在对已被宰杀生猪进行剖腹，张某整理地面上 1 副内脏；已被宰杀生猪的胃肠呈现高度扩张，有大量水样液体充盈现象。经调查：2017 年 9 月 9 日，丙食品有限公司与罗某签订合同，将该公司 3 号屠宰车间和 19 号圈舍出租给罗某使用，租用时间为 2017 年 9 月 9 日至 2018 年 3 月 8 日，租金为每月 6 000 元，按月收取租金。罗某在屠宰车间内对生猪进行注水后宰杀。

以上事实查证属实，有下列证据为证：

证据 1：丙食品有限公司工商营业执照、生猪定点屠宰证书及陈某居民身份证复印件，证明丙食品有限公司的资质和法定代表人陈某的身份。

证据 2：2017 年 9 月 23 日 16 时 01 分至 16 时 30 分，执法人员在丙食品有限公司生猪定点屠宰场 3 号屠宰车间制作《现场检查（勘验）笔录》及录像照片。证明检查现场的情况。

证据 3：2017 年 9 月 23 日 21 时 00 分至 21 时 35 分，执法人员对丙食品有限公司法定代表人陈某制作《询问笔录》。

证据 4：丙食品有限公司与罗某签订的租用合同、丙食品有限公司向罗某开具的收据复印件。

证据 3、4 证明丙食品有限公司为罗某提供对生猪注水场所的事实。

证据 5：2017 年 9 月 23 日 16 时 40 分至 19 时 50 分，执法人员在丙食品有限公司生猪定点屠宰场 3 号屠宰车间制作《现场检查（勘验）笔录》及录像照片。

证据6：2017年9月23日20时00分至20时30分，执法人员对罗某制作《询问笔录》复印件，及罗某居民身份证复印件。

证据7：2017年9月23日20时30分至20时59分，执法人员对张某制作《询问笔录》复印件，及张某居民身份证复印件。

证据8：2017年9月23日，执法人员对塑料水管及铁钩和生猪产品进行登记保存的《证据登记保存清单》复印件。

证据9：2017年9月24日，执法人员制作10头生猪胴体《产品质量抽样单》复印件。

证据10：2017年9月24日执法人员制作检验委托书复印件。

证据11：2017年9月25日甲市乙区食品药品检验所出具《检测报告》复印件。

证据5～11证明罗某对生猪注水的事实。

2017年9月25日，本机关向丙食品有限公司送达《行政处罚事先告知书》｛乙农（屠）告〔2017〕5号｝。丙食品有限公司收到《行政处罚事先告知书》｛乙农（屠）告〔2017〕12号｝后，在规定时间内提出减轻处罚陈述申辩，声明放弃听证权利。

本机关认为，当事人丙食品有限公司为生猪注水提供场所的行为，事实清楚，证据确凿，其行为违反了《生猪屠宰管理条例》第十七条："任何单位和个人不得为未经定点违法从事生猪屠宰活动的单位或者个人提供生猪屠宰场所或者生猪产品储存设施，不得为对生猪或者生猪产品注水或者注入其他物质的单位或者个人提供场所"之规定。因当事人不具备《甲市农业行政处罚自由裁量权标准》第×条第（×）项之规定的减轻处罚条件，对其减轻处罚陈述申辩不予采纳。

依照《生猪屠宰管理条例》第三十条："为未经定点违法从事生猪屠宰活动的单位或者个人提供生猪屠宰场所或者生猪产品储存设施，或者为对生猪、生猪产品注水或者注入其他物质的单位或者个人提供场所的，由畜牧兽医行政主管部门责令改正，没收违法所得，对单位并处2万元以上5万元以下的罚款，对个人并处5 000元以上1万元以下的罚款"之规定，本机关做出如下处罚决定：

1. 没收违法所得（租金）人民币陆仟元整（6 000.00元）。

2. 罚款人民币叁万元整（30 000.00元）。

当事人必须在收到本处罚决定书之日起15日内持本决定书到乙区××银行缴纳罚（没）款。逾期不按规定缴纳罚款的，每日按罚款数额的3‰加处罚款。

当事人对本处罚决定不服的，可以在收到本处罚决定书之日起 60 日内向甲市乙区人民政府或甲市农业委员会申请行政复议；或者 6 个月内向甲市乙区人民法院提起行政诉讼。行政复议和行政诉讼期间，本处罚决定不停止执行。

　　当事人逾期不申请行政复议或提起行政诉讼，也不履行本行政处罚决定的，本机关将依法申请人民法院强制执行。

乙区农业委员会（印章）

2017 年 9 月 29 日

行政处罚立案审批表

乙农（屠）立〔2017〕　　12　　号

案件来源		检查发现		受案时间	2017 年 9 月 23 日	
案　由		涉嫌为对生猪注水的个人提供场所案				
当事人	个人	姓名			电话	
		性别		年龄		身份证号	
		住址				
	单位	名称	丙食品有限公司		法定代表人（负责人）	陈某
		地址	甲市乙区××镇××街××号		电话	××××××××××
简要案情		2017 年 9 月 23 日，本机关执法人员对丙食品有限公司 3 号屠宰车间现场检查，发现车间地面上摆放有已被宰杀的 1 头生猪和未被宰杀的 9 头生猪。罗某正在对已被宰杀生猪进行剖腹，张某整理地面上 1 副内脏；已被宰杀生猪的胃肠呈现高度扩张，有大量水样液体充盈现象。未被宰杀的 9 头生猪腹部肿胀，口腔流涎；其中 3 头站立不稳，6 头倒在地上；3 头站立不稳生猪口腔里插有塑料软管，地面上水管正在对外放水，水管内径与塑料软管外径相同。丙食品有限公司法定代表人陈某述称 3 号屠宰车间和 19 号圈舍出租给罗某使用，按月收取租金。 　　丙食品有限公司涉嫌为对生猪注水的个人提供场所，丙食品有限公司的行为涉嫌违反了《生猪屠宰管理条例》第十七条"任何单位和个人不得为未经定点违法从事生猪屠宰活动的单位或者个人提供生猪屠宰场所或者生猪产品储存设施，不得为对生猪或者生猪产品注水或者注入其他物质的单位或者个人提供场所"之规定。建议立案查处。 　　　　　　　　　　　　　　受案人签名：曾某　何某 　　　　　　　　　　　　　　　　　　　2017 年 9 月 23 日					
执法机构意见		同意立案。 　　　　　　　　　　　签名：吴某 　　　　　　　　　　　2017 年 9 月 23 日				
法制机构意见		同意立案。 　　　　　　　　　　　签名：赵某 　　　　　　　　　　　2017 年 9 月 23 日				
执法机关意见		同意立案。 　　　　　　　　　　　签名：丁某 　　　　　　　　　　　2017 年 9 月 23 日				

证据材料登记表

此复印件与原件内容一致。

当事人签名：陈某

2017 年 9 月 23 日

证据制作说明：

1. 收 集 人：曾某、何某。

2. 提 供 人：陈某。

3. 收集时间：2017 年 9 月 23 日。

4. 收集地点：丙食品有限公司。

5. 收集方式：复印。

6. 证据内容：丙食品有限公司工商营业执照。

证据材料登记表

此复印件与原件内容一致。

当事人签名：陈某

2017 年 9 月 23 日

证据制作说明：

1. 收 集 人：曾某、何某。
2. 提 供 人：陈某。
3. 收集时间：2017 年 9 月 23 日。
4. 收集地点：丙食品有限公司。
5. 收集方式：复印。
6. 证据内容：丙食品有限公司生猪定点屠宰证。

证据材料登记表

此复印件与原件内容一致。

当事人签名：陈某

2017 年 9 月 23 日

证据制作说明：

1. 收 集 人：曾某、何某。
2. 提 供 人：陈某。
3. 收集时间：2017 年 9 月 23 日。
4. 收集地点：丙食品有限公司。
5. 收集方式：复印。
6. 证据内容：丙食品有限公司法定代表人陈某身份证。

现场检查（勘验）笔录

时间：　2017　年　9　月　23　日　16　时　01　分至　16　时　30　分

检查（勘验）地点：　甲市乙区××镇××街××号（丙食品有限公司生猪定点屠宰场）

当事人：　丙食品有限公司

检查（勘验）机构：　甲市乙区农业委员会

检查人员：　曾某　　　　　执法证件号：　××××××

　　　　　　何某　　　　　　　　　　　　××××××

记录人：　何某

现场检查（勘验）情况：甲市乙区农业委员会执法人员曾某（执法证件号××××××）、何某（执法证件号××××××）在出示执法证件后，于2017年9月23日16时对丙食品有限公司生猪定点屠宰场3号屠宰车间进行检查，情况如下：

　　3号屠宰车间地面上摆放有10头生猪，已宰杀1头，未宰杀9头。已宰杀的1头生猪已被剖腹，其胃肠呈现高度扩张、有大量水样液体充盈的现象。未宰杀的9头生猪腹部肿胀，口腔流涎；其中3头站立不稳，6头倒在地上；3头站立不稳的生猪口腔插有塑料软管，地面上有正在放水的水管，水管内径与塑料软管外径相同，可插上紧密对接。地面上有大量积水，有铁钩1副。10头生猪均有耳标，耳标号为：××××××××××××××10—××××××××××××19。

当事人签名或盖章：陈某　　　　　　　　（见证人签名或盖章：王某）

执法人员签名或盖章：曾某　何某

（第1页　共2页）

笔 录 纸

　　罗某租用丙食品有限公司生猪定点屠宰场 3 号屠宰车间屠宰生猪。3 号屠宰车间两名工作人员，一名为罗某本人，一名为罗某雇佣的工人张某。执法人员对整个执法过程进行了拍照和录像。

（以下空白）

当事人签名或盖章：陈某　　　　　　　　（见证人签名或盖章：王某）
执法人员签名或盖章：曾某　何某

（第 2 页　共 2 页）

询问笔录

询问时间　2017　年　9　月　23　日　21　时　00　分至　21　时　35　分

询问地点　甲市乙区丙食品有限公司办公室

询问机构　甲市乙区农业委员会

询问人　曾某　　执法证件号：　××××××

　　　　何某　　　　　　　　　　　××××××

记录人　曾某

被询问人：姓名　　陈某　　性别　　男　　年龄　45 岁

　　　　身份证号　××××××××××××××

　　　　联系电话　××××××××××××

　　　　工作单位　丙食品有限公司　职务　经理（法定代表人）

　　　　住址　　甲市乙区××街道××路××号××小区

问：我们是　乙区农业委员会　执法人员（出示执法证件），现依法向你进行询问调查。你应当如实回答我们的询问并协助调查，作伪证要承担法律责任，你听清楚了吗？

答：听清楚了。

问：请你说一下你的身份信息等基本情况。

答：我叫陈某，男，45 岁，身份证号码为：××××××××××××××，联系电话是：××××××××××××。家住乙区××街道××路××号××小区。

被询问人签名或盖章：陈某

执法人员签名或盖章：曾某　　何某

（第 1 页　共 4 页）

笔 录 纸

问：调查结束后，我们将对你的身份证进行复印。

答：好的。

问：你的工作单位和职务是什么？

答：我在丙食品有限公司工作，职务是经理，是该公司的负责人。

问：你公司是否有工商营业执照和生猪定点屠宰证？如有请出示。

答：都有。

问：调查结束后，我们将对你公司的工商营业执照和生猪定点屠宰证进行复印。

答：好的。

问：今天我们检查时，发现罗某和张某在你公司屠宰生猪，你是否认识？

答：我认识。

问：罗某和张某是你公司职工吗？

答：不是。

问：为什么罗某和张某在你公司的生猪定点屠宰场屠宰生猪？

答：是我将公司3号屠宰车间和19号圈舍租给罗某使用的。

问：什么时候出租的？出租多长时间？

被询问人签名或盖章：陈某

执法人员签名或盖章：曾某　何某

（第2页　共4页）

笔 录 纸

答：2017 年 9 月 9 日开始出租的，从 2017 年 9 月 9 日至 2018 年 3 月 8 日，租期为半年。

问：如何出租的？租金是多少？

答：租金为每月包干 6 000 元，按月提前支付，不再收取每头生猪的屠宰加工费、水电费等其他费用。

问：是否与罗某签订租用合同？如果有，把合同给我们看一下并复印一份。

答：签了。这个就是。

问：是否已收取租金？

答：收了，收到罗某一个月租金 6 000 元。

问：是否出具收据？

答：给他收据了。

问：我们从罗某那儿复印了收据，你确认一下？

答：（看了收据复印件）是的。

问：罗某什么时间开始在你公司生猪定点屠宰场屠宰生猪的？

答：2017 年 9 月 9 日开始屠宰生猪的。

问：你是否还出租给其他人进行生猪屠宰？

答：没有其他人了，只出租给他。

问：你公司生猪屠宰经营模式是委托代宰还是自主经营？

被询问人签名或盖章：陈某

执法人员签名或盖章：曾某　何某

（第 3 页　共 4 页）

笔 录 纸

答：我们是自己屠宰，自主经营。

问：为何又出租给罗某屠宰生猪？

答：由于今年经营状况不好，屠宰量小，为了创点收，便将 3 号屠宰车间和 19 号圈舍租给罗某使用。

问：3 号车间有你公司的检验员吗？

答：没有，我公司的检验员负责该车间生猪产品的检验。

问：今天下午你在公司屠宰场吗？

答：在屠宰场。

问：今天下午你是否发现有人在屠宰场给生猪注水？

答：没发现。

问：你还有需要补充的内容吗？

答：没有了。

问：以上记录与你所说的是否一致？如一致，请签字确认。

答：本记录我已看过，内容与我陈述的一致。

（以下空白）

被询问人签名或盖章：陈某
执法人员签名或盖章：曾某　何某

证据材料登记表

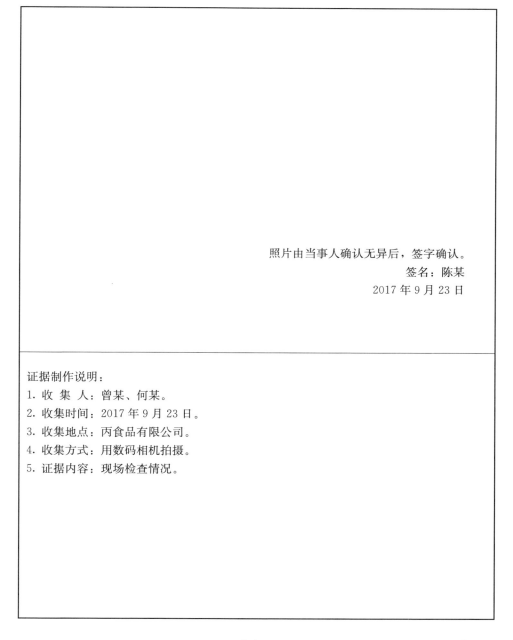

照片由当事人确认无异后，签字确认。

签名：陈某

2017 年 9 月 23 日

证据制作说明：

1. 收 集 人：曾某、何某。

2. 收集时间：2017 年 9 月 23 日。

3. 收集地点：丙食品有限公司。

4. 收集方式：用数码相机拍摄。

5. 证据内容：现场检查情况。

证据材料登记表

此复印件与原件内容一致。

当事人签名：陈某

2017 年 9 月 23 日

证据制作说明：

1. 收 集 人：曾某、何某。

2. 提 供 人：陈某。

3. 收集时间：2017 年 9 月 23 日。

4. 收集地点：丙食品有限公司。

5. 收集方式：复印。

6. 证据内容：丙食品有限公司与罗某签订的租用合同复印件。

证据材料登记表

此复印件与原件内容一致。

当事人签名：罗某

2017 年 9 月 23 日

证据制作说明：

1. 收 集 人：曾某、何某。

2. 提 供 人：罗某。

3. 收集时间：2017 年 9 月 23 日。

4. 收集地点：丙食品有限公司。

5. 收集方式：复印。

6. 证据内容：丙食品有限公司向罗某开具的收据复印件。

证据材料登记表

此复印件与原件内容一致。

当事人签名：罗某

2017 年 9 月 23 日

证据制作说明：

1. 收 集 人：曾某、何某。
2. 提 供 人：罗某。
3. 收集时间：2017 年 9 月 23 日。
4. 收集地点：丙食品有限公司。
5. 收集方式：复印。
6. 证据内容：罗某身份证复印件。

证据材料登记表

证据制作说明：

1. 收　集　人：曾某、何某。

2. 提　供　人：乙区农业委员会。

3. 收集时间：2017 年 9 月 23 日。

4. 收集地点：丙食品有限公司。

5. 收集方式：复印。

6. 证据内容：罗某的《询问笔录》复印件。

证据材料登记表

此复印件与原件内容一致。

当事人签名：张某

2017 年 9 月 23 日

证据制作说明：

1. 收 集 人：曾某、何某。

2. 提 供 人：张某。

3. 收集时间：2017 年 9 月 23 日。

4. 收集地点：丙食品有限公司。

5. 收集方式：复印。

6. 证据内容：张某身份证复印件。

证据材料登记表

证据制作说明：

1. 收 集 人：曾某、何某。

2. 提 供 人：乙区农业委员会。

3. 收集时间：2017 年 9 月 23 日。

4. 收集地点：丙食品有限公司。

5. 收集方式：复印。

6. 证据内容：张某的《询问笔录》复印件。

证据材料登记表

证据制作说明：

1. 收　集　人：曾某、何某。

2. 提　供　人：乙区农业委员会。

3. 收集时间：2017 年 9 月 23 日。

4. 收集地点：丙食品有限公司。

5. 收集方式：复印。

6. 证据内容：塑料水管及铁钩的《证据登记保存清单》复印件。

证据材料登记表

证据制作说明：

1. 收 集 人：曾某、何某。

2. 提 供 人：乙区农业委员会。

3. 收集时间：2017 年 9 月 24 日。

4. 收集地点：丙食品有限公司。

5. 收集方式：复印。

6. 证据内容：10 头生猪胴体《产品质量抽样单》复印件。

证据材料登记表

证据制作说明：

1. 收 集 人：曾某、何某。

2. 提 供 人：乙区农业委员会。

3. 收集时间：2017 年 9 月 24 日。

4. 收集地点：丙食品有限公司。

5. 收集方式：复印。

6. 证据内容：检验委托书复印件。

证据材料登记表

证据制作说明：

1. 收 集 人：曾某、何某。

2. 提 供 人：乙区农业委员会。

3. 收集时间：2017 年 9 月 25 日。

4. 收集地点：丙食品有限公司。

5. 收集方式：复印。

6. 证据内容：甲市乙区食品药品检验所出具《检测报告》复印件。

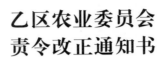

乙区农业委员会
责令改正通知书

丙食品有限公司_____ :

你为对生猪注水的个人提供场所的行为，违反了《生猪屠宰管理条例》第十七条："任何单位和个人不得为未经定点违法从事生猪屠宰活动的单位或者个人提供生猪屠宰场所或者生猪产品储存设施，不得为对生猪或者生猪产品注水或者注入其他物质的单位或者个人提供场所。"之规定。

依照《生猪屠宰管理条例》第三十条："为未经定点违法从事生猪屠宰活动的单位或者个人提供生猪屠宰场所或者生猪产品储存设施，或者为对生猪、生猪产品注水或者注入其他物质的单位或者个人提供场所的，由畜牧兽医行政主管部门责令改正，没收违法所得，对单位并处 2 万元以上 5 万元以下的罚款，对个人并处 5 000 元以上 1 万元以下的罚款。"之规定，本机关责令你单位（☑立即 / □于 __/__ 年 __/__ 月 __/__ 日之前）按下列要求改正违法行为：

停止为对生猪注水的个人提供场所。

（以下空白）

乙区农业委员会（印章）
2017 年 9 月 23 日

案件处理意见书

案由	涉嫌为对生猪注水的个人提供场所案					
当事人	个人	姓名				
		性别		年龄		电话	
		住址				
	单位	名称	丙食品有限公司		法定代表人（负责人）	陈某
		地址	甲市乙区××镇××街××号		电话	××××××××××

案件调查经过	2017 年 9 月 23 日，本机关执法人员对丙食品有限公司 3 号屠宰车间现场检查，发现车间地面上摆放有已被宰杀的 1 头生猪和未被宰杀的 9 头生猪。罗某正在对已被宰杀生猪进行剖腹，张某整理地面上 1 副内脏；已被宰杀生猪的胃肠呈现高度扩张，有大量水样液体充盈现象。丙食品有限公司法定代表人述称 3 号屠宰车间和 19 号圈舍出租给罗某使用，按月收取租金。本机关以丙食品有限公司涉嫌为生猪注水提供场所立案调查，执法人员对现场进行检查并制作了《现场检查笔录》1 份，对现场进行了拍照取证，对生猪注水工具和生猪产品进行了登记保存；分别对陈某、罗某和张某进行了询问，制作了《询问笔录》；复印了当事人罗某、张某以及陈某的身份证；复印了当事人丙食品有限公司的工商营业执照、动物防疫条件合格证、生猪定点屠宰证书；复印了罗某与丙食品有限公司租用合同和丙食品有限公司向罗某出具的收据；在工人张某和丙食品有限公司法定代表人陈某见证下对 10 头生猪胴体编号并逐头采样。9 月 24 日上午，执法人员与罗某在丙食品有限公司法定代表人陈某见证下，将 10 头生猪胴体样品送甲市乙区食品药品检验所进行水分测定。9 月 25 日，甲市乙区食品药品检验所出具《检测报告》显示，10 个样品水分含量均超过 77%，不符合《畜禽肉水分限量指标》（GB 18394—2001）规定标准。

（续）

所附 证据 材料	证据1：丙食品有限公司工商营业执照、动物防疫条件合格证、生猪定点屠宰证书及陈某居民身份证复印件。 　　证据2：2017年9月23日16时01分至16时30分，执法人员在丙食品有限公司生猪定点屠宰场3号屠宰车间制作《现场检查（勘验）笔录》及录像照片。 　　证据3：2017年9月23日21时00分至21时35分，执法人员对丙食品有限公司法定代表人陈某制作《询问笔录》。 　　证据4：丙食品有限公司与罗某签订的租用合同、丙食品有限公司向罗某开具的收据复印件。 　　证据5：2017年9月23日16时40分至19时50分，执法人员在丙食品有限公司生猪定点屠宰场3号屠宰车间制作《现场检查（勘验）笔录》及录像照片。 　　证据6：2017年9月23日20时00分至20时30分执法人员对罗某制作《询问笔录》，及罗某居民身份证复印件。 　　证据7：2017年9月23日20时30分至20时59分执法人员对张某制作《询问笔录》，及张某居民身份证复印件。 　　证据8：2017年9月23日，执法人员制作塑料水管及铁钩《证据登记保存清单》。 　　证据9：2017年9月24日执法人员制作10头生猪胴体《产品质量抽样单》。 　　证据10：2017年9月24日执法人员制作检验委托书。 　　证据11：2017年9月25日甲市乙区食品药品检验所出具《检测报告》。
调查 结论及 处理 意见	**调查结论**：2017年9月9日，丙食品有限公司与罗某签订合同，将该公司3号屠宰车间和19号圈舍出租给罗某使用，租用时间为2017年9月9日至2018年3月8日，租金为每月6 000元，按月收取租金；罗某对生猪注水。证据1证明丙食品有限公司身份和法定代表人陈某的身份；证据2证明检查现场的情况；证据3、4证明丙食品有限公司为罗某提供场所的事实。证据5~11证明罗某对生猪注水的事实。 　　**处理意见**：当事人丙食品有限公司为对生猪注水的个人提供场所的行为，事实清楚，证据确凿，其行为违反了《生猪屠宰管理条例》第十七条"任何单位和个人不得为未经定点违法从事生猪屠宰活动的单位或者个人提供生猪屠宰场所或者生猪产品储存设施，不得为对生猪或者生猪产品注水或者注入其他物质的单位或者个人提供场所"之规定。 　　因当事人不具备《甲市农业行政处罚自由裁量权标准》第×条第（×）项之规定的减轻处罚条件，对其减轻处罚陈述申辩不予采纳。建议依照《生猪屠宰管理条例》第三十条"为未经定点违法从事生猪屠宰活动的单位或者个人提供生猪屠宰场所或者生猪产品储存设施，或者为对生猪、生猪产品注水或者注入其他物

（续）

	质的单位或者个人提供场所的，由畜牧兽医行政主管部门责令改正，没收违法所得，对单位并处 2 万元以上 5 万元以下的罚款，对个人并处 5 000 元以上 1 万元以下的罚款"之规定，对丙食品有限公司拟作出如下处罚决定： 1. 没收违法所得人民币陆仟元整（6 000.00 元）； 2. 罚款人民币叁万元整（30 000.00 元）的行政处罚。 因罚款数额较大，建议进行集体讨论。 执法人员签名：曾某　何某 2017 年 10 月 9 日
执法 机构 意见	同意执法人员的处理意见，建议进行集体讨论。 签名：吴某 2017 年 10 月 9 日
法制 机构 意见	同意执法人员意见。 签名：赵某 2017 年 10 月 9 日
执法 机关 意见	经机关负责人集体讨论决定，同意拟处罚建议。 签名：丁某 2017 年 10 月 9 日

乙区农业委员会
重大案件集体讨论记录

案件名称：涉嫌为对生猪注水的个人提供场所案

案件编号（立案编号）：乙农（屠）立〔2017〕5号

讨论时间：　2017年10月9日10时30分至11时30分

地点：甲市乙区农业委员会会议室

主持人：丁某（甲市乙区农业委员主任）

汇报人：曾某（案件承办人）

记录人：林某

列席人员：何某（案件承办人）

出席人员姓名及职务：

吴某（乙区农业委员会副主任）、赵某（乙区农业委员会副主任）

讨论内容：

1. 违法事实是否清楚；2. 证据是否合法、充分和确凿；3. 案件处理程序是否合法；4. 处罚依据是否合法以及处罚内容是否明确。

讨论记录：

丁某：今天我们依据《中华人民共和国行政处罚法》第三十八条规定，就丙食品有限公司涉嫌为生猪注水提供场所案进行重大案件集体讨论，下面由办案人曾某介绍简要案情和调查取证过程。

曾某：2017年9月23日，我与何某对丙食品有限公司3号屠宰车间现场检查，发现车间地面上摆放有已被宰杀的1头生猪和未被宰杀的9头生猪。罗某正在对已被宰杀生猪进行剖腹，张某整理地面上1副内脏；已被宰杀生猪的胃肠呈现高度扩张，有大量水样液体充盈现象。未被宰杀的9头生猪腹部肿胀，口腔流涎；其中3头站立不稳，6头倒在地上；3头站立不稳生猪口腔里插有塑料软管，地面上水管正在对外放水，水管内径与塑料软管外径相同。丙食品有限公司法定代表人述称3号屠宰车间和19号圈舍出租给罗某使用，按月收取租金。丙食品有限公司涉嫌为生猪注水提供场所，丙食品有限公司的行为涉嫌违反了《生猪屠宰管理条例》第十七条"任何单位和个人不得为未经定点违法从事生猪屠宰活动的单位或者个人提供生猪屠宰场所或者生猪产品储存设施，不得为对生猪或者生猪产品注水或者注入其他物质的单位或者个人提供场所"之规定。执法人员立即电话请示区农委，区农委同意先行立案。经查明：2017 年 9 月 9 日，丙食品有限公司与罗某签订合同，将该公司 3 号屠宰车间和 19 号圈舍出租给罗某使用，租用时间为 2017 年 9 月 9 日至 2018 年 3 月 8 日，租金为每月 6 000 元，按月收取租金。

其中有证据如下：

证据 1：丙食品有限公司工商营业执照、生猪定点屠宰证书及陈某居民身份证复印件，证明丙食品有限公司身份和法定代表人陈某的身份。

证据 2：2017 年 9 月 23 日 16 时 01 分至 16 时 30 分，执法人员在丙食品有限公司生猪定点屠宰场 3 号屠宰车间制作《现场检查（勘验）笔录》及录像照片。证明检查现场的情况。

证据 3：2017 年 9 月 23 日 21 时 00 分至 21 时 35 分，执法人员对丙食品有限公司法定代表人陈某制作《询问笔录》。

证据 4：丙食品有限公司与罗某签订的租用合同、丙食品有限公司向罗某开具的收据复印件。

证据 3、4 证明丙食品有限公司为罗某提供场所的事实。

证据 5：2017 年 9 月 23 日 16 时 40 分至 19 时 50 分，执法人员在丙食品有限公司生猪定点屠宰场 3 号屠宰车间制作《现场检查（勘验）笔录》及录像照片。

证据 6：2017 年 9 月 23 日 20 时 00 分至 20 时 30 分执法人员对罗某制作《询问笔录》，及罗某居民身份证复印件。

证据 7：2017 年 9 月 23 日 20 时 30 分至 20 时 59 分执法人员对张某制作《询问笔录》，及张某居民身份证复印件。

证据 8：2017 年 9 月 23 日，执法人员制作塑料水管及铁钩《证据登记保存清单》。

证据 9：2017 年 9 月 24 日执法人员制作 10 头生猪胴体《产品质量抽样单》。

证据 10：2017 年 9 月 24 日执法人员制作检验委托书。

证据 11：2017 年 9 月 25 日甲市乙区食品药品检验所出具《检测报告》。

证据 5～11 证明罗某对生猪注水的事实。

我们认为，当事人丙食品有限公司为罗某向生猪注水提供场所的行为，事实清楚，证据确凿，其行为违反了《生猪屠宰管理条例》第十七条："任何单位和个人不得为未经定点违法从事生猪屠宰活动的单位或者个人提供生猪屠宰场所或者生猪产品储存设施，不得为对生猪或者生猪产品注水或者注入其他物质的单位或者个人提供场所"之规定。依照《生猪屠宰管理条例》第三十条："为未经定点违法从事生猪屠宰活动的单位或者个人提供生猪屠宰场所或者生猪产品储存设施，或者为对生猪、生猪产品注水或者注入其他物质的单位或者个人提供场所的，由畜牧兽医行政主管部门责令改正，没收违法所得，对单位并处 2 万元以上 5 万元以下的罚款，对个人并处 5 000 元以上 1 万元以下的罚款"之规定，责令丙食品有限公司立即改正违法行为，拟作出如下处罚决定：

1. 没收违法所得（租金）人民币陆仟元整（6 000.00 元）。

2. 罚款人民币叁万元整（30 000.00 元）。

吴某：曾某、何某收集到的证据足以确认当事人丙食品有限公司有为对生猪注水的个人提供生猪屠宰场所的违法行为，涉嫌违反了《生猪管理条例》第十七条规定，依据《生猪管理条例》第三十条进行处罚，依据合法，处罚内容准确具体，自由裁量权使用适当。同意办案人员意见。

赵某：本案的证据来源合法、证据的形式要件合法，证据链条完整，能够为认定违法事实的存在提供足够的依据。案件处理程序合法，按照法定程序进行调查处理。同意办案人员意见。

丁某：同意办案人员意见。

结论性意见：

经甲市乙区农业委员会负责人集体讨论，丙食品有限公司涉嫌为对生猪注水的个人提供场所一案，事实清楚，证据确凿，程序合法，处罚内容明确，同意办案人员意见，可以下达《行政处罚事先告知书》。

机关负责人签名：丁某　吴某　赵某

乙区农业委员会
行政处罚事先告知书

乙农（屠）告〔2017〕12 号

丙食品有限公司　　　　　　：

　　经调查，你单位将 3 号屠宰车间和 19 号圈舍出租给罗某使用，租用时间为 2017 年 9 月 9 日至 2018 年 3 月 8 日，租金为每月 6 000 元，按月收取租金。2017 年 9 月 23 日 15 时，罗某及其雇佣工人张某在 19 号圈舍，先用铁钩将 10 头生猪嘴巴钩住，再将塑料软管伸进猪嘴插入胃里注水，然后在 3 号屠宰车间对其中 1 头生猪进行屠宰。

　　你单位违反了《生猪屠宰管理条例》第十七条"任何单位和个人不得为未经定点违法从事生猪屠宰活动的单位或者个人提供生猪屠宰场所或者生猪产品储存设施，不得为对生猪或者生猪产品注水或者注入其他物质的单位或者个人提供场所"之规定。

　　依据《生猪屠宰管理条例》第三十条"为未经定点违法从事生猪屠宰活动的单位或者个人提供生猪屠宰场所或者生猪产品储存设施，或者为对生猪、生猪产品注水或者注入其他物质的单位或者个人提供场所的，由畜牧兽医行政主管部门责令改正，没收违法所得，对单位并处 2 万元以上 5 万元以下的罚款，对个人并处 5 000 元以上 1 万元以下的罚款"之规定，

　　本机关拟对你单位作出如下处罚决定：

　　1. 没收违法所得人民币陆仟元整（6 000.00 元）。

　　2. 罚款人民币叁万元整（30 000.00 元）。

　　根据《中华人民共和国行政处罚法》第三十一条、三十二条和第四十二条之规定，你（单位）可在收到本告知书之日起三日内向本机关进行陈述申辩、申请听证，逾期不陈述申辩、申请听证的，视为你（单位）放弃上述权利。

甲市乙区农业委员会

2017 年 10 月 10 日

执法机关地址：　甲市乙区××街道×路×号

联系人：　　黄某　　电话：　×××××××××××

陈述申辩笔录

当事人：丙食品有限公司

陈述申辩时间： 2017 年 10 月 10 日 11 时 30 分至 11 时 40 分

陈述申辩地点：丙食品有限公司办公室

记录人：曾某

陈述申辩内容：

我公司收到贵委送达的《行政处罚事先告知书》后，得知要对我没收出租费 6 000.00 元，罚款 30 000.00 元，现在知道为生猪注水的个人提供场所的行为是错误的，恳请减轻处罚，保证今后不再犯类似错误，本公司不申请听证，放弃听证权利。

（以下空白）

陈述申辩人签名或盖章：陈某

执法人员签名或盖章：曾某　何某

2017 年 10 月 10 日

行政处罚决定审批表

案由			为对生猪注水的个人提供场所案				
当事人	个人	姓名					
		性别		年龄		电话	
		住址					
	单位	名称	丙食品有限公司		法定代表人（负责人）		陈某
		地址	甲市乙区××镇××街××号		电话		××××××××××××
陈述申辩或听证情况		2017 年 9 月 25 日，本机关向丙食品有限公司送达《行政处罚事先告知书》〔乙农（屠）告〔2017〕12 号〕。当事人收到《行政处罚事先告知书》〔乙农（屠）告〔2017〕12 号〕后，在规定时间内提出减轻处罚陈述申辩，声明放弃听证权利。因当事人不具备《甲市农业行政处罚自由裁量权标准》第×条第（×）项之规定的减轻处罚条件，对其减轻处罚陈述申辩不予采纳。					
处理意见		当事人丙食品有限公司为罗某向生猪注水提供场所的行为，事实清楚，证据确凿，其行为违反了《生猪屠宰管理条例》第十七条："任何单位和个人不得为未经定点违法从事生猪屠宰活动的单位或者个人提供生猪屠宰场所或者生猪产品储存设施，不得为对生猪或者生猪产品注水或者注入其他物质的单位或者个人提供场所"之规定。因当事人不具备《甲市农业行政处罚自由裁量权标准》第（×）项之规定的减轻处罚条件，对其减轻处罚陈述申辩不予采纳。依据《生猪屠宰管理条例》第三十条"为未经定点违法从事生猪屠宰活动的单位或者个人提供生猪屠宰场所或者生猪产品储存设施，或者为对生猪、生猪产品注水或者注入其他物质的单位或者个人提供场所的，由畜牧兽医行政主管部门责令改正，没收违法所得，对单位并处 2 万元以上 5 万元以下的罚款，对个人并处 5 000 元以上 1 万元以下的罚款"之规定，建议对当事人丙食品有限公司拟作出没收违法所得人民币陆仟元整（6 000.00 元）、罚款人民币叁万元整（30 000.00 元）的行政处罚。 办案人员签名：曾某　何某 2017 年 10 月 16 日					
执法机构意见		同意办案人员意见。 签名：吴某 2017 年 10 月 16 日					
法制机构意见		同意办案人员意见。 签名：赵某 2017 年 10 月 16 日					
执法机关意见		同意。 签名：丁某 2017 年 10 月 16 日					

送达回证

案　　由	涉嫌为对生猪注水的个人提供场所案				
受送达人	丙食品有限公司				
送达单位	甲市乙区农业委员会				
送达文书及文号	送达地点	送达人	送达方式	收到日期	收件人签名
乙区农业委员会责令改正通知书	乙区丙食品有限公司办公室	曾某 何某	直接送达	2017.9.23	陈某
（以下空白）					
备注					

送达回证

案　　由	涉嫌为对生猪注水的个人提供场所案				
受送达人	丙食品有限公司				
送达单位	甲市乙区农业委员会				
送达文书及文号	送达地点	送达人	送达方式	收到日期	收件人签名
《乙区农业委员会行政处罚事先告知书》〔乙农（屠）告〔2017〕12号〕	乙区丙食品有限公司办公室	曾某何某	直接送达	2017.10.10	陈某
（以下空白）					
备注					

送达回证

案　　由	为对生猪注水的个人提供场所案				
受送达人	丙食品有限公司				
送达单位	甲市乙区农业委员会				
送达文书及文号	送达地点	送达人	送达方式	收到日期	收件人签名
《乙区农业委员会行政处罚决定书》〈乙农（屠）罚〔2017〕12 号〉	乙区丙食品有限公司办公室	曾某 何某	直接送达	2017.10.16	陈某
以下为空白					
备注					

罚没收据存根清单

（罚没收据存根清单）

行政处罚结案报告

案　由	为生猪注水提供场所案		
当事人	丙食品有限公司		
立案时间	2017 年 9 月 23 日	处罚决定送达时间	2017 年 10 月 16 日

处罚决定：

　　1. 没收违法所得人民币陆仟元整（6 000.00 元）。

　　2. 罚款人民币叁万元整（30 000.00 元）。

执行情况：

　　当事人已于 2017 年 10 月 19 日将罚没款人民币叁万陆仟元整（36 000.00）缴至指定银行。

　　行政处罚决定执行完毕，并按相关程序完成甲市重大行政处罚决定备案，现申请结案。

办案人员签名：曾某　何某

2017 年 10 月 20 日

执法机构意见	同意结案。 <div align="right">签名：吴某 2017 年 10 月 20 日</div>
法制机构意见	同意结案。 <div align="right">签名：赵某 2017 年 10 月 20 日</div>
执法机关意见	同意结案。 <div align="right">签名：丁某 2017 年 10 月 20 日</div>

备　考　表

本案卷包括使用的执法文书、收集的证据及罚没收据存根清单，共40页。

立卷人：胡某

2017 年 10 月 20 日

本案卷执法文书及相关证据归档完整，符合要求。

检查人：郦某

2017 年 10 月 20 日

附录

生猪屠宰执法中违法行为定性及法律责任
适用分解表

序号	案由、罪名及义务主体	判定违法行为的法律依据	处理处罚依据及内容
1	行政处罚案由：1. 未经定点从事生猪屠宰活动。 涉嫌刑事罪名：非法经营罪 义务主体：任何单位和个人	《生猪屠宰管理条例》第二条第二款：未经定点，任何单位和个人不得从事生猪屠宰活动。但是，农村地区个人自宰自食的除外	一、行政处理处罚： （一）依据：《生猪屠宰管理条例》第二十四条第一款。 （二）违法行为的处理措施：予以取缔； （三）违法行为的处罚内容：1. 没收生猪、生猪产品；2. 没收屠宰工具和设备；3. 没收违法所得；4. 罚款。货值金额3倍以上5倍以下的罚款；货值金额难以确定的，对单位并处10万元以上20万元以下的罚款，对个人并处5 000元以上1万元以下的罚款。 二、刑罚： （一）依据：《刑法》第二百二十五条，两高（法释〔2013〕12号）第十二条，《最高人民检察院、公安部关于公安机关管辖的刑事案件立案追诉标准的规定（二）》第七十九条第（八）项。 （二）移送情形：违反国家规定，私设生猪屠宰厂（场），从事生猪屠宰、销售等经营活动，具备下列情形之一的，以非法经营罪移送公安机关： 1. 个人非法经营数额在5万元以上，或者违法所得数额在1万元以上的； 2. 单位非法经营数额在50万元以上，或者违法所得数额在10万元以上的； 3. 虽未达到上述数额标准，但两年内因同种非法经营行为受过2次以上行政处罚，又进行同种非法经营行为的； 4. 其他情节严重的情形

序号	案由、罪名及义务主体	判定违法行为的法律依据	处理处罚依据及内容
2	行政处罚案由： 2. 冒用生猪定点屠宰证书。 3. 冒用生猪定点屠宰标志牌。 4. 使用伪造的生猪定点屠宰证书。 5. 使用伪造的生猪定点屠宰标志牌。 义务主体：任何单位和个人	《生猪屠宰管理条例》第七条第二款：……任何单位和个人不得冒用或者使用伪造的生猪定点屠宰证书和生猪定点屠宰标志牌	一、行政处理处罚： （一）依据：《生猪屠宰管理条例》第二十四条第二款。 （二）违法行为的处罚内容：1. 没收生猪、生猪产品；2. 没收屠宰工具和设备；3. 没收违法所得；4. 罚款。货值金额3倍以上5倍以下的罚款；货值金额难以确定的，对单位并处10万元以上20万元以下的罚款，对个人并处5 000元以上1万元以下的罚款
3	行政处罚案由： 6. 出借生猪定点屠宰证书。 7. 出借生猪定点屠宰标志牌。 8. 转让生猪定点屠宰证书。 9. 转让生猪定点屠宰标志牌。 义务主体：生猪定点屠宰厂（场） 涉嫌刑事罪名：伪造、变造、买卖国家机关公文、证件、印章罪 义务主体：任何单位和个人	《生猪屠宰管理条例》第七条第二款：生猪定点屠宰证书和生猪定点屠宰标志牌不得出借、转让……	一、行政处理处罚： （一）依据：《生猪屠宰管理条例》第二十四条第三款。 （二）违法行为的处罚内容： 1. 取消生猪定点屠宰厂（场）资格； 2. 有违法所得的，没收违法所得。 二、刑罚： （一）依据：《刑法》第二百八十条。 （二）移送情形：伪造、变造、买卖生猪屠宰证书或者生猪定点屠宰标志牌的
4	行政处罚案由： 10. 屠宰生猪不符合规定的操作规程和技术要求。 义务主体： （1）生猪定点屠宰厂（场） （2）主要负责人	《生猪屠宰管理条例》第十一条：生猪定点屠宰厂（场）屠宰生猪，应当符合国家规定的操作规程和技术要求	一、行政处理处罚： （一）依据：《生猪屠宰管理条例》第二十五条第一项。 （二）违法行为的处理措施： 1. 责令限期改正； 2. 逾期不改正的，责令停业整顿。 （三）违法行为的处罚内容： 1. 2万元以上5万元以下罚款； 2. 逾期不改正的，对主要负责人处5 000元以上1万元以下罚款

（续）

序号	案由、罪名及义务主体	判定违法行为的法律依据	处理处罚依据及内容
5	行政处罚案由： 11. 未如实记录生猪来源。 12. 未如实记录生猪产品流向。 义务主体： （1）生猪定点屠宰厂（场）； （2）主要负责人	《生猪屠宰管理条例》第十二条：生猪定点屠宰厂（场）应当如实记录其屠宰的生猪来源和生猪产品流向。生猪来源和生猪产品流向记录保存期限不得少于2年	一、行政处理处罚： （一）依据：《生猪屠宰管理条例》第二十五条第二项。 （二）违法行为的处理措施： 1. 责令限期改正； 2. 逾期不改正的，责令停业整顿。 （三）违法行为的处罚内容： 1. 2万以上5万以下罚款； 2. 逾期不改正的，对主要负责人处5 000元以上1万元以下罚款
6	行政处罚案由： 13. 未建立肉品品质检验制度。 14. 未实施肉品品质检验制度。 义务主体： （1）生猪定点屠宰厂（场）； （2）主要负责人	《生猪屠宰管理条例》第十三条第一款：生猪定点屠宰厂（场）应当建立严格的肉品品质检验管理制度。肉品品质检验应当与生猪屠宰同步进行，并如实记录检验结果。检验结果记录保存期限不得少于2年。 第十三条第二款：经肉品品质检验合格的生猪产品，生猪定点屠宰厂（场）应当加盖肉品品质检验合格验讫印章或者附具肉品品质检验合格标志……	一、行政处理处罚： （一）依据：《生猪屠宰管理条例》第二十五条第三项。 （二）违法行为的处理措施： 1. 责令限期改正； 2. 逾期不改正的，责令停业整顿。 （三）违法行为的处罚内容： 1. 2万以上5万以下罚款； 2. 逾期不改正的，对主要负责人处5 000元以上1万元以下罚款
7	行政处罚案由： 15. 对肉品品质检验不合格的生猪产品未按规定处理。 16. 处理肉品品质检验不合格的生猪产品未如实记录处理情况。 义务主体： （1）生猪定点屠宰厂（场）； （2）主要负责人	《生猪屠宰管理条例》第十三条第二款：……经肉品品质检验不合格的生猪产品，应当在肉品品质检验人员的监督下，按照国家有关规定处理，并如实记录处理情况；处理情况记录保存期限不得少于2年	一、行政处理处罚： （一）依据：《生猪屠宰管理条例》第二十五条第四项。 （二）违法行为的处理措施： 1. 责令限期改正； 2. 逾期不改正的，责令停业整顿。 （三）违法行为的处罚内容： 1. 2万以上5万以下罚款； 2. 逾期不改正的，对主要负责人处5 000元以上1万元以下罚款

（续）

序号	案由、罪名及义务主体	判定违法行为的法律依据	处理处罚依据及内容
8	行政处罚案由： 17. 出厂（场）未经肉品品质检验的生猪产品。 18. 出厂（场）经肉品品质检验不合格的生猪产品。 涉嫌刑事罪名： （1）生产、销售伪劣产品罪； （2）生产、销售不符合安全标准的食品罪。 义务主体： （1）生猪定点屠宰厂（场）； （2）主要负责人	《生猪屠宰管理条例》第十三条第三款：生猪定点屠宰厂（场）的生猪产品未经肉品品质检验或者经肉品品质检验不合格的，不得出厂（场）	一、行政处理处罚： （一）依据：《生猪屠宰管理条例》第二十六条。 （二）违法行为的处理措施： 责令停业整顿。 （三）一般违法行为的处罚内容： 1. 没收生猪产品； 2. 没收违法所得； 3. 罚款。（1）对屠宰厂（场）处货值金额1倍以上3倍以下的罚款，货值金额难以确定的，并处5万元以上10万元以下的罚款；（2）对其主要负责人处1万元以上2万元以下的罚款； （四）严重违法行为 造成严重后果的，取消生猪定点屠宰厂（场）资格。 二、刑罚： （一）刑事罪名：生产、销售伪劣产品罪 1. 依据：《刑法》第一百四十条；《最高人民检察院、公安部关于公安机关管辖的刑事案件立案追诉标准的规定（一）》第十六条。 2. 移送情形：生产者、销售者在产品中掺杂、掺假，以假充真，以次充好或者以不合格产品冒充合格产品，涉嫌下列情形之一的，以生产、销售伪劣产品罪移送公安机关： （1）伪劣产品销售金额5万元以上的； （2）伪劣产品尚未销售，货值金额15万元以上的； （3）伪劣产品销售金额不满5万元，但将已销售金额乘以3倍后，与尚未销售的伪劣产品货值金额合计15万元以上的。 （二）刑事罪名：生产、销售不符合安全标准的食品罪 依据：《刑法》第一百四十三条；两高《关于办理危害食品安全刑事案件适用法律若干问题的解释》（法释〔2013〕12号）第一条第二项。 2. 移送情形：生产、销售肉品品质检验不合格的生猪产品

（续）

序号	案由、罪名及义务主体	判定违法行为的法律依据	处理处罚依据及内容
9	行政处罚案由： 19. 对生猪注水或者注入其他物质。 20. 对生猪产品注水或者注入其他物质。 涉嫌刑事罪名：生产、销售伪劣产品罪； 义务主体： （1）生猪定点屠宰厂（场）； （2）其他单位或者个人 （3）生猪定点屠宰厂（场）或者其他单位的主要负责人	《生猪屠宰管理条例》第十五条第一款：生猪定点屠宰厂（场）以及其他任何单位和个人不得对生猪或者生猪产品注水或者注入其他物质	一、行政处罚： （一）依据：《生猪屠宰管理条例》第二十七条第一款。 （二）违法行为的处罚内容 1. 没收生猪产品； 2. 没收注水工具和设备； 3. 没收违法所得； 4. 罚款。（1）对屠宰厂（场）、其他单位或者个人处货值金额3倍以上5倍以下的罚款，货值金额难以确定的，对生猪定点屠宰厂（场）或者其他单位并处5万元以上10万元以下的罚款，对个人并处1万元以上2万元以下的罚款；（2）对生猪定点屠宰厂（场）或者其他单位的主要负责人处1万元以上2万元以下的罚款。 二、对生猪定点屠宰厂（场）的其他行政处理处罚 （一）依据：《生猪屠宰管理条例》第二十七条第二款。 （二）一般违法行为的处理措施：责令停业整顿。 （三）严重违法行为的处罚内容：取消生猪定点屠宰厂（场）资格。造成严重后果，或者两次以上对生猪、生猪产品注水或者注入其他物质的。 三、刑罚：生产、销售伪劣产品罪 （一）依据：《刑法》第一百四十条；《最高人民检察院、公安部关于公安机关管辖的刑事案件立案追诉标准的规定（一）》第十六条。 （二）移送情形：生产者、销售者在产品中掺杂、掺假，以假充真，以次充好或者以不合格产品冒充合格产品，涉嫌下列情形之一的，以生产、销售伪劣产品罪移送公安机关： 1. 伪劣产品销售金额5万元以上的； 2. 伪劣产品尚未销售，货值金额15万元以上的； 3. 伪劣产品销售金额不满5万元，但将已销售金额乘以3倍后，与尚未销售的伪劣产品货值金额合计15万元以上的

（续）

序号	案由、罪名及义务主体	判定违法行为的法律依据	处理处罚依据及内容
10	行政处罚案由： 21. 屠宰注水或者注入其他物质的生猪。 义务主体： （1）生猪定点屠宰厂（场）； （2）主要负责人	《生猪屠宰管理条例》第十五条第二款：生猪定点屠宰厂（场）不得屠宰注水或者注入其他物质的生猪	一、行政处理处罚： （一）依据：《生猪屠宰管理条例》第二十八条 （二）违法行为的处理措施 1. 责令改正； 2. 拒不改正的，责令停业整顿。 （三）违法行为的处罚内容： 1. 没收注水或注入其他物质的生猪、生猪产品； 2. 没收违法所得； 3. 罚款。（1）对屠宰厂（场）处货值金额1倍以上3倍以下的罚款，货值金额难以确定的，对生猪定点屠宰厂（场）并处2万元以上5万元以下的罚款，对个人并处1万元以上2万元以下的罚款；（2）对生猪定点屠宰厂（场）的主要负责人处1万元以上2万元以下的罚款。 4. 造成严重后果的，取消生猪定点屠宰厂（场）资格
11	行政处罚案由： 22. 为违法从事生猪屠宰活动提供生猪屠宰场所。 23. 为违法从事生猪屠宰活动提供生猪产品储存设施。 24. 为生猪注水或者注入其他物质提供场所。 25. 为生猪产品注水或者注入其他物质提供场所。 义务主体：任何单位和个人	《生猪屠宰管理条例》第十七条：任何单位和个人不得为未经定点违法从事生猪屠宰活动的单位或者个人提供生猪屠宰场所或者生猪产品储存设施，不得为对生猪或者生猪产品注水或者注入其他物质的单位或者个人提供场所	一、行政处理处罚： （一）依据：《生猪屠宰管理条例》第三十条 （二）违法行为的处理措施 1. 责令改正； （三）违法行为的处罚内容： 1. 没收违法所得； 2. 罚款。对单位并处2万元以上5万元以下的罚款，对个人并处5000元以上1万元以下的罚款

（续）

序号	案由、罪名及义务主体	判定违法行为的法律依据	处理处罚依据及内容
12	行政处罚案由： 26. 销售、使用非定点屠宰厂（场屠宰）的生猪产品； 27. 销售、使用未经肉品品质检验的生猪产品； 28. 销售、使用肉品品质检验不合格的生猪产品； 29. 销售、使用注水或者注入其他物质的生猪产品。 义务主体： （1）生猪定点屠宰厂（场）； （2）主要负责人。 处罚主体：食品药品监督管理部门	《生猪屠宰管理条例》第十八条：从事生猪产品销售、肉食品生产加工的单位和个人以及餐饮服务经营者、集体伙食单位销售、使用的生猪产品，应当是生猪定点屠宰厂（场）经检疫和肉品品质检验合格的生猪产品	一、行政处罚： （一）依据：《生猪屠宰管理条例》第二十九条 （二）违法行为的处罚内容 1. 没收尚未销售、使用的相关生猪产品； 2. 没收违法所得； 3. 罚款。并处货值金额3倍以上5倍以下的罚款；货值金额难以确定的，对单位处5万元以上10万元以下的罚款，对个人处1万元以上2万元以下的罚款； 4. 情节严重的，由发证（照）机关吊销有关证照；构成犯罪的，依法追究刑事责任。 二、处罚程序 畜牧兽医行政主管部门，发现《生猪屠宰管理条例》第十八条规定的违法行为，应当制作《案件移送函》依法移送食品药品监督管理部门